Meinem geistreichen Lehrer
Fulbert Steffensky
gewidmet

Siegfried Eckert

BEGEISTERUNG

Von der **Kraft**, die alles möglich macht

Ohne Begeisterung,
ohne Enthusiasmus
ist nichts Großes
je entstanden.

Dorothee Sölle

Inhaltsverzeichnis

Einstimmung 11

I. Atempause 13

II. Eine kleine Geistesgeschichte 17

Angehaucht - Adam und Eva 21
Begeistert - Die Propheten 33
Ausgehaucht - Der Menschensohn 42
Befeuert - Die Pfingstkirche 51

III. Gottes drittes Programm - Der Heilige Geist 63

Ich glaube - Geistesblitz 67
An den Heiligen Geist - Gottes Kraft 77
Die heilige, christliche Kirche - Geist und Ordnung 84
Gemeinschaft der Heiligen - Teamgeist 93
Vergebung der Sünden - Kraft der Versöhnung 100
Auferstehung der Toten - Unzerstörbare Kräfte 103

Und das ewige Leben – Unendliche Energien 107
Amen – Trost und Vertrauen 111

IV. Begeisterung 115

Göttliche Momente – Kairos 121
Gaben des Geistes – Charismen 125
Geister scheiden – Kulturkampf 142
Gedämpfter Geist – Burn-out 154
Brennendes Herz – Burn-on 166
Spiritualität – Ressourcen 173
Geistreiches Gottesreich – Zukunft 186

V. Aufatmen 197

Verwandlung – Schmetterlingskraft 200
Sprachprobleme – Geist und Wort 210
Sinnvoll leben – Mutig sein 213
Spielräume – Luft nach oben 217
Einwohnung Gottes – Resonanzräume 222
Freigeister – Biegen und Brechen 225
Gnade – Inneres Feuer 237

Nachklang 247

Literaturverzeichnis 251

Einstimmung

2014 veröffentlichte ich im Gütersloher Verlagshaus die Streitschrift: »2017. Reformation statt Reförmchen«. Mein Wunschtitel wäre gewesen: »Kirche vorm Burn-out?« Im Vorhof des Reformationsjubiläums alarmierte mich der Niedergang protestantischer Überzeugungen. Immer noch verwalten wir uns zu Tode, auf Kosten unserer institutionellen und spirituellen Charismen. Ein Werk von Leonardo Boff über den ›Heiligen Geist‹ wurde mir 2015 zur Initialzündung für dieses Buch. Die Corona-Jahre brachten mich beruflich wie persönlich an die Grenzen meiner Kräfte. Rick Rubins Werk »kreativ. Die Kunst zu sein« entfachte mein Feuer neu.

Worum geht es mir? Es geht um die Kraft der Begeisterung, das Wesen der Inspiration, die soziale Energie der Gemeinschaft, Gottes unerschöpfliche Schöpferkraft, die heilsame Kraft des Geistes und der Gefühle. Es geht um eine kleine Geistesgeschichte in der Bibel und ein tieferes Verständnis des dritten Artikels des Glaubensbekenntnisses der Christenheit. Insofern geht es auch um eine erschöpfte Kirche, um ausgebrannte Seelen und apokalyptische Zustände.

Vor allem geht es mir um das Phänomen der Kreativität, der ›Trotzdem- und Schmetterlingskraft‹. Ich glaube an Gottes Geistkraft als wahre Alternative zur Geist- und Orientierungslosigkeit in unserer Zeit. Ihre Lebenskraft macht alles möglich. Unsere Reise führt zurück zu spirituellen Ressourcen und versteht sich als

Einladung, sich für die kostenlose Energie des Himmels in unserem Leben zu öffnen. Am Ende ist ein Mut-mach-Buch in mutloser Zeit entstanden, die einen Perspektivwechsel braucht. Ein Dornbusch, der brennt, ohne zu verbrennen; eine Raupe, die zum Schmetterling wird, kann dabei helfen. Mit Dietrich Bonhoeffer glaube ich, dass sich selbst Böses in Gutes verwandeln kann. Sollte beim Lesen der Funke meines brennenden Herzens überspringen, würde mich das sehr freuen. Ich danke meiner Lektorin Renate Hofmann, die von Anfang an dieses Projekt befeuert hat und ordentlich zurechtstutzte.

Leverkusen, im Herbst 2024 *Siegfried Eckert*

I.
Atempause

Vom Anbeginn der Welt ist das Leben ein schöpferischer Akt der Begeisterung durch Gottes Odem. »Da machte Gott der Herr den Menschen aus Staub von der Erde und blies ihm den Odem des Lebens in seine Nase. Und so ward der Mensch ein lebendiges Wesen.« (1. Mose 2,7) Am Ende aller Lebenswege hauchen wir Gottes Odem aus. »Und Jesus rief laut: Vater, ich befehle meinen Geist in deine Hände!« (Lk 23,46). Dazwischen heißt es, endlich zu leben! Im Rückspiegel unserer Lebensgeschichte werden sich Fragen stellen: Habe ich gut gelebt? Wurde ich geliebt? Habe ich geliebt? Was hat mich getröstet? Wessen Geistes Kind bin ich? War ich offen für Gottes himmlische Zufälle?

»Üben wir uns darin, unsere Sinne für das zu öffnen, was ist, nähern wir uns einem Leben in einem stets offenen Zustand an.« (Rubin, 53 f.) Der amerikanische Musikproduzent Rick Rubin benennt in wenigen Worten den Schlüssel eines geistreichen Lebens: unsere Sinne öffnen, sich einem offenen Zustand annähern. Dazu können wir unser Leben durch Gewohnheiten und Übungen dem Himmel hinhalten, wie einen gepflügten Acker, der auf Saat und Regen wartet. Wer vom Leben erschöpft ist, kann nicht schöpferisch unterwegs sein. Wer ausgebrannt ist, kann andere nicht entzünden. Wie lässt sich in geistlosen Zeiten geistreich leben? Eine Theologie der Lebenskunst und Lebensfülle sucht nach Antworten auf die Frage eines reichen Jünglings an Jesus: »Meister, was soll ich Gutes tun, damit ich das ewige Leben habe?« (Mt 19,16)

In einem Sonntagsgottesdienst meiner Heimatgemeinde geschah etwas Seltsames. Von einem Moment auf den anderen wurde mir mit damals 17 Jahren klar: Ich will Gemeindepfarrer werden. Es war, als hätte der Himmel sich für einen Moment aufgetan. Eine Klarheit trat in mein Leben, die mir bis heute den Weg weist, Umwege inklusive. Gewiss, dieser Moment hatte eine Vorgeschichte und gute Gründe. Trotzdem geschah er einfach so und ließ mich nicht mehr los. Ist es nicht so? Je unübersichtlicher das Leben wird, umso mehr wächst der Wunsch nach solchen Wundern, nach Wegweisern mit Zielangabe, nach Offenheit für das Wirken des Himmels auf Erden. Eine kultur- und sprachübergreifende Verständigung, wie der Pfingstgeist sie einst befeuert hat, droht in der Geistlosigkeit erschöpfter Gemeinden und Gesellschaften zu verglimmen. Wir stecken in der babylonischen Gefangenschaft sich zu Tode verwaltender Organisationen und in den Zwickmühlen eines weltweiten Kulturkampfes fest. Es fehlt die Kraft zur Umkehr, zum notwendigen Widerstand, zur Verwandlung. Eine vitale Gesellschaft lebt von der Leidenschaft, Tatkraft und Begeisterungsfähigkeit ihrer Akteur*innen. Und auch die Kirche braucht Feuerstätten eines überzeugenden Glaubens. Wie lässt sich der glimmende Docht unserer Sehnsucht neu entfachen?

Jesus ging an Hecken und Zäune, begeisterte Menschen so sehr, dass sie ihm die Bude einrannten, ihm an öde Orte folgten. Unserer geschäftsmäßig wohltemperierten, sich in abgezirkelter Betriebsamkeit erschöpfenden Kirche laufen die Menschen weg. »Lass die Toten ihre Toten begraben« (Lk 9,60), sagte Jesus einst zu jenen, die ihm nur zögernd nachfolgen wollten. Zu denen am

Rande, den Grenzgängern und Geflüchteten aus kirchengesteuerten Landschaften, haben unsere dahinsiechenden Volkskirchen längst den Draht verloren. Stattdessen kümmern sie sich eifrig um fast schon zu Tode gerittene Pferde.

Stimmt die Annahme, dass die Ursprungsgeschichte jeder Religion feurige Zeiten kannte? Lohnt die Nachfrage, woran sie sich entzündet hat? »An ihren Früchten sollt ihr sie erkennen« (Mt 7, 16) stellte Jesus fest. Wer würde in saure Früchte beißen wollen? »Gib den Boten Kraft und Mut, Glauben, Hoffnung, Liebesglut, und lass reiche Frucht aufgehn, wo sie unter Tränen sä'n. Erbarm dich, Herr.« Christian Gottlob Barth dichtet 1827 diese Textzeile. In romantischer Verwegenheit ließ er seine »Sonne der Gerechtigkeit« aufgehen.

Sieben Bitten für Jesu Botschafter*innen bringen auf den Punkt, was Christenmenschen unter den Nägeln brennen sollte: Kraft, Mut, Glauben, Hoffnung, Liebesglut, reiche Früchte, das Aufgehen der Tränensaat. Manchmal genügt ein Funke, um einen Flächenbrand zu entfachen. Der Volksmund spricht davon, ›mit Haut und Haar zu brennen‹. Du spürst es bis in die letzte Faser, wenn es dich ›erwischt hat‹, wenn du ›von etwas berührt wurdest‹. »Wisst ihr nicht, dass der Geist Gottes in euch wohnt?« (1 Kor 3,16) Weißt du es? Manchmal bedarf es einer Atem- und Denkpause, um tief durchzuatmen, neu nachzudenken, was wirklich wesentlich im Leben ist. Du fragst mich, was ich meine? Hartmut Rosa, mein Lieblingssoziologe, spricht mir aus dem Herzen und erklärt es ganz einfach: »Jeder kennt das. Es ist Freitagabend, und wir sind zu nichts mehr zu gebrauchen. Dösen ein schon auf dem Sofa. Heute mache ich gar nichts mehr. Wir schaffen es kaum noch ins Bett. Da klingelt es, und ein paar Freunde überreden uns, doch noch auszugehen. Vielleicht in einen Club oder ins Konzert, vielleicht gar zum Fußball oder auch nur in die Kneipe. Wider Erwarten wird der Abend anregend, aufregend und erholsam. Als wir zurück sind, sprühen wir vor Energie und Tatendrang, machen Pläne für das Wochenende. Wie kann das sein? Wie ist es möglich, Energie auszugeben, obwohl wir keine haben, und dabei und dadurch neue Energie zu gewinnen?« (Rosa, in: DIE ZEIT, Nr. 3/2024, 47)

Das Wort »Sinn« stammt aus dem Indogermanischen. Es bedeutet »einen Weg einschlagen«. Oft sind es Widerstände, Krisen, Reaktionen auf Ängste und Schmerzen, die zu Veränderungen zwingen. Krisen trainieren das Immunsystem. Wer auf der Hochebene des Glücks lagert, hat keinen Anlass, neue Wege einzuschlagen. »Krise« (griech.) bedeutet: trennen, scheiden, unterscheiden. Wir leben in krisenhaften Zeiten. Da trennt sich die Spreu vom Weizen, Sinnvolles von Sinnlosem, Wesentliches von Unwesentlichem.

Krisen, Niederlagen, Scheitern – all das macht uns schließlich auch zu denen, die wir geworden sind. Ohne solche Erfahrungen wäre dieses Buch nicht entstanden. Alles hat eine Geschichte, auch eine Geistesgeschichte in Bibel und Kirche, die letztlich immer auch Energiegeschichte war in großen Glaubens- und Energiekrisen.

II.
Eine kleine Geistesgeschichte

»Deine Augen sahen mich, da ich noch nicht bereitet war, und alle Tage waren in dein Buch geschrieben, die noch werden sollten und von denen keiner da war.« (Ps 139,16) Wir schwammen vor aller Zeit als Gedanken Gottes im Fruchtwasser seines Geistes, bevor wir geboren waren. Sind Gedanken Gottes auch Energien? Gilt dafür auch der Energieerhaltungssatz der Physik? Stand der Mensch vor aller Zeit in einer energiereichen Verbindung mit Gottes Geistkraft? Der Mensch ist von einer Dynamik beseelt und begeistert, die ihn nicht auf seine Vergangenheit und Prägungen festnagelt. Unzählige Möglichkeiten eröffnen sich durch eine spirituelle Sichtweise, die uns aus Quellen der Vergangenheit Kraft für die Gegenwart schöpfen und einen sinnvollen Weg Richtung Zukunft einschlagen lässt.

In unseren flüchtigen Zeiten, die nicht mehr sind als das »und« zwischen Vergangenheit und Zukunft, braucht es eine ›gedehnte Gegenwart‹, d.h. erfüllte Augenblicke, Augenblicksglück, Berührungspunkte mit Gottes Kairos. Steckt doch in den meisten von uns ein mystischer Keimling, ein zartes Empfinden für die Sehnsucht nach erfüllten Augenblicken jenseits von Raum und Zeit. Meister Eckhart, der Mystiker des Mittelalters, hat dies mit »Nu«

bezeichnet. Er umschreibt mit ›Nu‹ einen göttlichen Moment, den wir als unbeschreibliches Geschehen ungelenk in Sprache zu fassen versuchen. Wie die Luft, die uns unsichtbar umgibt, lässt Gottes Geist sich nicht sprachlich angemessen fixieren, nicht in Formulierungen pressen wie ein Stück Fleisch, wenn es an der Metzgerstheke eingepackt wird. Unsichtbar Existentes forderte seit jeher Dichter*innen und Denker*innen zur Poesie heraus, zu metaphorischen Vergleichen, zum Erzählen von Geschichten und Gleichnissen, um Unaussprechliches im zarten Sprachmantel poetischen Herantastens zu erahnen. Unsere Herzens-Gewissheiten sind nicht in mentalen, gedanklich-logischen Worten zu Hause, sondern in den Schatzkammern tiefer, kaum sagbarer Erfahrungen.

Martin Luther, Lehrer der Bibelwissenschaften, kritisierte von seinem Verständnis her die Entwicklungen der Kirche. Seine Einsichten waren hart errungen, weil ein skrupulöses Gewissen ihm das Leben schwermachte. Vorhandene Schuldgefühle fanden Trost in einer Mystik, die sein Beichtvater Johann von Staupitz ihn lehrte, ein Verehrer von Johannes Tauler und Meister Eckhart. Aus diesem mystischen Amalgam eines ihn quälenden Gewissens heraus brach Luthers innere Unruhe sich Bahn, implodierte sein Denken u.a. in der Schrift von der »Freiheit eines Christenmenschen« (1520). Daraus erwuchs ein unvermeidbarer, die Kirche spaltender Konflikt mit Kaiser und Papsttum. In der Kraft des Geistes besaß er die Chuzpe zu veröffentlichen, was er dachte, glaubte, sein Gewissen ihm gebot. Zur rechten Zeit, am rechten Ort, mit den richtigen Menschen im Verbund lässt sich sein historisches Wirken als ein Geistesgeschehen deuten, mit Schwachstellen und Schattenseiten. Es hat ja keiner behauptet, dass die Kraft des Geistes eine weiße Weste trägt. Ohne diese enorme Geistkraft wäre dieser sture Mönch nie in der Lage gewesen zu vollbringen, was er vollbrachte. Die Lutherrose mit einem Herz in der Mitte wurde sein Markenzeichen samt weißen Blütenblättern, die den Heiligen Geist symbolisierten. Luther setzte sich nicht in gemachte Nester. Er folgte mit vollem Risiko seinem brennenden Herzen. Das führt bis zu seinem Lebensende zum Ausschluss aus seiner alleinseligmachenden Kirche und gab ihn als vogelfrei im wahrsten Sinne des Wortes zum Abschuss frei.

Folgen wir den Spuren der Früchte der Geistkraft und tauchen nun in die biblische Geistesgeschichte ein. Lassen wir uns umtreiben von einem Geist, der von Anbeginn der Welt unruhig über Wassern schwebte, und unser Herz, unsere Sinne öffnen will für Gottes Geistkraft in Zeit und Ewigkeit. Eine Statistik über ›Hochsensibilität‹ geht davon aus, dass jede/r Zehnte mit besonderen Antennen ausgestattet ist, einer Art ›siebtem Sinn‹. Im Buch von Sylvia Harke mit dem Titel »Hochsensibel. Was tun? Der innere Kompass zu Wohlbefinden und Glück« heißt es: »Die Sensibilität zeigt sich in einer differenzierten und feinen Wahrnehmung über die Sinne – Sehen, Hören, Riechen, Schmecken, Tasten sowie Bewegungssinn. Darüber hinaus haben Hochsensible eine feine Antenne für zwischenmenschliche Signale und teilweise für den außersinnlichen Wahrnehmungsbereich (Telepathie, Intuition).« (Harke, 55)

Hochsensible sind Sinnsucher mit einem Riecher für Stimmigkeit und Unstimmigkeit, mit Gespür für das unsichtbare Gewebe des Geistes, welches unser Universum umspannt. »Als Scanner bezeichnet man Hochsensible mit vielfältigen Interessensgebieten und einem Hunger nach Abwechslung. Sie sind häufig mit wechselnden Projekten und Hobbys beschäftigt.« (ebd.) Das mag ihre Stärke und Schwäche zugleich sein: ein feines Gespür für Großwetterlagen, für komplexe Systeme. Ihr heißes Herz reagiert wie ein Seismograph, empfängt unzählige Impulse, die zu Herzrasen, Gefühlen der Überforderung führen können.

Für die Theologie kann das 3. Jahrtausend christlicher Zeitrechnung zu einer Ära des Geistes werden. Wie sonst könnte eine notwendige Reformation an Haupt und Gliedern in reformationsbedürftigen Zeiten gelingen? Alles fing damit an, dass Gottes *ruach* (Geist) über den Wassern schwebte, die Erde wüst und leer war. Der Mensch besteht zu ca. 70 % aus Wasser. Ohne Wasser und Sauerstoff kein Leben. Der Theologe und Psychotherapeut Wunibald Müller schreibt: »Das deutsche Wort Seele ist etymologisch verwandt mit See und hat die Grundbedeutung die zum See Gehörende. Diese Tiefe unseres Seins, die See in uns, ist das Reich der Seele.« (Müller, 35) Als der Geist über den Wassern schwebte, die Seele die ›zum See Gehörende‹ war, bedurfte es eines Gefäßes, eines Körpers, um ihn mit Wasser zu bilden und durch Sauerstoff zu beleben. Damit geht die Vorstellung einher, dass die Seele als unendlich weites Meer mit der Tiefe allen Seins verbunden ist. Der Tiefenpsychologe C.G. Jung vergleicht unsere ›*Anima*‹ mit Engeln, die Botschaften vom Himmel an Menschen überbringen. Ihre Aufgabe besteht darin, unser Leben zu bereichern, zu vertiefen und beseelen. »Diese Wirklichkeit kann gleichsam über dich hereinbrechen, wie etwas, das von ›oben‹ auf dich hereinbricht und sich in dir breit macht.« (Müller, 39) Der Geist schwebend über dem Wasser, oberhalb des Sees, brach sich Bahn in Seelen, Geistern und Herzen. Schon damals kam alles Gute von oben.

Angehaucht – Adam und Eva

»Die Schöpferkraft Gottes wird den Geschöpfen so mitgeteilt, dass auch von ihrer Lebenskraft gesprochen wird, wenn von der *ruah* die Rede ist. Es ist nicht falsch, vom Geist als vom ›von Gott geweckten Trieb‹ und ›Instinkt‹ zu sprechen.« (Moltmann, 55) Verwobener lässt sich von einer Nähe zwischen Gott und Mensch nicht sprechen. Gott rückt uns mit seinem Geist unmittelbar auf die Pelle, geht unter die Haut, findet übers Stammhirn in mein Herz. Gottes Geist kennt seine von ihm begeisterten Lebewesen in- und auswendig. Für den modernen, autonomen Menschen mag das eine beängstigende Vorstellung sein. Für die, die sich nach Geborgenheit und Gemeinschaft sehnen, ist es eine frohe Botschaft.

Neben der *ruach* wird das Herz (hebr. = *lew*) zum Kommunikationsort Gottes, zum Lebenszentrum, zur Kraftquelle des Menschen. »Und Gott der Herr rief Adam und sprach zu ihm: Wo bist du?« (1. Mose 3,10) »Adam« kommt aus dem Hebräischen, von *adamah* und bedeutet so viel wie *Erdling*. Aus Erde sind wir geschaffen. Zur Erde werden wir zurückkehren. Auf Erden sind wir von Gott gefragte Wesen. Wie lautete Adams Antwort nach dem Apfel-Debakel? »Und er sprach: ›Ich hörte dich im Garten und fürchtete mich; denn ich bin nackt, darum verstecke ich mich.‹« (1. Mose 3,11) Hören, fürchten, nackt sein, sich verstecken – das sind die vier ersten Wesenszüge des Menschen nach seinem Fall. Die Krone der Schöpfung wird von der Bibel als Angsthase in die Weltgeschichte eingeführt. Evolutionsgeschichtlich überlebten die Angsthasen. Denn sie legten sich nicht mit dem Säbelzahntiger an, sondern ergriffen rechtzeitig die Flucht. Nach dem Sündenfall stand der Mensch nackt vor Gott da. Nichts Heldenhaftes hatte er vorzuweisen.

Gott gab Adam aber nicht auf, sondern ging ihm nach. Gott hätte es sich anders gewünscht: furchtloser, schamfreier, zuvor allerdings auch ohne das menschliche Verlangen, wie Gott sein zu wollen. Ein energiegeladener Spannungsbogen entlädt sich schon in den ersten Kapiteln der Bibel: von der Schöpfung, der Erschaffung des Menschen, bis zu dessen Fall. So sehen es jedenfalls die urzeitlichen Autoren des Buches Genesis. Uralte Metaphern für Urmenschliches werden uns da in einem unerschöpflichen Bilderreichtum vor Augen gemalt. Bis ins letzte Kapitel der Bibel zieht sich eine Überzeugung als roter Faden durch: Wir sind der Ton, nicht der Töpfer! Wir sind Gottes Geschöpfe. Alles, was lebt, webt und atmet, ist Gottes Werk. Unser Herz, unsere Blut-Seele, Lebensnerven und Lebenszentrum schuf ein Gott, der weiß, was für Wesen wir sind.

Wer von Gottes Geist durchdrungen ist, muss seine Zeit nicht sinnlos totschlagen. »Woher nimmst du die Kraft für dein Tun?« werde ich oft gefragt. Ich finde die Frage seltsam. Schlafwandler sollen auf ihren Ausflügen nicht geweckt werden. Der Zustand des Unbewussten hat sein Recht, erlaubt, Schritte zu gehen, die wir im Wachzustand nie wagen würden. Das Bedürfnis, auf alles eine Antwort haben zu wollen, kann hier zum Stolperstein werden. Denn es gibt die andere Seite in mir: die müde, erschöpfte, ängstliche. Die Stubenhockermentalität meiner inneren Sicherheitsbehörde, mein Perfektionsministerium. Die glänzen nicht gerade durch Mut, Veränderungsbereitschaft und geistreiche Vorhaben. Doch den Kopf in den Sand stecken, sich hinter alten Mustern verschanzen, in Schockstarre verharren hilft auch nicht weiter. Denn die Zeit läuft weiter, will beim Schopf gepackt werden, bewusst wie unbewusst. Die Zeit ruht nicht, lässt keinen in Ruhe. Wer sich nicht bewegt, im Fluss der Zeit nicht mitschwimmt, wird vom Lauf der Zeit überholt. Jeder Stillstand hängt einen von der Zukunft ab. Zur Ruhe kommen ist etwas anderes, still werden auch. Was aber tun, wenn das Gefühl dich beschleicht, neben der Spur zu sein? Wie komme ich zu der Quelle, aus der Ruhe und Zufriedenheit strömt? Ein Pinguin vermag mit der Energie eines Liters Benzin 2500 km im Meer zurückzulegen. Einzige Voraussetzung: Er befindet sich in seinem Element, springt ins Wasser, um seine volle PS-Zahl auszufahren. Mit angezogener Handbremse am Ufer stehen hilft ihm nicht weiter. Was hindert uns, in unserem Element zu sein, Erfahrungen mit einem Geist zu machen, der aus Wüsten Gärten macht? Kostenlos wie die Sonnenergie will Gottes Geistkraft uns durchströmen, in unser Leben einfallen wie ein unverhoffter Sommerregen nach Zeiten der Dürre. Vermeide es, beim nächsten Regen dich ins Schneckenhaus deiner Angst zu verkriechen. Wir haben keinen Einfluss darauf, wann der Regen fällt und die Sonne scheint. Aber wir können uns beweglich zeigen, uns dem Himmel aussetzen, oder uns in die Höhle unserer Selbstbezogenheit einigeln.

Also: Wie finde ich Zugang zur Lebenskraft des Geistes?

Bin ich von einer Sache ergriffen, vergehen die Stunden wie im Flug. Belastet mich etwas, spielt sich das Leben in Zeitlupe ab. Macht mein Tun Sinn, kommen mir Kräfte zugeflogen. Die Pflichterfüllung unwesentlicher Arbeiten kostet hingegen Kraft, macht müde. Begeisterung und Pflichtbewusstsein sind wie Feuer und Wasser. Beides ist notwendig. Nur es befeuert sich nicht gegenseitig. Die Frage, die ich mir stelle: Muss jede Pflicht sein? Oder ist es ein Untertanengeist, der mich im Land der Untertanen viel mehr im Griff hat, als es nötig wäre? Sind die Glaubenssätze meiner Eltern, die mich glauben lassen, erst die Pflicht, dann das Vergnügen, Irrglaubenssätze? Wer seinen

Standort kennt, kann besser Haltung einnehmen. Wer geistreich lebt, stirbt erfüllter. Wem seine Lebenszeit geistlos zerrinnt, dem bleibt weniger, worauf sich dankbar zurückblicken lässt. Dankbarkeit ist der größte Schatz der bleibt, wenn Abschied ansteht.

Gottes *ruach* hat den Menschen zum Menschen gemacht. Licht der Welt, Salz der Erde sind nicht die anderen. Wir sind das Licht der Welt, sollen Salz der Erde sein. Schauen wir gut hin, wie Begeisterung in die Welt kam, Gottes Feuer zu brennen anfing. Nachdem Gott uns als Ebenbilder erschaffen hatte und sah, dass alles sehr gut war, zog er Adam und Eva eine einzige Grenze. Diese wurde überschritten – so sahen es die Genesis-Autoren –, deshalb haben wir uns mit Mühsal von den Früchten des Ackers zu ernähren, gebären Frauen unter Schmerzen Kinder. *»Im Schweiße deines Angesichts sollst du dein Brot essen, bis du wieder zu Erde werdest, davon du genommen bist.«* (1. Mose3,19) Keine schönen Aussichten sind das, obwohl alles so gut anfing. Die Bibelverfasser sahen, dass des Menschen Verhältnis zur Arbeit eine Schlüsselfrage ist, um sein Selbst- und Weltverhältnis zu klären. Die Sinnhaftigkeit seines Tuns, die Zufriedenheit im Alltag sind eng verbunden mit dem Erleben der Arbeit. Wer die Arbeit als üble Nachwehe eines aus paradiesischen Verhältnissen Vertriebenen ansieht, muss sein Dasein entfremdet, geistlos und feindlich erleben. In solch einer Welt will keiner leben. Da heißt es: irgendwie über die Runden kommen, sich durchboxen, im Lebenskampf bestehen. Begeisterungserlebnisse fallen da spärlich aus; ein inspiriertes Leben stellt sich so nicht ein.

»Die Einzigartigkeit des Menschen besteht darin, dass er in bewusstem Kontakt zu dieser Ursprungsenergie treten kann. Er kann sie anrufen, aufnehmen und erkennen durch sein Leben, seine Ausstrahlung, durch seine Begeisterung und Liebe.« (Boff, 89) Für Leonardo Boff, den lateinamerikanischen Befreiungstheologen, nimmt der Geist uns ins große Ganze hinein. Ohne Offenheit geht da gar nichts! Ohne Offenheit keine Verbundenheit mit dem Geist, der ordnenden und alles verbindenden Kraft Gottes, ohne die nur Chaos herrschen würde. Vor 3,8 Milliarden Jahren entstand das Leben, vor sieben bis neun Millionen Jahren unser Bewusstsein. Der Astrophysiker und Kosmologe Feeman Dyson formuliert: »Wenn wir ins Universum hinausblicken und erkennen, wie viele Zufälle in Physik und Astronomie zu unserem Wohle zusammengearbeitet haben, dann scheint es fast, als habe das Universum in gewissem Sinn gewusst, dass wir kommen.« (zit. n. Boff, 91 f.)

Was macht den Menschen zum Menschen: sein Bewusstsein, seine Intelligenz, sein Geist? Was unterscheidet uns von der Tier- und Pflanzenwelt? Die Bibel nennt die Energie: Wind, Atem, Hauch, Sturm. Gottes Geistkraft zeigt sich in allen Zeichen des Lebens, der Bewegung, des Ausbruchs unkontrollierbarer Kräfte. »Genau dies ist charakteristisch für die ruach: unvorhersehbar und vom Menschen nicht kontrollierbar zu sein.« (Boff, 80) Damit werden zwei Kriterien für Gottes Wirken benannt: Unvorhersehbarkeit und Unkontrollierbarkeit. Denn: »Wo der Geist des Herrn ist, da ist Freiheit.« (2. Kor 3,17) Gottes Geist ist Energie, die von Polaritäten und Spannungsfeldern lebt. Als heilsamer Geist vollbringt er Heilvolles wie Unvorhersehbares. Es gibt Wirkweisen, da haben wir ein Geheimnis als Geheimnis, ein Rätsel als Rätsel, offene Fragen als offene Fragen auszuhalten. Für Unvorhersehbares und Unverfügbares gibt es keine Versicherungspolicen und Garantiescheine.

Der Geist, der in der mythopoetischen Erzählung der Genesis über Wassern schwebte, zeigt sich als ein energiegeladener Unruheherd. Unruhe kann zur Quelle von Begeisterung werden, zum Anstoß für Aufbruch, Veränderung, Reformation und Revolution. Im Zustand der Unruhe sehnen wir uns nicht selten nach Ruhe; im Erleben der Endlichkeit wächst die Sehnsucht nach Ewigkeit. Schlafstörungen als Preis fortwährender Ruhestörungen sind in unserer *Müdigkeitsgesellschaft* zur Regel geworden. Chronische Ruhestörungen können zu Warnsignalen des Geistes werden. Sie nehmen einen in Besitz, wie den dämonisch Besessenen vor den Toren der Stadtgesellschaft von Gerasa (vgl. Mk 5,1-12). Man hatte ihn in Ketten gelegt, weil seine Erkrankung die Ordnung störte und seine ungestüme Art als Bedrohung erlebt wurde. Überall laufen sie herum, die Quälgeister, die aus dem Sichtfeld der Öffentlichkeit verbannt werden. Gut, dass es sie gibt. Sie provozieren etwas in uns, was sonst zu schnell unter die Räder unserer Ordnungsliebe geraten würde.

Das Paradies hat den Menschen in zwei Richtungen entlassen. Die eine setzt auf Weltbeherrschung, sieht ihn als Krone der Schöpfung. Der andere Blick sieht ihn in der Verantwortung für die Bewahrung von Mutter Erde. Beide Richtungen haben Namen: Kain und Abel. Der neidische Totschläger Kain treibt bis heute sein Unwesen. Er ist ein von Brutalität Gezeichneter. Ihm ist es anzusehen, dass er sich in seiner Haut nicht wohlfühlt. So lange Abel sich nicht zur Wehr setzt, scheint Kain sich weiter durchzusetzen. Er will gesehen werden. Sein narzisstisches Bedürfnis lässt ihn morden, dass es zum Himmel schreit. Doch hinter seiner Rücksichtslosigkeit steckt ein ängstliches, nach Anerkennung hungerndes Schattenkind. Auch Kain ist ein Menschenkind. Auch ihn zeichnen vier urmenschliche Grundbedürfnisse aus:

Bedürfnis nach Bindung

Der Wunsch nach Bindung, Zugehörigkeit und Gemeinschaft macht den Menschen zum Menschen. Pandemische Zeiten offenbarten, was fehlte, als soziale Distanz, Homeoffice, einsames Sterben im Krankenhaus die Mitmenschlichkeit auf Abstand hielten. Digitale Kommunikation, soziale Netzwerke ersetzen den Wert realer Begegnungen und Berührungen nicht, stillen das Bedürfnis nach Bindung nicht, können es höchstens kurzzeitig überbrücken. Menschliche Kommunikation lebt von Begegnung und Körpersprache. Das ist nicht auf digitale Kachelgrößen reduzierbar! Trost, Mitgefühl, Liebe geschehen von Angesicht zu Angesicht. Erste Bindungserlebnisse in der Kindheit können unterschiedliche Bedürfnisse ausgelöst haben; von der Vermeidung enger Beziehungen bis zur Sehnsucht nach symbiotischen Verhältnissen ist alles drin. Der Wunsch nach verlässlichen Beziehungen kann korrespondieren mit dem Bedürfnis nach Sicherheit und dem Empfinden, möglichst alles unter Kontrolle zu haben.

Bedürfnis nach Autonomie

Den entgegengesetzten Pol bildet das Bedürfnis nach Selbstständigkeit und Autonomie, welches in der Pubertät explodiert und mit den Lebensjahren wächst. Bereits kleine Kinder erforschen ihre Umgebung, nabeln sich ab, krabbeln, lernen das Laufen, ziehen in eine weite Welt. Ich selber bin ›Generation Laufstall‹ wie viele Babyboomer, die in den Wirtschaftswunderjahren nicht anders zu zähmen waren. Irgendwann musste ich raus aus dem hölzernen Gefängnis. Je eigenständiger wir uns entwickeln, umso stärker kann sich ein dunkles Bedürfnis nach Macht ausbilden, um die gewonnene Eigenständigkeit abzusichern. »Wir sind von Geburt an bestrebt, einen gewissen Einfluss auf unsere Umgebung auszuüben und Hilflosigkeit und Ohnmacht zu vermeiden.« (Stahl, 37) Da können Zielkonflikte zwischen Bindung und Autonomie entstehen, was zu einem spannungsreichen und energetischen Miteinander führt. Da heißt es, die Balance zu finden zwischen einem Für-sich- und Mit-anderen-Sein.

Bedürfnis nach Lust

Unser Freiheitsbedürfnis gerät schnell an seine Grenzen, wo die elementaren Bedürfnisse des Leibes nicht befriedet werden. »Lust und Unlust stehen in ganz engem Zusammenhang mit unseren Emotionen und sind ein wesentlicher Bestandteil unseres Motivationssystems. Einfach ausgedrückt, streben wir ständig danach, Lust zu gewinnen und Unlust zu vermeiden.« (Stahl, 40) Spannungsreich schwanken wir zwischen den Polen aus Befriedigung und Kontrolle unserer Bedürfnisse hin und her. Jesus bat seine Jünger in Todesangst, mit ihm zu wachen und zu beten. Doch sie schliefen ein, was Jesus zur nüchternen Feststellung veranlasste: »Der Geist ist willig; aber das Fleisch ist schwach.« (Mt 26,41) Im Fahrwasser solchen Denkens formulierte Paulus: »Wenn ihr durch den Geist die Taten des Fleisches tötet, werdet ihr leben.« (Röm 8,13) Jesus war ein Wanderradikaler, Paulus ein religiöser Extremist. Paulus ging es um ein kompromissloses Leben im Licht des Evangeliums. Er war besorgt, dass das Verlangen des ›Fleisches‹ das Licht des Glaubens auspusten könnte. »Paulus Auslegung der Bedeutung des Todes Jesu und seiner Auferstehung kreist um nichts anderes als um das Absterben des alten Menschen, das Mitsterben mit Jesu Tod und das daraus erwachsene ›neue‹ Leben (Röm 6).« (H. Luther, 230)

Jesus, der von seinen Kritikern als Fresser und Weinsäufer abgestempelt wurde, schätzte – wie später Luther auch – die schönen Seiten des Lebens. Für Askese schlug das Herz im Christentum selten, von wenigen Wüstenmönchen und Säulenheiligen abgesehen. Jesus, als Freund des Lebens, verwandelte auf einer Hochzeit Wasser in Wein. Dass maßlose Lust, die teuflische Gier, enorme Schäden anrichtet, steht auf einem anderen Blatt. »Überlebenswichtig ist, dass der Mensch lernt, sein Lust- und Unlustempfinden zu regulieren. Das heißt, er muss die Fähigkeit zur Frustrationstoleranz, zum Belohnungsaufschub und zu Triebverzicht erwerben.« (Stahl, 40) Wer ernsthaft glaubt, auf der Sonnenseite des Lebens ständig Party feiern zu können, irrt; der bekommt auf Dauer Sonnenbrand und leidet irgendwann an tödlicher Langeweile und Überdruss. Ein einseitig lustgetriebenes Leben macht krank, zerstört das Autonomiebedürfnis, die Bindungsfähigkeit, soziales Miteinander und die Schöpfung.

Bedürfnis nach Anerkennung

Unser menschliches Bindungsbedürfnis ist mit dem Bedürfnis nach Anerkennung stark verbunden. Im Säuglingsalter liest es jedes Kind seinen Eltern von den Augen ab, ob es geliebt wird und willkommen ist. Wir sind darauf konditioniert, »unseren Selbstwert durch den Spiegel der anderen zu erfahren ... Menschen mit einem labilen Selbstwertgefühl, die also häufig mit ihrem Schattenkind identifiziert sind, sind zumeist stärker abhängig von äußerer Anerkennung als Selbstsichere, deren Sonnenkind gut entwickelt ist.« (Stahl, 41) Hier liegt der Schlüssel für vieles. Seit unserer Geburt ist die Bühne unseres Lebens besetzt. Die Regie führen andere. Als Kind suche ich meine Rolle zwischen besetzten Plätzen.

Ich nehme die ein, die am meisten Wertschätzung verspricht. Der Wunsch, anerkannt zu sein, ist ein zentrales Bedürfnis, zu deren Stillung wir viel, oft zu viel geben bzw. opfern. Das verunsicherte Ich gerät dann schnell in Teufelskreisläufe. Unerfülltes aus Kindheitstagen schleppen wir nicht selten mit einem unersättlichen Hunger nach Wertschätzung bis ins hohe Erwachsenenalter mit uns herum.

Kritik am eigenen Handeln wies Kain zurück. »Bin ich meines Bruders Hüter?« Die Unterschiede zwischen den Brüdern in der Form ihrer Weltaneignung können »als Unterschiede in der Strategie der Suche nach Resonanz und der Vermeidung von Entfremdungserfahrungen verstanden werden«. (Rosa, 34) Gott tätowierte Kain ein Erkennungszeichen ein, um ihn vor seinen Rächern zu schützen, um die drohende Eskalationsspirale der Gewalt zu vermeiden. »Und der Herr machte ein Zeichen an Kain, dass ihn niemand erschlüge, der ihn fände.« (1. Mose 4,15) Gott gewährte Schutz, weil an diesem Totschläger Kain nun die Zukunft seiner Menscheitsverheißung hing. Wir sind die Nachkommen Kains. Ohne ihn wäre es mit der *ruach* aus gewesen: Pustekuchen! Es wundert nicht, dass Hilde Domin in ihrem Gedicht »Abel steh auf« sich einen anderen Ausgang wünscht:

Abel steh auf
es muß neu gespielt werden
täglich muß es neu gespielt werden
täglich muss die Antwort noch vor uns sein
die Antwort muß ja sein können
wenn du nicht aufstehst Abel
wie soll die Antwort
diese einzige wichtige Antwort
sich je verändern ...

Hilde Domin

Altes und Neues Testament verwenden gleiche Worte für Gottes Schöpfungshandeln, die Rede ist von göttlicher Befreiung und Erlösung (vgl. Jesaja 43,19). Während bei den Propheten der befreiende Aspekt stärker zur Geltung kommt, wird in der Auslegung des Christusgeschehens das erlösende Wirken mehr ins Zentrum gerückt. Erlösung meint Neuschöpfung aller Dinge, den Aufstand des Auferstandenen gegen die Todesmächte. Nach dem Exodus aus dem Sklavenhaus Ägyptens knüpft die Auferstehung Jesu aus der Grabkammer des Todes theologisch daran absichtsvoll an. Die gleiche Kraft des Geistes ist es, die befreit! Diese Neuschöpfung geschieht nicht voraussetzungslos als *›creatio ex nihilo‹* (= Schöpfung aus dem Nichts). Die Verheißungen Gottes sind *›creatio continua‹*, eine Fortsetzungsgeschichte von Gottes Schöpfungskraft. »Die reale Geschichte der menschlichen Sünde beginnt mit dem Brudermörder Kain (Gen 4) und mit der Verbindung des Verderbens auf der Erde durch ›Gewalttat‹ (Gen 6). Das Essen der verbotenen Frucht im Garten Eden (Gen 3) gehört in den Bereich des Mythos, durch die die physische Geschichte metaphysisch gedeutet wird. Der Paradies-Sündenfall-Mythos hat im Judentum niemals eine solche fundamentale Bedeutung gespielt wie im Christentum ... Es ist darum wichtig, dass Christen nicht die mythische, sondern auch die reale Geschichte von Unrecht und Gewalttat als Sünde ansehen, um aus dem Geist Gottes die Kraft zum Tun des Gerechten und zum Frieden zu finden.« (Moltmann, 139)

Der angehauchte Mensch wurde von Gottes unerschöpflicher Energie begeistert, die die ›Trotz-dem-Kraft‹ zum ›Tun des Gerechten‹ in sich trägt. Dieser Geist wurde der Menschheit in die Wiege gelegt, wie dem Heizer im Führerhaus seiner Dampflock die Briketts. Der Preis der Vertreibung war hoch. »Sich nicht mehr fühlen, nicht mehr spüren, nicht mehr hören zu können ist zum zentralen Symptom dieses Verlustes geworden, den weder Berührungsindustrien noch Schmerztherapien ausgleichen können.« (Rosa, 716) Wie gut, dass es Prophet*innen gibt, die uns immer wieder neu wachrufen, die Stachel im Fleisch unserer Welt sind.

Begeistert - Die Propheten

Am 8. Juli 1916, in den Wirren des 1. Weltkrieges, schreibt der Philosoph Ludwig Wittgenstein: »An einen Gott glauben heißt, die Frage nach dem Sinn des Lebens verstehen. An einen Gott glauben heißt, sehen, dass es mit den Tatsachen der Welt noch nicht abgetan ist ... Um glücklich zu leben, muss ich in Übereinstimmung sein mit der Welt.« (zit. n. Geier, 92) Wittgenstein formuliert dies als Soldat. Nachdem seine Welt aus den Fugen geraten war, verspürt er einen inneren Ruf, in Überstimmung mit der Welt sein zu wollen. Stimmig leben heißt auch, in Übereinstimmung mit ›einem Gott zu sein‹, der uns Sinn und Geschmack fürs Wesentliche geschenkt hat. Darum ging es den Heils- wie Unheils-Propheten Israels. Sie warben in Übereinstimmung mit Gottes Weisungen für ein barmherziges, gerechtes, gottgefälliges, stimmiges und gelingendes Leben. Herrschten gravierende Missstimmungen, erhoben sie ihre Stimme. In radikaler Geistesgegenwart inspirierte Gott sie zu Klartext und eindrücklichen Zeichenhandlungen.

In der Prophetie taucht ein Thema auf, das die Theologie bis heute beschäftigt: die Unterscheidung bzw. das Zusammenspiel von Geist und Wort. Interessanterweise gab es so manche Verschiebungen. Da gab es Zeiten, in denen die Propheten mit ihrem Wort ein korrigierendes Gegenüber zum wilden Wirken des Geistes zu bilden hatten, als Schutz vor Willkür. Der freischwebende Geist bedurfte der Anbindung ans Wort, nicht unbedingt zu Zwecken der Domestizierung, sondern zur Klarstellung der Weisungen Gottes. Andererseits war der an sich ›tote Buchstabe‹ angewiesen auf die Belebung durch Gottes geistreiche Inspiration und Interpretation durch die Propheten. Die frühen Propheten waren so etwas wie vom Geist Gottes ergriffene Wanderprediger. Von Samuel heißt es: »Die man jetzt Propheten heißt, die hieß man vorzeiten Seher.« (1. Samuel 9,9)

Im Unterschied zu den schamanischen »Sehern« und islamischen »Derwischen« wird den Propheten eingegeben, was der *Wille* des Herrn ist und was zu *tun* ist. In 1. Sam 10,6 hören wir aus dem Munde des Priesters Samuel im Blick auf Saul, dem ersten König Israels, der sich im Umfeld erweckter Prophetenkreise aufhielt: »Und der Geist des Herrn wird über dich kommen, dass du mit ihnen in Verzückung gerätst; da wirst du umgewandelt und ein anderer Mensch werden.« (1. Sam 10,6) Durch die Kraft des Geistes geschah, was die Betroffenen in freier, unvorhergesehener, spontaner Weise geschehen ließen. Solches Ergriffenwerden provozierte bei begeisterten Propheten eine Konversion, die zur Veränderung ihres Lebenswandels führte. Darin erwies sich alttestamentliche Prophetie als Geist-Wort-Geschehen zu dem Zwecke, dass Gott sich im Munde der Propheten ausspricht, um seinem Volk nahe zu sein und Weisung zu geben.

Die Taufe durch Johannes, dem ›Vorläufer Jesu‹, als Antwort auf den Ruf zu Buße und Umkehr war ein Geschehen ausschließlich mit Wasser. Dieses Taufverständnis wurde zum Nadelöhr für die Christenheit. Die Taufe ermöglichte schließlich die volle Zugehörigkeit zur Gemeinde Christi. Der Initiationsritus des Christentums, als Zeichen der Reinwaschung von Schuld und Sünde, wurzelte in der prophetischen Buß- und Umkehrtradition des Judentums, die Johannes kritisch interpretierte. In der Folgezeit haben ›priesterliche‹ wie ›königliche‹ Traditionen des Christentums ihre prophetischen Graswurzeln gekappt, wurde die Taufe nicht selten als Herrschaftsinstrument missbraucht.

Die Achterbahnfahrten des Geistes sind für die Bewältigung eines normalen Alltags herausfordernd. Deshalb neigen wir dazu, uns vor der Spontanität solcher Geistkraft zu schützen, flüchten wir in die Bunker der Gefühlstaubheit, verkriechen wir uns in Schutzräume und Höhlen wie einst der erschöpfte, schwermütige und schwer müde gewordene Prophet Elia: Nach gigantischem Göttershowdown ergriff er die Flucht vor Isebel, der Frau des Königs, die ihm tödliche Rache geschworen hatte. Elia hatte ihre Baals-Propheten im Namen Jahwes niedergemetzelt. Elia galt seither als der Prototyp des Propheten. Sein Handeln provozierte Feuer vom Himmel und zielte auf umkehrbereite Herzen. Nach Elias Erfolg in der Arena der Religionen war er am Ende: Er wusste, trotz erfolgreichen Kampfes, dass er nicht besser als seine Väter war. Seine prophetische Gabe der Kritik richtete sich nun gegen sein angeschlagenes Selbstwertgefühl. Lieber wollte er sterben, als in den Fängen einer rachsüchtigen Königsgattin zu landen. Da war nichts mehr mit prophetischer Spontanität. Gott sei Dank schickte der Himmel einen Engel in die Wüste, der Elia mit frischem Wasser, knusprigem Brot und ausgiebigem Schlaf wiederbelebte. Nach zweimaligem Anklopfen stand er auf, um einen vierzigtägigen Marsch zum Gottesberg anzutreten. Dort zog er sich, erneut von der Reise erschöpft, in eine Höhle zurück, bis sich etwas regte, das seine Neugier weckte. Nicht im Sturm, Erdbeben oder Feuer offenbarte sich Gott, sondern – wie Martin Buber übersetzt – in einer *»Stimme verschwebenden Schweigens«*. In lautlosen Schwingungen, voller Sanftheit, lockte Gott seinen Prototyp-Propheten aus seiner Kummerhöhle. Wie eine scheue Schildkröte steckte der sein Köpfchen hervor, zeigte sich der Ermattete berührbar und ansprechbar. Schließlich brach er auf, mit drei Aufträgen im Gepäck, um seinen wohlverdienten Ruhestand anzutreten, seinen Staffelstab an einen anderen weiterzugeben.

Jede Religion kennt das Phänomen begeisterter, erleuchteter, prophetischer Persönlichkeiten. Im ersten Testament der Bibel verheißen Propheten auch eine kollektive Geistausgießung an alles Volk. Sie hegten besondere Sympathien für Witwen, Waisen und Arme. Ihr Charisma lag darin, Mächtigen in die Parade zu fahren, Irrglauben zurückzuweisen, Gottes Gerechtigkeit als Gegenprogramm zu einer scheinbar alternativlosen Tages- und Bündnispolitik zu verkündigen. Anthropologen behaupten, unter den höheren Lebewesen sei allein der Mensch mit der Fähigkeit der Sprache begabt – einer Gabe, die Propheten in besonderer Weise auszeichnete. »Der Geist offenbart sich besonders in der Sprache der Liebe, in der Naturpoesie und in der überzeugenden Rede. Bei diesen Gelegenheiten ist die Sprache mehr als nur Sprache. Sie wird zu *páthos, lógos, éros und éthos,* das heißt zu einer Wirklichkeit, die uns bewegt, uns inspiriert, uns überzeugt und uns zum Handeln antreibt. In der Poesie bricht sich der Geist als schöpferische Kraft Bahn. Der Poet spricht nicht. Er selbst wird gesprochen, ausgesprochen durch eine inspirierende Energie, die ihn völlig erfasst.« (Boff, 68 f.) Das Prophetische und Poetische kommen ohne die paradoxen Wirkweisen eines kreativen Geistes nicht aus. Der Geist ist höchst aktiv, versetzt Propheten zugleich in eine energiereiche Passivität, die zur Quelle ihrer Sprach- und Schaffenskraft wird. Es ist eine Art ›Medium-Passiv-Zustand‹, ein Interregnum, ein Dazwischen zwischen Aktivität und Passivität.

Wer mit dem Rücken an der Wand steht, weiß mehr als andere von neuen Welten zu künden, Menschen von neuen Herzen und Geistern vorzuschwärmen (vgl. Ezechiel 36,16-38). Wenn nicht jetzt, wann dann hat neues Fleisch ans alte Gerippe zu kommen? Der Prophet Ezechiel verheißt das in einer hollywoodreifen Vision: eine Auferstehung toter Gebeine – eine beliebte Lesung in unseren Osternächten. Propheten ist es eigen, zu trösten und zu warnen, zu ermutigen und zu enttäuschen, den Glauben an den einen Gott zu stärken, Götzendienste in Frage zu stellen. Sie wurden zu Interpreten großer Krisen. Sie waren weniger Vorhersager, die in einer Glaskugel die Zukunft vorhersahen. Sie waren eher Träger eines Geistes, der sie dünnhäutig und hochsensibel für die Nöte ihrer Zeit machte. Sie waren ausgestattet mit einem klaren Bewusstsein und Geist für das Fehlverhalten von Völkern und Menschen gegenüber dem Willen Gottes. Sie vermochten es, rechte, nicht selten unbequeme Worte zur rechten Zeit zu sagen. Krisenzeiten interpretierten sie als Zeiten vertiefter Einsicht, als Chance der Läuterung und zur Umkehr. Dabei blieb es nicht aus, sich in die Tages- und Flüchtlingspolitik, Religions- und Kultkritik, in Sozialgesetzgebung und Gebotsauslegung ihrer Zeit einzumischen und Tacheles zu reden, ohne Rücksicht auf eigene Verluste.

Wenn die Schriften des Neuen Testaments von *parrhesía* sprechen, umschreibt dies den prophetischen Mut, der sich vor Obrigkeiten zur Wahrheit bekennt. Jesu Passionsgeschichte wurde zum Paradigma für das Leiden eines Gerechten. Prophetische Worte erwiesen eher im Rückblick ihre Wahrheit und wurden so für nachfolgende Generationen zum Licht in dunkler Zeit. »Wes das Herz voll ist, des geht der Mund über.« (Mt 4,4) Propheten konnten Plappermäuler eines übervollen Herzens sein. Sie machten aus ihrem Herzen keine Mördergrube, praktizierten zuweilen Stellvertretung: »Tu deinen Mund auf für die Stummen.« (Spr 31,8) Gottes Geist atmete in ihnen das Leben ein ohne Mundschutz und Zensur, sprengte mit ihrer Kraft die Ketten der Sklaverei, lieh Leisen und Schüchternen, Abgehängten und Sprachlosen durch sie eine Stimme. »Mystik und organisierte Religion verhalten sich wie Geist zur Macht.« (Sölle, 70) Geistesgeschichte ist immer auch Ketzergeschichte gewesen mit politischem, humanem und spirituellem Kollateralnutzen. Der jüdische und marxistische Philosoph Ernst Bloch hat das in seinem Werk »Das Prinzip Hoffnung« in sehr origineller Weise aufgezeigt.

Nicht nur durch Poesie, auch in der Musik geschieht etwas Prophetisches. Für den Philosophen Peter Sloterdijk dient die Musik in der modernen Gesellschaft »der Vergewisserung und potentiell der Korrektur unseres Weltverhältnisses«. (zit. n. Rosa, 164) Reinhard Mey textet dazu: »Schon, wenn der erste Ton erklingt, beginnt der Raum zu atmen und zu leben, ist es wie ein Erschauern, wie ein Schweben, als ob ein Zauber uns bezwingt. Und eine Melodie befreit uns aus dem Irrgarten unserer Gedanken und öffnet alle Schleusen, alle Schranken unserer Seele weit.« (Mey, Welch ein Geschenk). Das erklärt vielleicht, warum in charismatischen Kreisen populäre Formen der Musik, Lobgesänge, musikalische Anbetungsmarathons eine zentrale Rolle spielen; Zungenrede und Prophetien sich unter viel Sound Bahn brechen. Mit Musik verschwimmen Grenzen, werden Stimmungen ausgelöst mit großer Tiefenwirkung. Melodien zielen aufs Herz, Worte eher auf den Verstand. Gemeinsames Singen und Loben setzt Kräfte frei, stiftet Gemeinschaft, wenn alles stimmt, alle in guter Stimmung sind. Das war bei den Negrospirituals nicht anders. Deshalb geht Soulmusik unter die Haut, berührt Gospel nicht nur zur Weihnachtszeit die Gemüter. Schon Luthers Gemeindelieder hatten die Kraft, die Botschaft der Reformation ins Herz der Menschen zu pflanzen. Paul Gerhardt und Johann Sebastian Bach sorgten für einen musikalischen Frühling des Protestantismus, erwiesen als musikalische Propheten der biblischen Botschaft einen ewigen Dienst.

»Im Resonanzzustand ist eine hohe Kongruenz von Denken und Fühlen gegeben.« (Rosa, 287) Kühle Geister werfen begeisterten Propheten ekstatischen Überschwang als pure Irrationalität vor. Pragmatiker der Vernunft stehen dem nicht nach. Rosa widerspricht, sieht in Menschen, die ihre Antennen auf Empfang stellen, eine große Schnittmenge aus Denken und Fühlen. Propheten hatten einen feinen Riecher, wenn etwas zum Himmel stank.

Sie verfügten über erstaunliche Energien, intellektuelle Klarheit und emotionale Power, wagten mutige Widerworte und Zeichenhandlungen. Ihre Begeisterung setzte beides in Kraft: denken und fühlen. An beiden Kontaktflächen entzündeten sich die Streichhölzer eines feurigen Geistes. Der jüdische Religionsphilosoph Martin Buber formulierte: »Die Entstehung der Welt und die Aufhebung der Welt sind nicht in mir; sie sind aber auch nicht außer mir; sie sind überhaupt nicht, sie geschehen immerdar, und ihr Geschehen hängt auch mit mir, mit meinem Leben, meiner Entscheidung, meinem Werk, meinem Dienst zusammen«. (zit. n. Rosa, 289) Dieser Charakter des Geschehens zeigt, wie abhängig und unabhängig die Begeisterung von unseren Emotionen und unserer Rationalität ist. Solcher Geschehenscharakter bildet das Einfallstor für Gottes Geist, der auf Menschen angewiesen bleibt.

Gott hat keine anderen Hände und Füße, Herzen und Köpfe als unsere. Wo Gott Menschen mit seinem Geist zur Tat ermutigt, gibt es auch gute Vernunftgründe. »Der prophetisch brennende Glaube widersetzt sich der Privatisierung, die Gott lediglich auf das Herz des Einzelnen reduzieren will. Das Ergebnis wäre eine egozentrisch frömmelnde Befindlichkeitsreligion: ›Ich und mein Gott‹ ... Wir dürfen Gott nicht individualisieren, denn Gott offenbart sich im Innenraum der Welt als das verletzliche Phänomen des gemeinsamen Lebens.« (Schleske, 224)

In meinen Jugendjahren erschien es mir, dass die sogenannte ›charismatische Bewegung‹, der ich sechs Jahre zugehörte, eine ›egozentrisch frömmelnde Befindlichkeitsreligion‹ pflegte. Die ökumenische Gemeinschaft in Taizé öffnete mir anschließend die Augen, dass *»Kampf und Kontemplation«*, wie Frère Roger es formulierte, zusammengehören.

»Um den Augenaufschlag des Lebens zu sehen und ihn zu erwidern, braucht man einen liebenden und suchenden Geist ...

Blickt uns das Leben in seiner inneren Schönheit und seinem Geheimnis noch an?« (ebd., 190 f.) Die Propheten erhoben ihre Stimme für den ›Augenaufschlag des Lebens‹. Not machte sie erfinderisch, Leid hellsichtig. Geht es einem gut, wird alles getan, den Besitzstand zu wahren, die Rufe nach Reformation und Revolution zu unterdrücken. Wer an der Macht sitzt, träumt nicht von Veränderung und fürchtet Prophet*innen. Prophetische Wesen waren immer Menschen in Bewegung, schwebten unruhig über den Wassern ihrer Zeit, drängten auf Veränderung, wie der Menschensohn. Sein Wirken war prophetisch und mystisch zugleich. Priesterliches Gehabe und königlicher Hofstaat waren seine Sache nicht.

1919 äußerte sich Martin Buber in seiner Rede »Der heilige Weg« eindrücklich über das Wesen der Propheten. Die Propheten »kämpfen nicht gegen den Staat an sich ... sondern gegen den entgotteten, entgeisteten Staat ... sie erfahren an ihrer aller Pein und Schmach ausgelieferten Person seine Übergewalt ... Es ist ihnen undenkbar, einen Vertrag mit dem Bestehenden zu schließen, es ist ihnen aber auch undenkbar, von ihm weg in den Bereich des inneren Lebens zu fliehen ... Sie wissen mit dem letzten Funken ihrer Kraft, dass es ums Letzte geht. ... Niemals aber scheiden sie zwischen Geist und Welt, zwischen dem Reiche Gottes und dem Reiche des Menschen; das Reich Gottes ist ihnen nichts anderes als das Reich des Menschen, wie es *werden* soll.« (zit. n. Bourel, 278 f.) Buber verschränkt, was oft getrennt wird: Geist und Welt, Gottes Reich und des Menschen Bereich. Die scheinbaren Gegensätze lassen sich nicht voneinander separieren. Im Werden kommt immer etwas zum Vorschein, was in der Gegenwart von bedeutsamer Gestalt und von zu gestaltender Bedeutung ist. Ähnlich sieht Martin Schleske in der Liebe untrennbare Verschränkungen: »Die Liebe, die dem inspirierten Weg vorausgeht, könnte man eine ›prophetische Liebe‹ nennen. In ihr ist buchstäblich ein innerer Liebeskummer nach Gott. Sie streckt sich mit jeder Faser ihres Daseins danach aus, die Gegenwart des Heiligen zu erfahren. ... Es ist die Liebe eines Menschen, der von ganzem Herzen begehrt zu verstehen.« (Schleske, 104)

Es war die Liebe des Menschensohns zum Menschen, sein Leben in besonderer Geistkraft, die eine echte Zeitenwende brachte.

Ausgehaucht – Der Menschensohn

»Unsere Sensibilität und unsere Angstbereitschaft sind schon in unseren Genen angelegt und bestimmen mit darüber, wie sich unser Selbstwertgefühl entwickelt.« (Stahl, 48) Doch unsere Gene und Prägungen bestimmen nicht alles. Elisabeth Lukas, Schülerin des Begründers der Logotherapie, Viktor E. Frankl, fasst sein Anliegen so zusammen: »Was also bist du, o Mensch? Ein dependentes, abhängiges Geschöpf? Eindeutig ja. Abhängig von allen Arten deiner ›Mitgift‹, wie den elterlichen Chromosomen plus den zahllosen weltlichen Einflüssen, denen du ein Leben lang ausgesetzt bist, seien sie erwünscht oder nicht. Armer Mensch! Oder bist du ein autonomes, freies Geschöpf? Eindeutig ja. Denn du bist frei, aus deiner ›Mitgift‹ zu ›bauen‹, was immer du willst: Gefängnis oder Sternwarte, Bordell oder Kathedrale … Begnadeter Mensch! … Du bist der Baumeister deines Lebens. Das Material macht dir keine Vorschriften. Es zwingt dich in keinerlei Richtung. Es lässt sich von dir be- und umarbeiten. Du gibst ihm seine endgültige Form. Und in dieser ›Endgültigkeit‹ wird dereinst nicht mehr zählen, was es ursprünglich gewesen ist, sondern einzig und allein, was du daraus gemacht hast, dessen sei gewiss!« (Lukas, 35 f.)

Uns ist viel gegeben, mitgegeben, aufgegeben. Unser Atem und unser Herz bilden unsere Lebenszentren. Gerät hier etwas ins Stocken, herrscht Lebensgefahr. Ein tiefer Atem, ein intaktes Herz sind Indizien eines in Balance befindlichen Lebens. Wir dürfen davon ausgehen, dass der Menschensohn ganz und gar Mensch war mit Haut und Haar, mit Ängsten, Sorgen, Bedürfnissen, mit Zuneigung und Mitgefühl. Heinrich Böll hatte einmal die Sorge, ihm ginge sein Mitgefühl verloren, in einer Welt, die kaum noch Gefühle zeige. Im November 1940 warf er einen ernüchternden

Blick auf seine Zeitgenossen, als er seiner Frau schrieb: »Ich weiß nicht, ob Du es auch schon einmal deutlich empfunden hast, wir leben unter Leichen ... sie haben alle keine Farbe, keine Linie und keinen Ton. Und darum kannst Du auch auf keiner von diesen Fratzen eine Spur des Kreuzes finden, das der Inbegriff allen Lebens und allen Leidens ist. Sie leben nicht und leiden nicht. Sie vegetieren, existieren nur für ihre Existenz ... Ich hasse alles Moderne unerbittlich, wild und erbarmungslos. Diese ganze verächtliche Oberflächlichkeit, die niemals blutet und niemals etwas riskiert.« (zit. n. Linder, 66 f.) Das Kreuz war für Böll der Inbegriff allen Lebens und Leidens. Ich kann seinen zeitweiligen Hass auf die Moderne, auf alle Oberflächlichkeit verstehen, die niemals etwas riskiert.

»Gibt es noch ein Oben und Unten? Irren wir nicht durch ein unendliches Nichts? Haucht uns nicht der leere Raum an? Ist es nicht kälter geworden?« Friedrich Nietzsches Aneinanderreihung von Glaubensfragen lässt den »tollen Menschen« im Aphorismus 125 der ›Fröhlichen Wissenschaften‹ ausrufen: »Gott ist tot! Gott bleibt tot! Und wir haben ihn getötet.« (in: Nietzsche, 481) Eine Religion erkor sich diesen lebenden und leidenden Nazarener zum Vorbild, fühlte sich in mystischer Weise durch seine Wunden geheilt. Er ging als Sündenbock ›für uns‹ in die Wüste der Gottvergessenheit, erlitt auf einer Schädelstätte unser aller Tod. Seither haucht kein leerer Raum uns mehr an. Wer sein Leben aushaucht, darf hoffen, im österlichen Reich neu aufzuatmen. Der von Geburt an auf Jesus ruhende Geist, der mit seiner Taufe öffentlich bestätigt wurde, war trotz dreitätiger Höllenfahrt nicht totzukriegen.

In diesem Menschensohn wohnte eine unzerstörbare Energie. Bei seiner Antrittspredigt in Nazareth war davon schon etwas spürbar. In einer Synagoge zitierte er nicht zufällig den Propheten Jesaja: »Der Geist des Herrn ist auf mir, weil er mich gesalbt hat, zu verkündigen das Evangelium den Armen. Er hat mich gesandt, zu predigen den Gefangenen, dass sie frei sein sollen, und den Blinden, dass sie sehen sollen, und den Zerschlagenen, dass sie frei und ledig sein sollen.« (Lk 4,18) Jesu erste öffentlichen Worte waren die eines mit den Zukurzgekommenen mitfühlenden Propheten. »Nichts zeigt die Präsenz des Geistes im Menschen so klar wie die Liebe. Durch die Liebe strebt der Mensch zur Verschmelzung mit dem andern. Es ist eine Hingabe, die dem Tod ähnelt, denn es ist eine bedingungslose Hingabe, die es dem Ich ermöglicht, ganz eins zu werden mit dem Du ... sich an die Stelle des anderen zu versetzen und sich über den am Straßenrand Liegenden zu beugen.« (Boff, 69)

Mitgefühl, Sympathie, Nächstenliebe und Barmherzigkeit erweisen sich als Türöffner zu Jesu Reich. Christina Rietz, Redakteurin für Religionsthemen in der ZEIT-Verlagsgruppe, hingegen schwärmt in ›Christ & Welt‹: »Doch das Reich des Alltäglichen endet an der Kirchentür. Dahinter gelten andere Gesetze. Je stärker man das bemerkt, desto besser. Die Messe ist ein sakrales Ritual, das sich seinem Wesen nach von profanen Vorgängen unterscheiden muss. Die Eucharistie ist kein Abendessen, deshalb darf sie auch nach anderen Codes funktionieren. Es geht ausdrücklich um ein Opfer, das nicht einer anwesenden menschlichen Gemeinde dargeboten wird.« (Rietz, 30) Die Karawane des Volkes Gottes ist längst weitergezogen. Es stellen sich wesentlichere Fragen. Was für ein Unsinn: »Das Reich des Alltäglichen endet an der Kirchentür.« Das ist eines der großen Missverständnisse einer Dinosaurier-Kirche, die absichtsvoll die alltäglichen Nöte von Menschen draußen vor ihren Kirchentüren lässt, um in geschlossener Gesellschaft ihren kultisch-ästhetisch-astreinen Götzendienst zu inszenieren. Glaube keiner, dass sei nur ein katholisches oder orthodoxes Problem.

Alle vier Evangelien erzählen Jesu Geschichte als Geschichte des Geistes. Sein Leben setzt das Wirken des Geistes voraus, bis in die Legende seiner Geburt hinein. Der Geist machte Jesus zum »Reich Gottes in Person«. (Moltmann, 74) In der Kraft des Geistes trieb er Dämonen aus, heilte er Kranke, nahm er Sünder an, brachte er Armen die frohe Botschaft, stellt er Bettlägerige wieder auf festen Boden. Nicht zur Selbstbespiegelung, nein, für den nahen und fernen Nächsten und Übernächsten ist ihm Gottes Lebenskraft geschenkt worden. Dieser unglaubliche Geist trieb (Mk 1,12) und führte (Lk 4,1) Jesus am Anfang seines Wirkens hinaus in die Wüste. Nach dreifach teuflischer Versuchung kommt er schließlich in der »Kraft des Geistes« wieder nach Galiläa (Lk 4,14).

Was mit Jesu Taufe geistreich begann, endete im gleichen Geist am Kreuz. Der arme Mann aus Nazareth kam vom Land, nicht aus der Metropole. Er fuhr keinen Mercedes, eher Polo, als er auf einem Esel mit einem Füllen nach Jerusalem einzog. Wollte jemand bei ihm der Höchste sein, hatte er ganz unten anzufangen, Demut zu leben, Füße zu waschen. Er nahm die Seinen an reich gedeckte Tische mit; verwandelte Wasser in Wein, stillte Stürme, ging übers Wasser, sättigte hungrige Mäuler. Wer mit ihm unterwegs war, schwitzte Blut und Wasser, saß mit Verrätern und Sündern zusammen, erlebte, wie Felsen zerbröselten, wie ein starker Petrus sich als erbärmlicher Versager entpuppte. Auf diesem Felsen ist die katholische Kirche erbaut: Halleluja! Der durch und durch anteilnehmende und mitfühlende Geist des Menschensohnes erlaubte ihm keine Teilnahmslosigkeit, Gleichgültigkeit, Selbstbezogenheit. Jesu In-der-Welt-Sein führte ihn zum Mit-Sein mit allen Geschöpfen und die Seinen zum Mitmachen in der geistreichen ›Mit-Macht‹. Martin Heidegger formuliert: »Das sich um sich selbst sorgende Ich des In-der-Welt-seins kann kein Robinson sein. Es braucht die anderen Menschen. Die Welt des Daseins ist nicht nur Selbstwelt, sondern auch Mitwelt, das In-Sein ist immer auch Mit-Sein mit anderen Menschen.« (zit. n. Geier, 152) Deswegen sind wir Teil der Mitwelt, ausgestattet mit Mitgefühl für unsere Mitmenschen; nicht Krone der Schöpfung, sondern Mitglied im Kreise von Mitgeschöpfen.

Wer kennt das Unbehagen nicht, sich von allen guten Geistern verlassen zu fühlen? Neben der Angst vor Schmerzen ist die Furcht vor dem Alleinsein, vor allem beim Sterben, eine der größten Sorgen des Menschen. Sich auf Erden von Gott verlassen zu fühlen, löste in Zeiten eines innigeren Gottesbewusstseins noch große Schrecken aus. Eine abgebrochene Verbindung zu Gott kam, bildlich gesprochen, einem Luftröhrenschnitt gleich. Ringen Sterbende am Ende nach Luft, gehört dies zu den schwersten Momenten für Angehörige, da sie nichts tun können, zur Ohnmacht verdammt sind. Irgendwann geht uns allen die Puste aus, weil es heißt: »Nimmst du weg ihren Odem, so vergehen sie und werden Staub.« (Ps 104,29) Eine Pforte steht immerhin offen, durch die der Menschensohn am Ostermorgen gegangen ist, von der der Psalmbeter schon zu beten wusste: »Sendest du deinen Geist aus, so werden sie erschaffen und du erneuerst das Antlitz der Erde.« (Ps 104,30)

Im Hebräischen wie Aramäischen trägt das Wort für »Geist« (*ruach*) grammatikalisch das weibliche Geschlecht. Beide Testamente ordnen dem Geist weibliche Wirkweisen zu: gebären, umsorgen, helfen, inspirieren, aufnehmen, verzeihen, trösten. Der Menschensohn, von dem gesagt wurde, Gottes Geist sei auf Maria gekommen, um ihn zu gebären, hauchte am Kreuz diesen Geist in Gottes Hände, legte seine *ruach* in die Hand dessen, von dem er die Geistkraft empfangen hatte. Beim Tod Jesu lesen wir: »Er gab seinen Geist auf.« (Mt 27,50; Mk 15,37; Joh 19,30) Wem vertrauen wir unseren letzten Atemzug an? In welche Hand werden wir unsere Hoffnung legen? »Die Zurücknahme der rûah führt zu Tod und Zerfall. Wird der Geist von Gott zurückgehalten, bleibt er bei sich selbst, so muss das Chaos Chaos bleiben.« (Welker, 154 f.) Es entfaltete sich die Idee, dass die »Hauchung«, die Aussendung des Geistes, Leben schenkt und Zusammenhalt verleiht (vgl. Weish 1,7). Und es war im Judentum die Hoffnung verbreitet, dass eine Ausgießung des Geistes über alle Kreaturen am Ende der Zeiten geschehen werde (vgl. Joel 2,28-32). Der kommende Messias wird stark im Geist sein und mit den Gaben des Geistes auftreten (vgl. Jes 11,1 ff.).

Das von Jesu geführte Leben bestand im Ruf zur Umkehr, in der Predigt vom Reich Gottes, der Verkündigung eines Glaubens, der auf die grenzenlose Liebe seines Papas, »Abba«, vertraute. Den religiösen Eliten verdarb der arme Mann aus Nazareth damit die Preise, denn mit der Angst ließen sich schon immer bessere Geschäfte machen. Deshalb war Paulus klar: »Zur Freiheit hat uns Christus befreit!« (Gal 5,1) Das Credo des Völkerapostels hatte im Lebensentwurf des Nazareners seinen Vorläufer. Jesus genügte es nicht, seine Jünger und Jüngerinnen zur Gottes-, Nächsten- und Selbstliebe anzuhalten. Sein Kampf galt u.a. einer allzu legalistischen Thora-Auslegung: »Ihr Heuchler, die ihr den Zehnten gebt von Minze, Dill und Kümmel und lasst das Wichtigste im Gesetz beiseite: nämlich das Recht, die Barmherzigkeit und den Glauben! Doch dies sollte man tun und jenes nicht lassen. Ihr verblendeten Führer, die ihr Mücken aussiebt, aber Kamele verschluckt.« (Mt 23,23 f.)

Am Beispiel des Sabbats illustrierte Jesus, dass dieser für den Menschen da sei und nicht umgekehrt. Jesu Lebensart geriet in Konflikt mit den Moralaposteln seiner Zeit (vgl. Mk 2,22-26): Da hatten die Jünger glatt die Vorschriften vergessen, als sie an einem Sabbat Getreidehalme abrupften, um das Korn zu essen. Sie gingen an einem Feiertag durch ein Kornfeld. Alles hätte so schön sein können, wären da nicht die Ordnungshüter gewesen. »Und die Pharisäer sprachen zu Jesus: Sieh doch! Warum tun deine Jünger am Sabbat, was nicht erlaubt ist?« (Mk 2,24) Das Ordnungsamt appellierte an Jesus, er möge seine Buben besser im Griff haben! Im Hintergrund der Geschichte schwelten innerjüdische Konflikte und Meinungsverschiedenheiten zwischen Juden- und Heidenchristen, denn die Tochter nabelte sich immer mehr von ihrer Mutterreligion ab. Im Judentum blieb der Sabbat, im Christentum kam der Sonntag. »Und Jesus sprach zu den Pharisäern: Habt ihr nie gelesen, was David tat, als er in Not war und ihn hungerte?« (Mk 2,25) Jesus reagiert nicht auf die Pharisäer. Er nimmt Stellung zu den knurrenden Mägen seiner Jünger. Der Hunger kennt keinen Sabbat, wie Tod und Liebe keine Stechuhren kennen. Aus dem Streit um die Sabbatpraxis war ein Konflikt um die Auslegung der Schrift geworden. Selbst König David soll Regeln gebrochen haben, als er Hunger hatte. Brot hatte er gegessen, das nur Priestern zustand. Damit hat er heiliges Brot entweiht. Schlägt der Hunger wirklich zu, ist das Leben heilig und keine Vorschrift sakrosankt. Die Pharisäer sind in Sorge um die Ordnung, die jede Gesellschaft zusammenhält. Es ist gut, dass es Pharisäer gibt. Es ist gut, dass es Jesus gibt, der lehrt hinzusehen, was Not tut, was in Ordnung ist und was nicht. Jesus stellt den Regelfall nicht in Frage. Aber er weiß um die Ausnahmefälle. Vorschriften machen nur Sinn, wenn sie dem Leben dienen. So folgert Jesus: »Der Sabbat ist um des Menschen willen gemacht und nicht der Mensch um des Sabbats willen.« (Mk 2,27) Jesus predigte eine Erfüllung des Gesetzes nach dem Geist der Liebe. Gebote können töten, wenn die Liebe fehlt. Jesu Kritik lautet: »Sie binden schwere Lasten zusammen und laden sie den Menschen auf die Schultern.« (Mt 23,4) Jesus wollte kein unerträgliches Joch auferlegen. Das Leben war schwer genug. Deshalb: »Mein Joch ist sanft, und meine Last ist leicht.« (Mt 11,30)

Nahrung und Flüssigkeiten nicht zu sich zu nehmen, wäre wie den Atem anhalten. Wissen wir, »dass das Atmen als der basalste Akt des Lebens und der elementarste Prozess des Stoffwechsels zwischen Subjekt und Welt von fundamentaler Beziehung für die Weltbeziehung des Menschen, für die Art seines *In-die-Welt-Gestelltseins* ist«? (Rosa, 92) Der Atem stockt, wenn uns das Leben nicht mehr schmeckt. Atemwegserkrankungen haben nicht selten psychosomatische Ursachen. »Durch die Konzentration auf den Atem lässt sich das Selbst- und Weltverhältnis spürbar machen ... Dass solche Philosophien und Praktiken in der spätmodernen Gesellschaft allerhöchste Wertschätzung erfahren und gerade von den ›gehetzten Eliten‹ und von Führungskräften so stark nachgefragt werden, lässt sich als ein weiteres Indiz dafür lesen, dass in der praktischen kulturellen Selbstwahrnehmung die Weltbeziehung reparatur- und korrekturbedürftig geworden ist.« (Rosa, 97 f.)

Was bedeutet Jesu Schrei der Verlassenheit am Kreuz, seine Luftnot für den Geist? »Was der Geist ›erfährt‹, ist ... doch wohl sein ›Aushauchen‹ und ›Hingeben‹ von dem sterbenden Jesus.« (Moltmann, 77) Der Leidensmystiker Luther war überzeugt: »Derart war Christi Todesschrei: Als ihm die Sinne schwanden, und er dem Tod unterlag, trat der Heilige Geist für ihn ein, mit unaussprechlichem Seufzen auch seiner Schwachheit aufhelfend.« (zit. ebd.) Auf Golgatha war es kalt geworden. Der Himmel hatte am helllichten Tag sich schlagartig verfinstert, der Vorhang im Tempel war vor Kummer zerrissen. Mit dem sterbenden Menschensohn stand die Welt, stand Gott selbst auf dem Spiel. In der Wüste absoluter Einsamkeit gingen einem Römer die Augen auf.

Ein Heidenkind erkannte, wer der neue Adam war: »Als aber der Hauptmann und die mit ihm Jesus bewachten das Erdbeben sahen und was da geschah, erschraken sie sehr und sprachen: Wahrlich, dieser ist Gottes Sohn gewesen!« (Mt 27,54)

Befeuert - Die Pfingstkirche

Zwei traurige Gestalten, die ihren Weg von Jerusalem nach Emmaus gingen, verstanden nach Golgatha die Welt nicht mehr (vgl. Lk 24,13-35). Warum musste Jesus all das erleiden? Ihren Fragen gesellte sich der Auferstandene hinzu. Ihre Augen wurden von ihrer Trauer gehalten, sodass sie ihn nicht erkannten. Erst im Rückblick sollten sie feststellen, wie sehr ihr Herz brannte, als ihnen ihr unbekannter Wegkumpane die Schrift auslegte. Geöffnet wurden ihre Augen, als er am Abend bei ihnen blieb, das Brot brach und den Wein reichte – Erkennungszeichen seiner bleibenden Gegenwart. Was folgte noch? Wiedersehensfreude, Mahlfeier, Himmelfahrt, Pfingsten! Endlich brannte das alte Feuer der Liebe wieder neu, waren sie Feuer und Flamme, kamen täglich Begeisterte hinzu. Ihr Miteinander entfaltete eine große Strahl- und Anziehungskraft. Selbst in die Liturgie hat die Zeit des ersten Feuers – als Bitte immerhin – Eingang gefunden: »Entflamme Sinne und Gemüt, dass Liebe unser Herz durchglüht und unser schwaches Fleisch und Blut in deiner Kraft das Gute tut.«

Die Kraft des Feuers bildete den Mittelpunkt des Universums. Beim Urknall betrug die Hitze etliche Milliarden Grad. Oder: Mystische Traditionen sprechen vom *göttlichen Fünklein,* das von einem Feuer genährt wird, welches im Zentrum allen Seins lodert und auch uns Menschen innewohnt. Meister Eckhart spricht vom »Seelenfünklein«. Jederzeit kann es entflammt werden. Unglaubliches Potenzial steckt in ihm. Jederzeit kann es Flächenbrände auslösen: Gottes Geist ein Funkenflug. Als zündender Gedanke kann er einleuchten, als unerschöpfliche Kraft alles in Bewegung setzen. »Was nicht beobachtet werden kann, ist auch nicht mitteilbar. In einem Bild des Sufi-Mystikers Rumi gesagt, sind Worte nur

Staub auf dem Spiegel, den wir Erfahrung oder Erlebnis nennen, eine Art Staub, den der Besen ›Zunge‹ hervorbringt.« (Sölle, 81) Mystiker sind skeptische Menschen gegenüber der Staubschicht unserer Wörter. Sie bevorzugen Metaphern, als Mittel der Umschreibung für Unaussprechliches. Eine Sprache, die Erfahrungen voreilig zementiert, statt sie offenzuhalten, ließ die Mystik in einer Art spiritueller Poesie Zuflucht finden. Schon die Psalmen machten ihr das vor. Erfahrungen, die uns aus Ort und Zeit entheben, im zeitlosen »Nu«, in der Flüchtigkeit mystischer Momente geschehen, sind scheue Rehe, mit Worten unfassbar.

Angelus Silesius formulierte in Anspielung auf Versuche, Gott mit ›Begriffen‹ in den Griff zu bekommen: »Gott ist ein lauter Nichts. Ihn rührt kein Nun noch Hier: Je mehr du nach ihm greifst, je mehr entwird Er dir.« (zit. n. Sölle, 82) Gott ›entwird mir‹. Wie der Auferstandene den Jüngern in verschlossenen Räumen rätselhaft erschien und entschwand, verweigert sich Gott, zum Untermieter dürftiger Worthülsen zu werden. Der Auferstandene hat dem ungläubigen Thomas seine Wundmale gezeigt. Zu fassen bekam er ihn nicht (vgl. Joh 20,24-31). Als der Auferstandene erschien, bekam Thomas den zu sehen, der gekommen war, »als die Türen verschlossen waren, und tritt mitten unter sie und spricht: Friede sei mit euch!« (Joh 20,26b) Der, der durch verschlossene Türen ging, sprach: »Weil du mich gesehen hast, Thomas, darum glaubst du. Selig sind, die nicht sehen und doch glauben.« (Joh 20,29)

Und dann: Das pfingstliche Sprachenmeer, das alle umstehenden Volksgruppen verstanden, gilt als weiteres Indiz, dass es die eine Sprache für Gott nicht gibt. Dorothee Sölle formuliert: »An der Grenze, nicht im Inland wächst die Sprache.« (Sölle, 83) Ein Gott, der Völker und Kulturen in Brand setzt, seine Menschenkinder in Metaphern, Gleichnissen und tausend Zungen sprechen lässt, ist vielleicht ein monotheistischer, aber kein monokultureller. Pfingsten wurde zum Startschuss für eine polyphone, geistreiche Kirche, zum Urknall eines diversen Christentums. Sicher geglaubte Grenzzäune schmolzen im himmlischem Pfingstfeuer dahin, wie die Reste des Schneemanns unter der aufgehenden Frühlingssonne.

Der große Karl Rahner goss mal Wasser in den pfingstroten Wein: »Haben wir schon einmal versucht, Gott zu lieben, dort, wo keine Welle einer gefühlvollen Begeisterung einen mehr trägt, wo man sich und seinen Lebensdrang nicht mehr mit Gott verwechseln kann ... dort, wo man scheinbar ins Leere und gänzlich Unerhörte zu rufen scheint?« (zit. n. Sölle, 174) Haben wir es versucht? Gott lieben zu wollen, wenn keine Welle gefühlvoller Regungen einen trägt, sondern die Leere, das Nichts uns anhaucht? Das ist wie Segeln ohne Wind. Du kommst nicht vom Fleck. Pfingsten war das Gegenteil: ein Ereignis wundersamer Verständigung. Ein Moment des Bewegt- und Ergriffenseins, innigster Verbundenheit, Gemeinschaft und kollektiver Ekstase. So etwas kennen wir eher aus Fußballstadien, auf Festivals, wenn heterogene Massen glühen, in Wacken Zehntausende im Schlamm zu Hardrock und Heino ihr Bad in der Menge nehmen. »Die nun sein Wort annahmen, ließen sich taufen; und an diesem Tage wurden hinzugefügt etwa dreitausend Menschen.« (Apg 2,41) Über 3000 waren an Pfingsten außer sich, heißt es: eher antike Fake-News, überschwängliche Utopie? Als historischer Bericht: geschenkt. Fakt ist, dem in den Himmel Zurückgekehrten war es gelungen, seine Jüngerschaft neu zu begeistern. An der Sache von Ostern und Pfingsten muss was dran gewesen sein. Wie sonst ließe sich anschließend das todesmutige Martyrium so vieler Christ*innen erklären?

Ein zündender Funke war da nach Himmelfahrt auf die Pfingstgemeinde übergesprungen. Bis heute glimmt etwas davon weiter in unseren Herzen. Sie brachen das Brot, teilten die gleiche Lehre, blieben im Gebet zusammen, bildeten eine anziehende Gemeinschaft. Eine Art Urkommunismus ließ sie einträchtig beieinander sein, öffnete die Türen für unterschiedlichste Kulturen und Milieus. Als Gründergeneration brachten sie den Geist des zum Himmel Gefahrenen ›down to earth‹. Wer sich so von Gottes Geist inspiriert fühlt, setzt sich selbstverständlich dem Spott der Leute aus. »Als nun dieses Brausen geschah, kam die Menge zusammen und wurde bestürzt; denn ein jeder hörte sie in seiner eigenen Sprache reden ... ›Wir hören sie in unseren Sprachen von den großen Taten Gottes reden.‹ Sie entsetzen sich aber alle und wurden ratlos und sprachen einer zu dem anderen: ›Was will das werden?‹ Andere aber hatten ihren Spott und sprachen: ›Sie sind voll von süßem Wein.‹« (Apg 2,5 ff.) Diese Betrunkenen waren erfüllt von einer Kraft, die die Welt nicht kannte. Daraus könnten wir schließen, weltliche Irritationen können Qualitätsmerkmale eines wirkenden Geistes sein, der eben nicht von dieser Welt ist. Besser sich um der Sache Jesu Willen verspotten lassen, sinnvoll und vom Geist erfüllt leben, einen richtig draufmachen, statt in falscher Bescheidenheit, als graue Maus und vor lauter Angst sich wegducken, aus der bescheuerten Sorge, was wohl die Leute sagen könnten!

Schon der Prophet Joel 3,1 hatte eine Ahnung davon, wie die Post abgeht, wenn Gottes Geist sich herrschaftsfrei übers ganze Volk ergießt; die traditionellen Privilegien der Männer über Frauen, der Herren über die Knechte, der Erwachsenen über die Kinder endlich ein Ende haben: »Ich will meinen Geist ausgießen über alles Fleisch, und eure Söhne und Töchter sollen weissagen; eure Ältesten sollen Träume haben und eure Jünglinge Gesichte sehen; auch will ich zur selben Zeit über Knechte und Mägde meinen Geist ausgießen.« (Joel 3,1 f.) In der Geistesgegenwart Gottes werden wir ein prophetisches, kein königliches, kein priesterliches Volk sein. Wir treffen hier auf das älteste und ursprünglichste Ideal eines herrschaftsfreien, geistbegabten Miteinanders. Solche Utopien sind ein Stachel im Fleisch jeder unvollkommenen Gesellschaft. Wer davon träumt, ähnliche Visionen hat, muss nicht, wie Helmut Schmidt empfahl, zum Arzt gehen, sondern sich vertrauensvoll an Gott wenden. Mit Jürgen Moltmann gesagt: »Ich nenne diese Metaphern Bewegungsmetaphern, weil sie die Ergriffenheit von etwas Übermächtigem und den Anfang einer neuen eigenen Bewegung ausdrücken. Sie beschreiben eine hinreißende Bewegung, die nicht nur die bewussten, sondern auch unbewussten Schichten von Menschen ergreift und erregt und Betroffene zu ungeahnten neuen Dingen in Bewegung versetzt.« (Moltmann, 292)

Der Geist Joels hatte das Zeug, Herzen in Brand zu setzen, Wirklichkeit werden zu lassen, was der Psalm bekennt: »Du machst die Winde zu deinen Engeln und zu deinen Dienern Feuerflammen.« (Ps 104,4) Der brennende Dornbusch, der brannte, ohne zu verbrennen, war für Mose das Zeichen göttlicher Gegenwart (vgl. Ex 3,2). Brennen, ohne zu verbrennen, sich engagieren, ohne auszubrennen, – dies braucht das engagierte Herz. Die Dinge, um die es Mose ging, die Sehnsucht nach Gottes Geistkraft, die Menschen in Brand setzt, sind nicht auf unserem eigenen Mist gewachsen. »Die Kunst hat die Kraft, uns aus unserer Trance zu reißen, unseren Geist für das zu öffnen, was möglich ist, und uns zu erlauben, uns neu mit der immer vorhandenen Energie zu verbinden, die alles durchdringt.« (Rubin, 238) Für den inspirierenden US-amerikanischen Gitarristen und Musikproduzenten Rick Rubin steckt in der Kunst eine Kreativität in Form einer unverfügbaren, nie versiegenden Kraftquelle.

In neuerer Zeit haben wir es der Psychotherapeutin Vivian Dittmar zu verdanken, unsere Gefühle als eine unerschöpfliche

Kraftquelle zu entdecken. In ihnen stecken Energien, die da sind, in uns sind, allezeit brennen, solange wir leben, mal zu viel, mal zu wenig. Nicht-gefühlte Gefühle, die wir als Emotionen in unserem ›emotionalen Rucksack‹ wegpacken, können zu einem ambivalenten Ballast werden, den wir sowohl als Schatz wie auch als Last mit uns durchs Leben schleppen. Vor allem können gefühlte Gefühle Orientierung geben, innere Stimme sein, zum Kompass werden; Brandherde sein, die brennen, ohne ausbrennen zu müssen. Sie machen das Leben lebenswert, führen aus Taubheit, Entfremdung und Erstarrung, sind so etwas wie unser innerer Motor. Vivian Dittmar benennt fünf Grundgefühle:

Angst

Das Gefühl der Angst gehört zum vornehmsten Alarmsystem des Menschen. Ursprünglich diente es dazu, Gefahren abzuwenden. In Bruchteilen von Sekunden kann Angst einschätzen, ob Angriff oder Flucht die bessere Verteidigung ist. Länger anhaltende Angstzustände erfordern Veränderung. In ihnen zu verharren ist gesundheitsschädlich und frisst zu viel Energie. Angst kann eine enge Gefährtin sein, damit wir uns nicht mit dem Status quo abfinden. Sie drängt zum Aufbruch, fordert den Exodus, weil ein Verharren im Sklavenhaus der Angst auf Dauer unerträglich wäre.

Aber auch dies: »Bedenke immer: Deine Ängste sind Projektionen. Die meisten Dinge, vor denen wir Angst haben, treten nie ein.« (Stahl, 241) Viele unserer Ängste können Gespenster sein, die sich unsere Fantasie ausmalt. Was wäre denn das Schlimmste, was uns passieren könnte? Na, und! Tendenziell neigen wir mit unserer »German Angst« dazu, aus Mücken Elefanten zu machen, hinter jedem Busch Säbelzahntiger zu befürchten. »In der Welt habt ihr Angst«, hören wir Jesus sagen. »Doch seid getrost!«, ruft er uns zu, »fürchtet euch nicht! Ich habe diese Welt, die mich aufs Kreuz gelegt hat, längst überwunden, ihre Drohkulissen durchkreuzt.«

Trauer

Trauer signalisiert, wenn im Leben etwas Wesentliches verloren bzw. nicht in Erfüllung ging. Sie schenkt uns mit der Zeit die Kraft, Geschehenes irgendwie anzunehmen, den Tatsachen ins Auge zu sehen. Wenn Tränen fließen, setzt sie etwas in Bewegung, was unsere Schmerzen von innen nach außen trägt. Sie setzt etwas in Fluss, was uns ansonsten verhärten und versalzen ließe. Was sich nicht ändern lässt, vermag sie nach einem Prozess des Abschiednehmens und Trauerns mit der Zeit zu akzeptieren. Unbewältigte, sich nicht verflüssigende Trauer kann krank machen, zu depressiven Verstimmungen führen, sich bis in selbstzerstörerische Aggressionen steigern. Erstaunlicherweise steckt gerade in diesem Gefühl eine enorme Kraft, vorausgesetzt, wir lassen die Trauer zu und halten sie nicht in unserem emotionalen Rucksack unter Verschluss.

Wut

Wut ist eine klare Kraft, um Grenzen zu ziehen. Sie hat ein Gespür für das, was sich falsch und ungerecht anfühlt. In ihr wohnt ein Energiepotenzial, das Großartiges ermöglichen, aber auch zerstören kann. Anstatt die Wut zu entladen, fressen aggressionsgehemmte Menschen die Dinge in sich hinein. Das sorgt für Magengeschwüre, innere Unruhe, Bluthochdruck, Schlaflosigkeit, Rückenprobleme ... Im Laufe der Jahre ticken da Zeitbomben. Unterdrückte Emotionen können sich hier als ›kalte Wut‹ äußern, zu passivem Widerstand, innerer Kündigung, bis hin zu Sabotageakten führen. Mir ist dieses Gefühl gut bekannt. Hin und wieder beschlich mich das Gefühl, schon als Kind in den Zaubertrankkessel der Wut gefallen zu sein.

Freude

»Das Sonnenkind liebt Spaß und Quatsch, und es ist neugierig und spontan. Es denkt nicht über sich selbst nach, und es mag sich, so wie es ist. Es vergleicht sich auch nicht mit anderen Kindern, weil sein Blick nicht auf sich selbst gerichtet ist, sondern auf die Welt da draußen.« (Stahl, 160) Leben wir im Hier und Heute, in der Freude Gottes, dann kann es uns egal sein, was die Leute denken. »Auf den ersten Blick mag es absurd erscheinen, doch auch Freude ist ein Gefühl, das uns häufig verboten wird ... denn nicht immer sind wir von Freunden umgeben, die sich aus ganzem Herzen mitfreuen.« (Dittmar, Gefühle, 109) Gefühle der Freude sind Indikatoren dafür, worauf ich Lust habe, was ich als schön, gut, wohltuend und sinnvoll erlebe. In ihr wohnt eine Lebenskraft, die uns unsere Lebendigkeit bis in die letzte Zelle spüren lässt. Freude kann auch zur Quelle tiefer Dankbarkeit werden. Ein Zuviel führt zur Rücksichtslosigkeit, ein Zuwenig in Trübsinn, Selbstzerfleischung, unnötigen Verzicht.

Scham

Das reflexive Gefühl der Scham ist ein Indiz, das uns signalisiert, wo kollektive Normen verletzt werden, warum ich mich beschämt fühle oder andere beschämt habe. Die Scham ist die einzige Kraft, die über eine notwendige Selbstreflexion verfügt und signalisiert, warum uns etwas unangenehm berührt. Ihr Unbehagen lässt sich als Warnsignal vernehmen, dass etwas nicht stimmt, nicht stimmig ist. Die Kraft der Scham leistet einen notwendigen Beitrag, eigene Grenzen kennenzulernen, Beschämendes zu vermeiden, die Grenzen des anderen zu respektieren. Ihr Zuviel kann ein Lebenshemmnis sein, ein Zuwenig zu einem scham- und rücksichtslosen Leben führen.

Vivian Dittmar sieht in diesen fünf Grundgefühlen entscheidende Kraftquellen für unser Leben (vgl. Dittmar, Gefühle, 32-71). Wer keinen Kontakt zu seinen Gefühlen hat, kommt in starke innere Turbulenzen. Viele Konflikte stehen in einem engen Zusammenhang mit verdrängten Gefühlen und unerfüllten Bedürfnissen. Unter Verschluss gehaltene Gefühle neigen dazu, in nicht gerade gesunder Weise kompensiert zu werden. Das kann dich krankmachen, unglaubliche Kraft kosten und zu viele Potenziale brachliegen lassen, die allen guttäten. Unsere Gefühle offenbaren auch, wessen Geistes Kinder wir sind. Öffnen wir ihre Schleusen, damit sie in Fluss geraten und ihre Kraft und Schönheit entfalten können mit allen Risiken und Nebenwirkungen. Denn: No risk, no fun!

Jesus war wohl auch ein Gefühlsmensch. Es heißt zum Beispiel: »Als er das Volk sah, jammerte es ihn.« (Mt 9,36) Der Menschensohn nahm den Einzelnen wie ein ganzes Volk in den Blick. Seine Gefühle machten ihn zum Botschafter eines heilsamen, kraftvollen, mitfühlenden Geistes und seine Pfingstgemeinde zeichnete sich durch eine hohe Emotionalität aus.

Und wie sieht's heute damit aus? »... allen Formen kirchlichen Handelns wohnt eine über sich selbst hinausweisende Kraft inne. Ob etwas christlich ist oder nicht, zeigt sich an dieser über sich selbst hinausweisenden Kraft. Nicht von ungefähr wird sie theologisch oft mit dem Heiligen Geist identifiziert. Oder anders gesagt: Ohne Begeisterung kann es diese Kraft nicht geben, ohne Begeisterung ist Kirche, ist Gottesdienst tot.« (Schroeter-Wittke, 223) Nicht Gott, die Kirche ist tot, wenn ihre Gottesdienste nicht aufgesucht werden, wenn dem Gemeindeleben die Begeisterung fehlt. Es bräuchte ein neues Pfingsten in Stadt und Land: »Die neuzeitliche Demokratie beruht ... fundamental auf der Vorstellung, dass ihre Form der Politik jedem Einzelnen eine Stimme gibt und sie hörbar macht, so dass die politisch gestaltete Welt zum Ausdruck ihrer produktiven Vielstimmigkeit wird.« (Rosa, 366) Gleiches gilt für ein ›Priestertum aller‹, für eine vitale, vielstimmige ›Gemeinschaft der Heiligen‹, für eine Kirche Jesu Christi, die im lebendigen Kontakt ist mit ihrer Herkunftsgeschichte. Luthers Rede von der Gemeinde als ›christlicher Haufen‹ ist mir da sehr sympathisch. Das Wort Kirche hat er gar nicht so gerne in den Mund genommen. Warum wohl?

Der Erzbischof von Canterbury, Stephan Langton (gest. 1228), hat die Bitte um den Heiligen Geist für seine Messliturgie einmal sehr passend formuliert: Loslassen, Hände falten, die Bitte um den Geist Gott ganz in die Hände legen – das erscheint mir eine zeitlos gute Übung zu sein. Drum: Herz an zum Gebet! (Veni, sancte spiritus [um 1200, Stephan Langton zugeschrieben])

Komm herab, o Heiliger Geist,
der die finstre Nacht zerreißt,
strahle Licht in diese Welt.

Komm, der alle Armen liebt,
komm, der gute Gaben gibt,
komm, der jedes Herz erhellt.

Höchster Tröster in der Zeit,
Gast, der Herz und Sinn erfreut,
köstlich Labsal in der Not.

In der Unrast schenkst du Ruh,
hauchst in Hitze Kühlung zu,
spendest Trost in Leid und Tod.

Komm, o du glückselig Licht,
fülle Herz und Angesicht,
dring bis auf der Seele Grund.

Ohne dein lebendig Wehn
kann im Menschen nichts bestehen,
kann nichts heil sein noch gesund.

Was befleckt ist, wasche rein,
Dürrem gieße Leben ein,
heile du, wo Krankheit quält.

Wärme du, was kalt und hart,
löse, was in sich erstarrt,
lenke, was den Weg verfehlt.

Gib dem Volk, das dir vertraut,
das auf deine Hilfe baut,
deine Gaben zum Geleit.

Lass es in der Zeit bestehen,
deines Heils Vollendung sehn
und der Freuden Ewigkeit.
Amen.

III.
Gottes drittes Programm – Der Heilige Geist

»Der Heilige« lautet im hebräischen Wortschatz ein Name für Gott. Diese Rede ermöglichte es dem Judentum, die Aussprache des Gottesnamens zu vermeiden. Vom Geist Gottes zu reden erfüllt eine ähnliche Funktion. Der Geist lehrt, ehrfürchtig mit jeglicher Form von Gottesrede umzugehen. »Ehr-Furcht« ist ein missverständliches Wort. Wir reden eher von Respekt. Gott fürchten heißt nicht, ihn wie ein Raubtier fürchten zu müssen. Die Ehrfurcht vor Gott nimmt den Erhabenen in seinem qualitativ anderen Sein und freien Handeln ernst. Bezog das Judentum das Wort *ruach* auf Gott, wurde gesagt: »Gott ist an nichts gebunden; er bricht da hervor, wo er will; er durchkreuzt menschliche Pläne; er offenbart sich in einer Kraft, der niemand widerstehen kann; er zeigt sich in einer Weisheit, die all unser Wissen als Torheit erscheinen lässt ... Der Heilige Geist durchdringt alles, umfängt alles, ist über alle Grenzen hinaus. ... Selbst das Böse liegt nicht außerhalb seiner Reichweite. Alles, was mit Veränderung, Bruch, Leben und Neuheit zu tun hat, das hat mit dem Geist zu tun.« (Boff, 96 f.)

Im Evangelium des Johannes finden sich die reichhaltigsten Aussagen über den Geist. Im ersten Kapitel ist von einem Geist die Rede, »der auf Jesus herabkam« (Joh 1,32) und auf ihm ruhte

(Joh 1,33). Jesus ist Träger eines Geistes, der ihn nahezu über allem schweben lässt, als wäre er bei seiner Taufe in einen göttlichen Zaubertrank gefallen. Wer Durst hat, ist bei Jesus mit seiner Sehnsucht richtig. Aus ihm werden Ströme lebendigen Wassers fließen (vgl. Joh 7,3-39). Wasser als Lebenssymbol wird bei Johannes zur zentralen Metapher für ein Leben im Geist. Menschen zu Jesu Zeiten mussten weite Wege in Kauf nehmen, um Wasser zu holen. Jesus wird hier zum kostenlosen ›Lebens-Mittel‹ der anderen Art. Er ›empowert‹ die Menschen, lässt seinen Geist in ihnen ›sprudeln‹: für immer und ewig.

Erneut oder noch einmal: »Die Kunst hat die Kraft, uns aus unserer Trance zu reißen, unseren Geist für das zu öffnen, was möglich ist, und uns zu erlauben, uns neu mit der immer vorhandenen Energie zu verbinden, die alles durchdringt.« (Rubin, 238) ›Sich öffnen‹, ›sich mit der immer vorhandenen Energie zu verbinden‹ ist für Rick Rubin der Schlüssel zur Kreativität. Schöner lässt es sich kaum auf den Punkt bringen, wenn es um die Beschreibung der Kraft des Heiligen Geistes geht. Gott – Sohn – Geist – aller guten Dinge sind im Christentum drei. Das gilt ebenso für die Redeweise von der Trinität und für das christliche Glaubensbekenntnis, welches drei Artikel kennt. Das knüpft an das ›kosmogenetische Prinzip‹ an. Der Prozess der Evolution kennt drei Merkmale: Erstens die wachsende Komplexität bzw. Differenzierung. Mehrere Faktoren bringen neue, komplexere Ordnungen hervor. Zweitens: die Interiorisierung, die ›In-sich-Zentriertheit‹ bzw. Ausbildung von Subjektivität. In dem Maße, in dem Seins-Formen komplexer werden, rollen sie sich in sich selbst ein. Sie entwickeln ein ›ausdifferenzierendes Außen‹ und ein ›in-sich-selbst-zurückziehendes Innen‹. Drittens: Es zeigt sich eine relationale Matrix, in der wir Menschen als Gemeinschaftswesen existieren. Als in wechselseitigen Beziehungen stehende Wesen sind wir bedürftig und abhängig von anderen (vgl. Boff, 188 f.). Auf die Vielseitigkeit Gottes übertragen versteht sich die symbolische Rede von der Trinität als Versuch, die Komplexität, Subjektivität und Relationalität Gottes zu beschreiben. Den Prozess der *Komplexität*, der Ausdehnung, beschreibt die Schöpfungsgeschichte. Mit der Menschwerdung in Christus bildet sich eine *Subjektivität*, eine Art Subjektwerdung Gottes heraus. Das Wirken des Geistes beschreibt die relationale Kraft, das *In-Beziehung-Sein* zwischen Vater-Sohn-Geist, Gott-Welt-Mensch. Im ›Kosmo-Genetischen-Prinzip‹ bildet der Geist das entscheidende Verbindungsglied. »Das Universum ist nicht die Summe für sich existierender Seiender, sondern die Gesamtheit von Netzen der Beziehung, die alle mit einbeziehen und bewirken, dass alle wechselseitig voneinander abhängig sind.« (Boff, 189) Alle Organismen sind aus denselben physikalisch-chemischen Bausteinen aufgebaut, die im Inneren der großen roten Sterne, den Supernovae heranreiften. Sie besitzen dasselbe genetische Basis-Alphabet: Zwanzig Aminosäuren und vier Nukleotide. Das heißt: Wir sind kosmogenetisch gesehen alle miteinander verwandt, gebildet aus gemeinsamer Energie.

Empirische Studien legen nahe, dass »bis zu 10 Prozent der bundesdeutschen Bevölkerung bereits eine schwere oder chronische Burnoutsymptomatik aufweisen; in einzelnen Berufsbereichen (insbesondere Lehr- und Pflegeberufe) sollen es sogar bis zu 30 Prozent sein.« (Rosa, 179 f.) Nach Corona sind diese Zahlen noch weiter angestiegen, besonders unter jungen Menschen und Frauen. Hier fehlt jegliche Energie, jegliche Entflammbarkeit!

Die Jünger Jesu waren in die Welt gezogen, um zu lehren, was Jesus ihnen aufgetragen hatte. Sie waren seit Pfingsten eine Gemeinschaft von Entflammten: ›Burn-on‹! Hartmut Rosa stellt fest, »dass Burnout letztlich einen Zustand des umfassenden Verstummens aller Resonanzachsen und damit eine radikale Form der physischen und psychischen Entfremdung beschreibt«. (Rosa, 180) Könnte das auch eine Erklärung für unsere leeren Gotteshäuser sein? Wirken unsere Gottesdienste verstummend, lassen sie Seelen erkalten, eine Gemeinde geistlos und uninspiriert zurück? Hoch Engagierte in den Gemeinden sind ernsthaft erschöpft, auch von unzähligen Struktur- und Sparprozessen, die jedes Jahr mehr mit neuen Beschlüssen ›von oben‹ angeheizt werden. Scharenweise verlassen selbstbewusste ›Schafe‹ die volkskirchliche Beamtenkirche. Gottes Geist sucht in und außerhalb seiner Kirche nach Schaltstellen für ein vitales Verhältnis zu allen Resonanzachsen des Lebens. »Resonanz ist ein Begriff der Verbindung zwischen den im aufklärerisch-rationalistischen oder naturalistischen Weltkonzept strikt getrennten Momenten von Geist und Körper (oder Leib und Seele), Gefühl und Verstand, Individuum und Gemeinschaft und schließlich Geist und Natur. Insofern es das Grundanliegen der Romantik darstellt, eben diese Gegensätze und Trennungen miteinander zu versöhnen, lässt sich Resonanz als ein romantisches Konzept verstehen – es stellt sich den verdinglichenden Weltberechnungen des auf Berechnung, Fixierung, Beherrschung und Kontrolle gerichteten Rationalismus entgegen.« (Rosa, 293)

Gottes Geist will zu lebendigen Verhältnissen befähigen im Umgang mit uns Selbst, unseren Mit-Menschen, der Mit-Schöpfung, unserem Schöpfer. Das schließt nicht aus, dass Gottes Geist uns mit den spirituellen Ressourcen und kirchlichen Traditionen in Verbindung bringt, in denen noch Nektar und Feuer steckt. Das ist der Grund, warum ich im Folgenden Wort für Wort, Gedanke für Gedanke den dritten Artikel des christlichen Glaubensbekenntnisses abschreite in der Überzeugung: Da steckt heute noch etwas für uns drin.

Ich glaube - Geistesblitz

Jeder Augenblick ist einzigartig. Jeder Moment läuft Gefahr, vom Mausgrau der Normalität übertüncht zu werden. Jedes Geschehen, was uns geschieht und zufällt, ist einmalig wie unser Fingerabdruck. Jeder und jede ist einzigartig. Unser Dasein ist eine Aneinanderreihung unwiederholbarer Möglichkeiten und Ereignisse. Jeder Moment ist eine Perle auf einer Perlenkette, die von der Vergangenheit bis in die Ewigkeit reicht. Alles, was uns widerfährt, geschieht nur einmal, immer nur im Hier und Jetzt, als unverfügbare Einfälle. Niemand kann sich im Leben sicher sein, was ihm, was ihr widerfährt. Sicherheit oder Unsicherheit, Freiheit oder Abhängigkeit, Lust oder Unlust, Anerkennung oder Bedeutungslosigkeit – alles ist offen vom ersten bis zum letzten Moment. Das Leben ist von Anfang bis Ende spannungsreich und spannend, eine uneinsichtige Cloud voller Konjunktive, ein grenzenloses Potenzialfeld ungeahnter Möglichkeiten. Wir erfahren die Spitze des Eisberges möglicher Widerfahrnisse, je nachdem, wie Gottes Geist wirkt.

Den großen Reformator warf ein einziger Blitzeinschlag aus der Bahn. Wie gut, dass die weiteren Geistesblitze in seinem Leben mit mehr Durchsetzungsfähigkeit und Standfestigkeit einhergingen, die das Tor der Moderne aufstießen. Trotz großer Selbstzweifel in einer Welt voller Teufel war Luther sich seiner Sache gewiss. Dieses mystische Gefühl innerer Gewissheit verdankte er sich nicht selbst. *Sola gratia,* ›allein aus Gnade‹ war ihm der Glaube an Christus als unverfügbares Gnadengeschenk ›zugefallen‹. Ein Kennzeichen der Unverfügbarkeit ist, dass sie sich nicht erzwingen lässt. Deshalb hilft Gelassenheit weiter, wenn von »Ich glaube« die Rede ist. Sie befreit von Zwängen, die uns einreden wollen, wir seien die Macher und ›Controller‹ unseres Lebens. Selbstoptimierer und Selfmademänner waren Martin Luthers Sache nicht. Er predigte eine Demut, die geschehen lassen konnte, was geschah, weil es eh geschah. Luther schreibt: »Also besteht das ganze Heil in der Aufgabe des Willens in allen Dingen. Und im nackten Glauben an Gott.« Ein *»nackter Glaube«*, die *»Aufgabe des Willens in allen Dingen«*, öffnete ihm die Tür zu einem berührbaren, ungeschützten, verwundbaren Glauben. Es ist ein Glaube, der sich nicht auf sein Ich verlässt, sondern ganz und gar der Energie, dem Gott anvertraut, dem wir unser Dasein verdanken. Unser Glück hält ein anderer in Händen. *Extra nos,* sagt der Lateiner dazu: Vieles ist *außerhalb* unserer Möglichkeiten. Ich kann noch so viele Yogakurse, Wallfahrten oder Pilgerreisen absolvieren, mein Seelenheil habe ich nicht im Griff. Wer anderes behauptet, wie es eine positive Psychologie gelegentlich versucht, irrt. Ich sehe das jedenfalls so.

Die Sterne am Firmament schenken uns eine Ahnung, wie grenzenlos ist, was alles geschehen kann. Ich bin nicht der Baumeister, nicht Vollender meiner Geschichte, eher ein Tropfen im Ozean der Geschichte Gottes mit den Menschen. Je nach Strömung, Stimmung und Gezeiten treibt mein Schiff dahin. Wer sich hingibt, die Leinen loslässt, aus sich herausgeht, alte Gefilde verlässt, sich für Neues offen zeigt, erreicht das andere Ufer. Uns hilft dabei eine ›passive Aktivität‹, eine ›aktive Passivität‹, die das Herz eines nackten Glaubens schlagen lässt.

Jedes Menschsein ist ›Sein in Beziehungen‹. Jede Subjektivität ist nur als Intersubjektivität erfahrbar. Ich bin, weil du bist. Du bist, weil ich bin. Wir sind, weil wir sind: ich und du. Nur Gott sagt für sich: »Ich bin, der ich bin.« (2. Mose 3,14) Das macht ihn aus. Schon im Vollzug der Schöpfung gilt: Nur wer aus sich herausgeht, kommt zu sich selbst. Weil Gottes Geist sich aufgemacht hat, die Welt in die Welt setzte, sind wir. Jedes Sein hat eine Geistes- und Traditionsgeschichte als Vorgeschichte. Das gilt auch für unsere Glaubensgeschichten und Glaubensbekenntnisse. Ich kann nur glauben, weil andere vor mir geglaubt haben. Ich kann nur sprechen lernen, weil andere sprechen, ich an ihnen meine Sprache erlerne. Im Untergrund der Menschheitsgeschichte fließt ein spiritueller Strom, eine Geistgeschichte. Ihre Ressourcen sind unerschöpflich. Die Kunst liegt darin: Wie können wir sie anzapfen? Eine Spur finde ich bei Jürgen Moltmann: »Man kann es die religiöse Dimension der Lebenserfahrung nennen, wenn man mit dem Religiösen keine ausgegrenzte Provinz im säkularen und alltäglichen Leben meint, sondern etwas, das in, mit und unter allen Erfahrungen von Dingen, Ereignissen und Menschen gegenwärtig ist. Dann aber handelt es sich um eine eher verborgene und meistens verschwiegene Dimension (tacit dimension), die nicht eigens betont wird, in der aber alle Erfahrungen ihre Resonanz finden.« (Moltmann, 40 f.) Moltmann folgert: »Die Erfahrung des Geistes Gottes ist nicht auf die Selbsterfahrung des menschlichen Subjekts beschränkt, sondern ist ein konstitutives Element auch in der Du-Erfahrung, in der Gemeinschaftserfahrung und in der Naturerfahrung.« (ebd., 48) Hartmut Rosa, der Soziologe, sieht es ähnlich wie der Theologe. Er würde im Rahmen seiner ›Resonanztheorie‹ formulieren: Gottes Geist wirkt über drei Resonanzachsen: horizontal (Mensch – Mensch), diagonal (Mensch – Mitwelt), vertikal (Immanenz – Transzendenz). Erfahren wir diese trinitarischen Achsen als resonant, fängt in, mit und über uns etwas zu sprechen an, was uns berührt und was berührt werden will. »Gotteserfahrung wird darum in, mit und unter jeder alltäglichen Welterfahrung möglich, sofern Gott in allen Dingen und alle Dinge in Gott sind und als Gott selbst alle Dinge auf seine Weise ›er-fährt‹.« (ebd.)

Michelangelos Gemälde ›Erschaffung Adams‹ in der Sixtinischen Kapelle des Vatikan setzt dieses In-Beziehung-Sein spannungsreich in Szene: Zwei aufeinander ausgerichtete Finger trennt ein kleiner Spalt. Dazwischen wirkt unsichtbar Energie. Michelangelo führte der Renaissance vor Augen: Zwischen Gott und Mensch hat es auf Fingerhöhe gefunkt. Ohne Funkenflug, ohne Gottes feurigen Geist, wäre die Erschaffung des Menschen nicht geschehen. Der belebte Mensch ist Ausfluss eines göttlichen Geistblitzes, einer Beatmung durch Gottes Odem. In einer Zeit, in der jeder Faltenwurf detailgetreu in der Malerei dargestellt wurde, wählte Michelangelo das Stilmittel der Lücke, des Dazwischen: eine Darstellung durch Auslassung. Ähnlich arbeiten Schriftsteller, die ihre verschwiegenen Texte uns zwischen den Zeilen ans Herz legen. Die Bibel ist voll solcher Schriftstellerei, weil Unaussprechliches sich nur ohne Worte, als Lückentext, ›zwischen den Zeilen‹ angemessen andeuten lässt. Michelangelo lässt in seinem Deckenfresko Gott eine kleine Distanz zum Menschen wahren, um im absichtsvollem Dazwischen einen energiegeladenen Schöpfungsakt zu vollbringen. Mensch sein ist Ton sein, nicht Töpfer sein, abhängig von Gottes Odem, seinem Funken, der überspringt.

Mein »Ich glaube« kommt ohne Spirit nicht aus. Schon bei Adam setzte die *ruach* zum Funkenflug an. Seither schlägt Gottes schöpferische Geistkraft Funken, drängt sein Geist in der Geschichte vorwärts. Wer sich seiner Veränderungsenergie verweigert, sich in Todstellreflexen übt, kann mitten im Leben schon wie tot sein. Abtauchen kann nur, wer lange genug die Luft anhält. Doch selbst Apnoetaucher tauchen irgendwann wieder auf. Ewig die Luft anhalten, dazu ist kein Mensch geschaffen. Ein Grundgesetz des Menschenseins lautet, so hat es Martin Buber gesagt: Das Ich wächst am Du. Das Du kann ohne Ich nicht sein. Gott sei

Dank hat er, der Schöpfer, es dazwischen kräftig funken, jazzen, brausen lassen, von Männlein bis Weiblein alles geschaffen, damit der Mensch nicht allein ist.

Auch dies: Mein Ich ist nicht die Summe meiner Mühen und Erkenntnisse, eher das Leerzeichen im Zwischenraum meines »Ich glaube«. Mein »ich glaube« wurde durch göttlichen Funkenflug in mir entzündet, der übergesprungen ist, ein Akt des Zufalls, der mir zugefallen ist. Da erinnere ich mich gern an die beiden, denen ihr Herz brannte, als er sich zu erkennen gab, zeichenhaft, funkenflugartig (vgl. Lk 24,13-35). Ja, im Kern aller Dinge stecken unsichtbare Energien. Trotzdem ist mein Tun und Handeln gefragt. Ich kann mich nicht beschweren, keinen Sechser im Lotto zu gewinnen, wenn ich den Lottoschein nicht ausfülle. Habe ich Gott gesucht, wo ich ihn nie vermuten würde? Habe ich Gott gesucht im Unsichtbaren, im Dazwischen, im Kleinen, Unscheinbaren, draußen vor der Tür, bei Armen und Aussätzigen, außerhalb der Stadtmauer meiner hermetischen Vorurteile? »Was ihr getan habt einem von diesen meinen geringsten Brüdern, das habt ihr mir getan.« (Mt 25,40b) Wer Gott nur im Himmel sucht, bekommt Genickstarre.

Bevor Jesus gen Himmel fuhr, versprach er: »Ihr werdet die Kraft des Heiligen Geistes empfangen ... Und als er das gesagt hatte, wurde er zusehends aufgehoben, und eine Wolke nahm ihn auf vor ihren Augen weg. Und als sie ihm nachsahen, wie er gen Himmel fuhr, siehe, da standen bei ihnen zwei Männer in weißen Gewändern. Die sagten: Ihr Männer von Galiläa, was steht ihr da und seht zum Himmel? ... Da kehrten sie nach Jerusalem zurück.« (Apg 1,8 ff.) Kehren wir um! Packen wir die Herausforderungen an. Gott will sich finden lassen, ganz nah, bei unseren brennenden Herzen. Dem Schriftgelehrten, der fragte: »Meister, was muss *ich* tun, dass ich das ewige Leben ererbe?« (Lk 10,25b), erzählte Jesus ein Gleichnis von einem barmherzigen Samariter; einem Outlaw zu Jesu Zeiten.

Ja, uns ist das Bedürfnis angeboren, Geschichten zu erzählen, sie zu hören, Geschichten zu haben, die uns das Leben verstehen lassen. Am Beginn der Religionen stehen Sammlungen von Geschichten, die in Liedern, Sagen, Riten und Rezitationen eingebettet waren. »Rabbis, Heilige, Zenmeister und Gurus jeder Observanz überliefern ihre heiligen Lehren in Anekdoten, Gleichnissen, Allegorien, Scherzen und Fabeln. Nie hat ein besserer Erzähler gelebt als Jesus von Nazareth.« (Cox, 7)

Der pietistisch-mystische Liederdichter Gerhard Tersteegen dichtete: »Gott ist gegenwärtig. Lasset uns anbeten und in Ehrfurcht vor ihn treten. Gott ist in der Mitte. Alles in uns schweige und sich innigst vor ihm beuge.« Das Mysterium des Lebens, seine zielstrebige Entstehung, die Rede von einer ›Hintergrundenergie‹ ist kompatibel mit der Vorstellung der *ruach*. In 1. Mose 1,2 schwebt über dem *tohu wabohu*, dem Chaos und Urwasser, die *ruach* (Wind, Atem, Geist; Energie). Aus neueren physikalischen Einsichten, etwa von Quanten- und Astrophysikern wie Hans-Peter Dürr, erfahren wir: Materie existiert nicht, alles ist Energie. Redet Leonardo Boff von Energie, meint er Gottes *Geist*. Das altgriechische Wort für Energie lautet: *dynamis* (Stärke, Macht, Standhaftigkeit). Gottes Geist ist *Dynamit, Kraft Gottes*. Der Vater der Quantenmechanik, Werner Heisenberg, hat nachgewiesen: »Das Universum setzt sich nicht aus Dingen zusammen, sondern aus Netzen schwingender Energie, die aus etwas noch Tieferem und Subtilerem hervorgeht.« Quanten- und Astrophysiker nennen dieses Tiefere »Hintergrundenergie« oder »Quantenvakuum«, andere bezeichnen es als »schwangere Leere« oder »Ursprungsquelle allen Seins«. Aus dieser Quelle soll jener energiegeladene Punkt hervorgegangen sein, der zum Urknall führte, das Universum entstehen ließ. Heisenbergs Modell besagt: Energie ist alles und in allem.

Biblisch gesprochen heißt das, »damit Gott sei alles in allem« (1. Kor 15,28) und »Gott ist Geist« (Joh 4,24). Ohne Energie kann nichts existieren. Der Mensch als Wesen mit Bewusstsein und Spiritualität erscheint als die komplexeste Form interaktiver Energie. »Die Biologen werden nicht müde, die Einzigartigkeit und den Geheimnischarakter des Lebens zu betonen. Es ist eine ›Emergenz‹, eine Ausdrucksgestalt der Evolution und die schönste Blüte des gesamten kosmischen Prozesses.« (Boff, 63)

Ich glaube, dass Gottes Hintergrundenergie in allem wirkt. Schwimmen lerne ich nur, wenn ich ins Wasser springe, mich für eine neue Erfahrung öffne. Ein Künstler lebt davon, dass ihn die Muse küsst und er sein Handwerk versteht. Im Briefwechsel mit dem Maler Otto Modersohn schreibt die Malerin Paula Becker über eine Krippendarstellung Rembrandts: »In dem hat es gezittert. Die kleine Skizze vom Engel bei Joseph und Maria im Stalle von Bethlehem ist wunderbar. Das Licht auf den Flügeln des Engels und halb auf seinen Armen und seine Hände und die Maria mit einem blauen Tuche und einem merkwürdigen roten Kuhkopf. Das alles ist so rührend menschlich und so tief, tief empfunden. – O diese Tiefe in unserem Herzen. Sie war lange mit Nebeln verhüllt und ich kannte und ich ahnte sie wenig. Und nun ist es mir, als höbe jedes meiner inneren Erlebnisse diese Schleier und ich hätte einen Blick hinein in diese süße, zitternde Schwärze, die alles das in sich birgt, was es wert macht, ein Leben zu leben. Ich fühle stark wie alles Bisherige, was ich von meiner eigenen Kunst erträumte, noch lange nicht verinnerlicht genug empfunden war. Es muss durch den ganzen Menschen, durch jede Faser unseres Seins.« (in: Modersohn, 95 f.)

Offenbart sich Gottes Geist, hebt sich ein Schleier, werden tiefe Einblicke gewährt in eine süße, zitternde, dunkle Verborgenheit, die all das in sich enthält, was Leben lebenswert macht – Lichtblicke.

95 Prozent des irdischen Lebens ist abhängig vom Licht. Jesus sagt: »Ich bin das Licht der Welt. Wer mir nachfolgt, der wird nicht wandeln in der Finsternis, sondern das Licht des Lebens haben.« (Joh 8,12) Seit seiner Himmelfahrt ist Jesu Geist, ich sag's mal so, Gottes ›Scheinwerfer‹ auf Erden. Der Nazarener wies den Weg in die Gemeinschaft derer, die mit Wasser *und* Geist taufen, er öffnete die Tür zur Erzähl- und Glaubensgemeinschaft seines Volkes. Ein Christ, der Antisemit ist, ist niemals Christ zu nennen. Wir sind, unser Ich ist angewiesen auf die Glaubenszeugnisse unserer Vorfahren. Mein »Ich glaube« ist nur ein winziges Sandkorn am weiten Ufer der Nachfolgegemeinschaft Jesu. In dieser Gemeinschaft wird gesungen und gebetet. Fehlen Worte, kommt kein Lied über die Lippen, duckt ein scheuer Glaube sich weg, singen und beten andere für mich. Wie gut, dass unser Ich umgeben ist von einem Wir; einer Gemeinschaft, die sich angeschlossen weiß an den Strom ihrer Väter und Mütter im Glauben. Dieses Wir ist zudem verbunden mit denen, die noch nach uns kommen werden; alles in Spannung gehalten von einer über alle Zeiten hinwegwirkenden ›sozialen Energie‹: dem Gemeinschaftsgeist Gottes.

Einer der geistreichsten amerikanischen Theologen der 60er-, 70er-Jahre des letzten Jahrhunderts war Harvey Cox. Seine Worte klingen, als seien sie bleibend aktuell: »Wo sie ›lächerlich macht‹, ist die Theologie eine satirische Tätigkeit, die destruktiven Mythen ihren Nimbus nimmt. Sie kritisiert jene paralysierenden Symbole, die Menschen veranlassen, die Räder bombastischer Institutionen weiterzudrehen und sich vor aufgeblasenen kulturellen und politischen Tetrarchen zu bücken. Sache des Theologen ist es, fadenscheinige Mystik an den Pranger zu stellen ... Ich nenne dies ›lächerlich machen‹, weil ich glaube, dass der Spott eine der effektivsten Formen kultureller Entmythologisierung darstellt. Wer den Mächtigen ihre Mystik bestreitet, zerstört die Furcht, die sie in den Herzen der Machtlosen nähren müssen.« (Cox, 318 f.) Gottes Geist ist eine freiheitsliebende, autonome, satirische Wildgans, und eine Liebhaberin heimeliger Altbauten. Im alten Fachwerkhaus aus Tradition und Religion hat er sein Nest gebaut, hat Gottes Geist tragende Säulen und tiefe Fundamente ausgebildet. Trotzdem ist er frei genug, jedes Ich dazu anzustiften, »ich« zu sagen, ureigene Erfahrungen zu machen. Gott sei Dank – ich muss nicht das Haus meiner Träume tragen, schon gar nicht selbst erbauen. Ich werde beherbergt, bin Gast im Fachwerkhaus meiner Vorfahren, mit Christus als Eckstein.

Da ist noch etwas, was ich in meinem »Ich glaube« mitempfinde: das Wort Sehnsucht – es setzt sich zusammen aus Sehnen und Suche. Wer sich nach Gott sehnt, sucht ihn, hat ihn noch nicht für tot erklärt. »Friedrich Nietzsche schreibt in seinem Nachlass, wenn Sehnsucht und Verzweiflung zusammenfallen, entsteht Mystik.« (Müller, 135) Manche Mystiker gehen so weit, die Sehnsucht nach Höherem auch in sinnlichen, körperlichen Momenten zu vermuten. »Die ekstatische sexuelle Erfahrung kann somit den Weg zu einer tiefen spirituellen Erfahrung eröffnen. Menschen erleben dann die intime, ganzheitliche sexuelle Begegnung als Moment, in denen sie eine Ahnung von dem spüren, was über sie hinausgeht. Sie machen in diesen Momenten die Erfahrung, an das Grenzenlose angeschlossen zu sein.« (Müller, 139) Gottes Geist weht, wo er will, liebt und lebt so vielfältig, wie das Leben ist. Damit wird vieles möglich, ist aber nicht alles zu legitimieren.

Was kann ich tun, damit mein »Ich glaube« von meiner Seite Unterstützung erfährt? Wie gelangt eine Blume zur Blüte, wenn ihre Zwiebel nach dem Winter im Keller vergessen wurde? Die Zwiebel trägt alles in sich. Erst aber dann, wenn sie ans Licht gelangt, wenn ich sie einpflanze, kann sie die ihr innewohnende Schönheit entfalten. Gott sehnt sich danach, dass wir uns seiner Geistkraft aussetzen, in Verbindung treten, in Schwingung geraten, die Katakomben unserer ungenutzten Möglichkeiten verlassen, erblühen, uns zeigen, unseren Duft entfalten, zu voller Blüte gelangen. Sein Geist ist der Schlüssel zu all dem. Er wirkt in unserer Offenheit. Das kann ich tun: offene Tür sein, durch die der Gärtner kommen will. »Ich glaube«, das heißt: Ich bin die Tür und öffne mich, vertrauensvoll.

An den Heiligen Geist – Gottes Kraft

»Es gibt zwei Kräfte, die die Kreativität des Universums möglich machen und in ein dynamisches Gleichgewicht zueinander eintreten: die Kontraktionskraft und die Expansionskraft. Die Kontraktionskraft ist die Schwerkraft, die die Geschwindigkeit der Ausdehnung reduziert. Die Expansionskraft ist jene Kraft, die jenen Ursprung in der großen Explosion hat, die dafür sorgte, dass sich alles nach allen Richtungen hin ausweitete.« (Boff, 186) Gottes paradoxe Energie strebt auseinander und hält alles zusammen, wirkt als Expansion und Kontraktion – wie faszinierend! Das biblische Zeugnis erzählt Ähnliches von Kräften, die alles in die Welt setzen und andererseits sich konzentrieren auf die Geschichte Israels, die Geburt des Menschensohnes. In Christus verdichtete sich Gottes Kontraktionskraft so sehr, dass Gott selbst an die äußersten Grenzen und tiefsten Tiefen menschlicher Existenzweisen gelangte – in dieser scheinbaren Gegensätzlichkeit hält die Dynamik seiner heiligen Geistkraft alles mit allem in Verbindung.

Was ist mit dem Wort »heilig«, englisch »holy« gemeint? Die Wortgruppe »heil«, »heilen« und »heilig« gehört zusammen und bedeutet: »ganz«, »gesund«, »unversehrt«, »vollständig«, jemand »eigen sein«. Heilen meint: Zertrenntes ganz, Krankes gesund machen. Das Verb »heiligen« hat die Bedeutung von »eigen«, »zueignen«, »als sein Eigen erweisen«: Was einer Gottheit eigen ist, wird ihr geweiht, geheiligt. In der englischen Sprache gehören »holy« und »whole« zusammen. »Das Heilige ist dasjenige, das wieder ganz geworden, unversehrt und gesund ist.« (Moltmann, 190) Der Heilige Geist, die dritte Dimension Gottes, hält zusammen, was getrennt und zerbrochen war; seine Hintergrund- und Ermöglichungsenergie macht ganz, was zerbrochen war. Im trinitarischen Zirkel sorgt Gottes Geistkraft dafür, dass »Gott sei alles in allem«. (1. Kor 15,28)

Alles in allem – von Anfang an? Da bin ich noch einmal auf den ersten Seiten der Bibel. Wie konnte ohne Raum, Zeit und Form sich Gottes Geistkraft entfalten; das Universum, die Erde in all ihrer Lebensfülle und ihren Lebensformen entstehen lassen? Aus dem Nichts wohl nicht? Unerkennbares, Unaussprechliches, Geheimnisvolles muss vor sich gegangen sein. Kosmologen sprechen weltlich von einem ›Quantenvakuum‹, das die Fülle aller Möglichkeiten enthielt, bis seine Wellenfunktion kollabierte und sich im So-und-so-Seienden konkretisierte. Andere reden von einer ›Ursprungsquelle‹, vom alles nährenden ›Abgrund‹, einer ›Hintergrundenergie‹, einem ›Ozean brodelnder Energien ohne Grenzen‹.

Hören wir noch einmal die Stimme Leonardo Boffs: »Aus diesem schöpferischen Abgrund geht ein äußerst winziger Punkt hervor, Millionen Mal kleiner als ein Stecknadelkopf, der voller brodelnder Energie von unzähligen Milliarden Grad ist. An einem bestimmten Augenblick außerhalb der Zeit blähte sich dieser winzige Punkt auf die Größe eines Atoms auf, dann nahm er die Größe eines Apfels an. Und ohne dass man weiß, warum und wie, explodierte er plötzlich. Aus dieser Singularität entstand eine grenzenlose Zahl von Elementarteilchen, Hadronen, Topquarks, Leptonen, Neutrinos und andere, doch lediglich virtuell. Das heißt, es waren Partikel aus reiner Energie, jedoch [noch] ohne Masse.« (Boff, 184) Im größten Teilchenbeschleuniger »Large Hadron Collider (LHC)« von CERN (Europäische Organisation für Kernforschung, eine Forschungsreinrichtung, die in der Schweiz liegt) wurde am 4. Juli 2012 das ›Higgs-Feld« entdeckt, in dem sich das ›Boson Higgs‹ bewegt, das in den Medien als ›Gottesteilchen‹

bezeichnet wurde. »Die Elementarteilchen ohne Masse gewinnen Masse beim Durchgang durch das Higgs-Feld, und auf diese Weise entsteht die Materie ... Dieses ›Gottesteilchen‹ wäre also, theologisch gesprochen, das Instrument, mittels dessen Gott alles, was existiert, schafft und kontinuierlich hervorbringt.« (Boff, 185) Wir haben es mit einer Energie zu tun, die brennt, ohne zu verbrennen, wie einst im Dornbusch (2. Mose 3,1 – 4,17).

Die Rede vom Geist in der Bibel ist eine poetische. »Alle drei Bilder von der Frucht, der Quelle und dem Licht lassen die Differenzen von Schöpfer und Geschöpf hinter sich und zeigen den fließenden Strom der Energien von Gott zu den Menschen.« (Moltmann, 191) Von der »Frucht des Geistes« (Gal 5,22), vom Geist als überströmende Quelle (Joh 4,14), vom Licht und von lichtvollen Seiten (Jes 2,5) spricht die Bibel seit jeher. Es heißt, unter dem Einfluss der Geistkraft werde es licht in der Welt, weiche die Finsternis, reife die Schöpfung, reife der Mensch zu vollem Menschsein heran. Wo Quellen fließen, gedeiht das Leben. Scheint die Sonne, fällt der Regen, fängt die Welt zu blühen an, verwandeln sich Wüsten in Oasen. »Es ist klar, dass man dieses Leben nicht ›machen‹ kann, weder durch Askese noch durch Disziplin. Man kann es aber sein lassen und kommen lassen: *Let it be!*« (Moltmann, 191)

In den Gießkannenregionen meines Gehirns sind unzählige, kreativ-kraftvolle Energien wirksam. Da wirkt ein dynamisches Dreieck aus Leidenschaft, Interesse und Energie zusammen. Alle Erfahrungen, die solche Begeisterungsenergien freisetzen, prägen unser religiöses Bewusstsein mit.

Auf ein mögliches Missverständnis möchte ich hinweisen. Es lautet: Gottes Geist sei die Umschreibung für das, was wir Schicksal nennen. Damit wird der Geist, die göttliche Geistkraft, biblisch bezeugt als autonome göttliche Schöpferenergie, zu einer

Macht ohne Inhalt, werden Gottes Wille und Absicht entweiht. »Der Ausdruck ›Schicksal‹ für diese ganze Gruppe der Ängste legt den Nachdruck auf ein Element, das ihnen allen gemeinsam ist: ihren zufälligen Charakter, ihre Nichtvoraussagbarkeit, die Unmöglichkeit, ihren Sinn und Zweck zu finden.« (Tillich, Mut zum Sein, 48) Schicksal ist für Paul Tillich ein numinoser Sammelbegriff für menschliche Ängste und dem Menschen widerfahrende Zufallsgeschehnisse. Gottes Geist aber geschieht unverfügbar, in aller Freiheit, jedoch nicht abgekoppelt von Gottes Weisungen und Willen. Das ist etwas ganz Anderes.

Der Glaube ist eine Frage der Perspektive, der Betrachtungsweise. Ich glaube: Gott gibt uns das tägliche Brot zu essen. Er reicht uns keine Steine, überlässt uns nicht anonymen Schicksalsmächten. Glauben wir das, oder liebäugeln wir mit Gläserrücken, Kartenlegen, Wahrsagerei? »... nicht die kausale Notwendigkeit macht das Schicksal zu einer Angelegenheit der Angst, sondern das Fehlen einer letzten Notwendigkeit, die Irrationalität, die undurchdringliche Dunkelheit des Schicksals.« (Tillich, Mut zum Sein, 49) Diese Dunkelheit und Irrationalität will Gottes Pfingstgeist lichten, damit schicksalshafte Angstmacher uns nicht länger hinters Licht führen oder gar ihre Geschäfte mit uns machen.

Auch der Nazarener spricht im Johannesevangelium von diesem schwarzen Loch, aus dem Gespenster kriechen, die uns zutiefst verunsichern können: »In der Welt habt ihr Angst. Aber fürchtet euch nicht ...« (Joh 16,33) In unserem Seelengrund rumoren Urängste, die ohne irgendeine Kontrolle aus der Tiefsee unserer Seele wie Luftblasen aufsteigen, wie Eiterblasen aufplatzen, uns jederzeit triggern können. Verdrängte Traumata, akute Existenzängste, vernarbte Kränkungen schlagen da gnadenlos zu. Davor schützt auch kein noch so fester Glaube. Im besten Falle verhilft solche Haltung zu einem anderen Umgang, im Rückblick zu einer anderen Sichtweise auf das Gewesene?

Noch dies: In der ersten Reihe unserer Bedürfnisse sitzt der Hunger nach Anerkennung; auf der Rückseite verharrt die Angst, nicht genügend, nicht wirklich gesehen, geliebt zu werden. Wie bei Kain und Abel führt solches Bedürfnis zu einem Begehren, einer Gier, die im Konfliktfall über Leichen geht. Je näher mir jemand steht, umso größer wird das Risiko, dass seine Existenz mit seinen Schattenseiten bedrohliche Schatten in mein Revier wirft. Das kann Neid wecken, alte Wunden aufreißen, längst vergessene Revierkämpfe bis hin zu tödlichen Eskalationen neu aufbrechen lassen. Das neunte und zehnte Gebot zieht einen zweifachen Zaun darum. Nicht alles, was begeistert, darf mit solchem Begehren verwechselt, als erfreuliche Resonanzerfahrung missverstanden werden. Greift solches Begehren rücksichtslos zu, wie König David es tat, als er sich Batseba bedenkenlos griff, ihren Mann an die Front schickte, um ihn aus der Welt zu schaffen, da erhob Gottes Geist prophetischen Einspruch. Das Gefühl der Begeisterung kann mich nicht davon freisprechen, im Bedarfsfall kritische Ursachenforschung zu betreiben, Selbstbeherrschung zu üben. Der Romantik wäre ein Bärendienst erwiesen, würden wir das Hohelied der Gefühle naiv anstimmen, die Zerstörungskraft der Gier unterschätzen. Feuer und Flamme sein ist noch kein Indiz für Gottes Geist, kein Freifahrtschein für Grenzüberschreitungen, Tabubrüche und Eigentumsdelikte.

Alle drei Abschnitte des Glaubensbekenntnisses von Vater, Sohn und Heiligem Geist interpretiere ich als offenstehende Eingangstore. Je nach Lebensgeschichte, Gestimmtheit, intellektueller Verfasstheit sind die Gründe verschieden, durch welches Tor wir eintreten. – Die Sache mit *Gott*, als Schöpfer von Himmel und Erde, scheint für religiös musikalisch gestimmte Menschen besonders reizvoll zu sein. Mystische Geister fühlen sich von der numinosen Gottesfrage angezogen, vom Tremendum und Faszinosum, vom Gefühl des Heiligen als Wechselbad aus Furcht und Faszination. Stille, Meditation und Exerzitien wissen die sehnsüchtig Suchenden zu berühren.

Menschen, die es konkreter, vorbildlicher brauchen, sind von *Jesus aus Nazareth* fasziniert, dem Menschensohn und Ebenbild Gottes. Sie schätzen die klaren Worte der Propheten, den Mut und ihre Zeichenhandlungen. Sie betreten das Haus des Glaubens bevorzugt durch die bescheidene, weihnachtliche Stalltür. Ihr Glaube braucht keine Tempel und Dome. Es genügt ein Berg, ein See, das weite Feld, eine kleine Synagoge, um Jesu Botschaft zu lauschen. Zu viel Heiligkeit und Purpur weckt in ihnen Skepsis. Sie bevorzugen die Hintereingänge Gottes in die Welt, lieben Bethlehem mehr als Jerusalem, Wittenberg mehr als Rom. Ihr hörendes Herz weiß sich vom Nachfolgeruf Jesu gerufen.

Wer sich zwischen Tempeltor und Stalltür nicht entscheiden kann, sucht den Zugang ins trinitarische Haus über das Eingangstor der Gemeinschaft und des Gemeingeistes. Der einflussreichste protestantische Theologe des 19. Jahrhunderts, Friedrich Schleiermacher, sprach vom Heiligen Geist als *»Gemeingeist«*. Von der Philosophie Hegels und der Romantik inspiriert, schlug Schleiermacher in seinem Denken eine ungewöhnliche Brücke zwischen Himmel und Erde, »Gemeingeist« und »Menschenliebe«, Christentum und Humanismus. Der besondere »Gemeingeist« der christlichen Kirche und die »allgemeine Menschenliebe« sind derselbe Geist. Es handelt sich um die Liebe zu denen, die dem Reich Gottes schon eingebürgert sind, und um die Liebe zu denen, die ihm noch nicht eingebürgert sind. Im Blick auf die Gottheit des Heiligen Geistes formuliert Schleiermacher: »Der Heilige Geist ist die Vereinigung des göttlichen

Wesens mit der menschlichen Natur in der Form des das Gesamtleben der Gläubigen beseelenden Gemeingeistes.« (zit. n. Moltmann, 235) Gottes Geist wirkt ›all inclusiv‹: Alles ist eingeschlossen in dieses grenzenlos-entgrenzte Energiefeld. Durch welche Tür du auch trittst, am Ende gelangen wir ins gleiche Haus des Glaubens mit vielen Wohnungen.

Im Laufe meines Lebens verstehe ich Gottes Geistkraft zunehmend als Mut-Kraft, als Trotzdem-Kraft, die zu ›Widerstand und Ergebung‹ (Dietrich Bonhoeffer) ermutigt, uns täglich die Kraft schenkt, unserer gemeinschaftlichen Verantwortung und unserer individuell-mystischen Sehnsucht zu folgen, in der Nachfolge des Menschensohnes. Nur wer beide Hände frei hat, Altes loslässt, kann Neues ergreifen. Dazu braucht es Mut und Vertrauen. In der Kraft solchen Mutes war es Jesus möglich, sich als Hirte für seine Schafe hinzugeben. »Absoluter Glaube oder der Zustand des Ergriffenseins ... Er ist kein Ort, an dem man leben kann; er ist ohne einen Namen, eine Kirche, einen Kult, eine Theologie. Aber er bewegt sich in der Tiefe von ihnen allen. Er ist die Macht des Seins.« (Tillich, Mut zum Sein, 186 f.) Die ›Macht des Seins‹, Gottes Energie, stellt uns an den Ort, an den wir gestellt sind. Diese Macht will gepflegt sein: »Genauso wie die Psyche und der Körper ist auch der Geist auf Pflege angewiesen. Sie erfordert Zeit, Sammlung, Konzentration und Geduld. Man muss Durststrecken durchstehen, Frustrationen überwinden. Schließlich aber beschert sie ein immer tiefer werdendes Einverstandensein mit dem Leben, Zufriedenheit, Genesung und Heilung – zuweilen von Krankheiten, manchmal auch trotz und in allem Leid.« (Peeck, 39 f.)

Die heilige, christliche Kirche – Geist und Ordnung

Die Krisen von Institutionen, Parteien, Sportvereinen, Gewerkschaften etc. sind oftmals Ausdruck eines Verlustes menschlicher Beziehungsfähigkeit. Erich Fromm formuliert: »Der entfremdete Mensch hat den Kontakt mit sich selbst genauso verloren, wie er auch den Kontakt mit allen anderen Menschen verloren hat.« Darin drückt sich das zentrale Problem »der Auswirkung des Kapitalismus auf die Persönlichkeit« (Rosa, 569) aus. Hartmut Rosa und Erich Fromm kritisieren die Haupt- und Nebenwirkungen unseres Wirtschaftens. Papst Franziskus beklagt: »Diese Wirtschaft tötet.«

Je mehr die Welt kollabiert, umso bedeutsamer könnte ein gesellschaftsrelevantes Bekenntnis zu der einen, heiligen, apostolischen, christlichen Kirche sein. Über zwei Milliarden Menschen stehen in irgendeiner Verbindung zu ihr. Diese Gemeinschaft von Gläubigen könnte der Welt ein Lebensmodell anbieten zum Wohle aller. Der Pfingstgeist als Initiationskraft solcher Gemeinschaft wirkte von Anfang an interkulturell. Alle verstanden sich in ihren je eigenen Sprachen. Was benötigt die Welt mehr als kulturübergreifende Verständigung? Wie sonst könnte weltweiter Friede gelingen? »Die heutigen Gesellschaften brauchen dringend mehr Zusammenhalt und ein Miteinander in Leben und Zielen, das in die Tiefe geht.« (Tomlin, 11) Der anglikanische Bischof Graham Tomlin macht darauf aufmerksam, dass diese zerrissene Welt nicht nur gemeinsame Werte braucht, »sondern ein vertieftes Zusammengehörigkeitsgefühl, eine Atmosphäre der Freundschaft, des Friedens, der Geduld und der Sanftmut untereinander … Für die Christen ist der Heilige Geist die Quelle aller Gemeinschaft und allen Zusammenhalts.« (Tomlin, 12) Diese geistdurchdrungene Gemeinschaft ist kein freischwebendes Etwas. Sie verlangt organisatorische und institutionelle Querstreben, um den Zusammenhalt zu gewährleisten. »Das Neue Testament zeigt, wie der Heilige Geist aus einem Babel der Dissonanzen eine Einheit der Verschiedenheit macht. Die Einheit des Geistes ist nicht Uniformität, sondern Harmonie der *Unterschiede* – exakt das, was eine zerrissene Welt und eine gespaltene Kirche brauchen.« (ebd.)

Wenn die Menschheit nicht tiefer bohrt, sich nicht (mehr) an ihren spirituellen Ressourcen orientiert, sich nicht von Gottes interreligiöser Geistkraft ins Boot eines kollektiven, gerechten, barmherzigen Miteinanders einladen lässt, ist der globale Schiffbruch so sicher wie das Amen in der Kirche. Aber: »Wo plötzlich echte Begeisterung für eine Sache entsteht oder eine berührende Begegnung sich ereignet, emergieren transformative Effekte, welche Weltbeziehungen verflüssigen und sich der institutionellen Logik widersetzen.« (Rosa, 667) Die christliche Kirche hat seit über zweitausend Jahren als zirkulierendes Hybrid mit Licht- und Schattenseiten überlebt. Wundersam verstand es Gottes Geist, trotz aller organisatorischen Logiken, das Feuer am Brennen zu halten. Immer wieder brach sein Geist sich in anderen Formen, an neuen Orten, in einem Wechselspiel aus Bewahrung und Veränderung Bahn.

Wie Luther mit dem Ablasswesen und Papsttum brach, stehen gegenwärtig Brüche und Aufbrüche an, die ein überbordendes Verwaltungswesen auf seine Kernaufgaben, wie einen Weinstock auf das Allernotwendigste zurückzuschneiden hat. Es gilt einmal mehr, die notwendige Distanz zu wahren, d.h. *in*, aber nicht *von* der Welt zu sein. »Ihr Abtrünnigen, wisst ihr nicht, dass Freundschaft mit der Welt Feindschaft mit Gott ist?« (Jak 4,4) Oder: »Was hülfe es dem Menschen, wenn er die ganze Welt gewönne und nähme doch Schaden an seiner Seele?« (Mt 16,26) Zu oft haben Hirten und Schafe sich mit der Welt gemein gemacht, statt ›Samariter‹ für offene Wunden, ›Licht im Dunkel‹ der Angst zu sein. Auf dem Feld der Diakonie herrscht ein dramatischer Beschleunigungsdruck, obwohl zupackende Hände, hörende Herzen, Zeit für Mitgefühl und Mitmenschlichkeit gefragter sind denn je. »Die Uhr läuft bei jeder Handlung unerbittlich mit, und Resonanz muss ständig unterdrückt werden, weil sie nicht bezahlbar ist.« (Rosa, 667)

Freie Christenmenschen haben zu unterscheiden, was es für sie heißt, *in* der Welt zu sein und sich *nicht von* ihrem Controlling tyrannisieren zu lassen. In der Welt können wir nicht Gott *und* dem Mammon dienen. Christi Tod und Auferstehung eröffnen neue Spielräume für ein Leben in seinem Geist. Die Welt wurde dadurch zum Vorzimmer des Reiches Gottes. Unser zum Tod geweihtes Dasein wird durch seine Auferstehung in einen neuen Hoffnungshorizont gerückt. Pfingsten hat mit den Nachwirkungen der babylonischen Sprachverwirrung (1. Mose 11,1-9) aufgeräumt und neue Verständigungsmöglichkeiten zwischen allen Kulturen eröffnet. Die Apostelgeschichte beschreibt das neue Unterwegssein im Transitraum von Traum und Wirklichkeit. Zwischen Erfüllung und Enttäuschung, Verheißung und Verrat bewegt sich seither das Schiff, das sich Gemeinde nennt. Die erste Christenheit war offen für Utopien, die von ihrer mühsamen Realität absahen. Sie brannte für das Ideal einer christusförmigen Gemeinschaft. Brennende Herzen machten dem frischen Glauben Beine. Die Felsen in der Brandung, Paulus und Petrus, auf denen sich die Kirche gründete, stimmten in zentralen Fragen überein. Den Geist sahen beide als die treibende Kraft, als die Triebfeder ihres Tuns. Die in der Pfingstgeschichte aufgezählte Völkerschar entsprach den Tierkreiszeichen der damaligen Zeit, will heißen: Das Evangelium hatte damit eine universale, kosmische, weltumspannende Bedeutung erhalten.

Wer bekennt »Ich glaube an die heilige, christliche Kirche«, braucht die Geschichte der Kirche nicht fälschen, nicht verklären, nicht überhöhen. Im Rückblick wird Gott seine Urteile fällen, ob die Kirche Jesu Christis mehr Unheil oder Heil in die Welt gebracht hat. Für den Urknall des Christentums bleibt konstitutiv: Die ersten Gemeinden, die sich formierende Kirche, waren und war ein Werk des Heiligen Geistes. Der Begriff »Kirche« (lat.: *ecclesia*; griech.: *ekklesía*) kommt im Neuen Testament nur dreimal vor. Ursprünglich bezeichnet »Kirche« nicht die Verfasstheit einer juristischen Institution, sondern die innere Verfassung derer, die sich als Gemeinde Christi verstanden. Dank ihres auferstandenen Herrn wurde sie ins Leben gerufen, wie Adam aus dem Staub der Geschichte geformt, mit Gottes Odem beseelt wurde. Damit ist Kirche keine *creatio ex nihilo*, keine Schöpfung aus dem Nichts, sondern eine Frucht des Gottes Abrahams, Isaaks und Jakobs, eine Abzweigung am jüdischen Stammbaum. Paulus entgegnete selbstgerechten Heidenchristen: »Rühmst du dich aber, so sollst du wissen, dass nicht du die Wurzel trägst, sondern die Wurzel trägt dich.« (Röm 11,18)

In der Kirche herrscht seit ihrer Anfangszeit eine Spannung zwischen *Macht* und *Charisma*. »Wir brauchen den Moment der Macht, um die Fortdauer der Botschaft Jesu innerhalb der Geschichte zu gewährleisten. Wir brauchen das Charisma, um die Macht auf ihre Dienstfunktion zu beschränken ... Das Charisma soll also die Botschaft angesichts der historischen Veränderungen ständig aktualisieren und erneuern.« (Boff, 33) Boffs Zugeständnis an die Macht, die Jesu Botschaft durch die Zeit retten soll, weist dem Charisma die Aufgabe zu, als zündender Funke an der

Christustreue der Kirche bewahrend und – wo nötig – erneuernd mitzuwirken. Leonardo Boff benennt ein Spannungsfeld, in dem Ketzer zu Märtyrern wurden und charismatische Geister gegenüber Kirchenfürsten den Kürzeren zogen. Sowohl ein Geist ohne Ordnung als auch ein Charisma ohne Macht setzt sich dem Risiko aus, im Laufe der Zeit sich zu verflüchtigen oder zu verhärten. Stattdessen sollte gelten, erinnert Boff: »An die Stelle von Hierarchie (Befehlsgewalt) träte die Hierodoulie (Dienst an den anderen): Das entspräche dem Willen Jesu.« (Boff, 54) Ein Papstamt, das sich als Dienstamt verstünde, stünde einer universalen Kirche besser zu Gesicht als kuriale Machtkämpfe, inquisitorische Jurisdiktion, Maßregelungen von Bischofskonferenzen. Familiäres, ekklesiales Miteinander lässt sich nicht mit Erziehungsmethoden aus absolutistischen Zeiten praktizieren. Ohne ein partnerschaftliches, respektvolles, der Sache Jesu dienendes Miteinander geht es nicht und nirgends. Machtgebaren, aber auch Angst waren immer schon schlechte Pädagogen. Trotzdem wurde die *familia dei* zum Vorbild für die heilige, christliche Kirche. Kirche könnte wie in ihren Ursprüngen ein unglaublicher *Resonanzhafen* in unglaublichen Zeiten sein, der es uns erlaubt, sich wie Fische im Wasser und nicht wie Sardinen in der Dose zu fühlen.

Schon die biblisch komponierte, mythopoetische Weihnachtsgeschichte bei Matthäus und Lukas spiegelt das Aufeinandertreffen unterschiedlichster Welten wider. Da ist die feindliche Welt des römischen Kollaborateurs und jüdischen Königs Herodes, der mit Hilfe römischer Besatzungsmächte den organisierten Kindermord in Bethlehem veranlasst. Sterndeuter, Astronomen aus dem Morgenland will er für seine böse Sache einspannen. Auf der anderen Seite steht der Überlebenskampf kleiner Leute, die für Maria und Josef keinen Platz mehr in den Herbergen haben. Trotzdem erscheint die Welt durch diese schwangere Frau in anderem Licht: Engel tauchen auf, die prekären Hirtenleuten eine Welt ohne Furcht verkünden. Friede soll herrschen! Himmelsgestirne spielen das Spiel mit und werden zu Wegweisern auf Erden. Hinzufantasierte Tiere, Ochs und Esel, machen eine muffelige Baracke zum himmlischen Idyll. Wo der Himmel die Erde berührt, Gottes Wort Fleisch wird, bricht die Welt von Hirten, Nutztieren und Morgenländern in himmlische Lobgesänge aus.

Und dann: Der Nazarener hat einiges übrig für den Resonanzhafen Familie. Über dreißig Jahre lebte er in Nazareth, zu Hause, mit Geschwistern, ging womöglich in die Zimmermannslehre beim Vater, bis er öffentlich in Erscheinung trat. Dieses »Christkind« wurde vor seiner Geburt als Erlöser gefeiert, als Friedensfürst ausgerufen, als Messias erhofft, dessen Milde die Stöcke der Treiber zerbricht, die Volksgenossen aus der Hand der Feinde errettet. Das Magnifikat seiner Mutter Maria wie auch Johannes der Täufer rollten diesem Kind den roten Teppich hoher Erwartungen aus: »Und er wird vor ihm hergehen im Geist und in der Kraft Elias, zu bekehren die Herzen der Väter zu den Kindern und die Ungehorsamen zu der Klugheit der Gerechten.« (Lk 1,17) Jesu geistmächtigen Auftritt haben Lukas und Matthäus – aus österlicher und pfingstlicher Perspektive – gut vorbereitet, als sie ihn in einem erbärmlichen Stall das Licht der Welt erblicken ließen.

Ich kehre nochmals zurück zur Vision der ecclesia als »familia dei«, mit einer Beobachtung des Mönchs, Ökonoms und Theologen Anselm Grün: »Die Psychologie spricht heute oft von seelischen Ressourcen. Das Wort stammt aus dem Französischen und bezeichnet einen Bestand, aus dem man schöpfen kann. Es ist vom lateinischen Wort ›resurgere‹ abgeleitet, das ›widerstehen‹ bedeutet. Es ist das gleiche Wort, das in der Bibel für die Auferstehung Jesu verwendet wird.« (Grün, 8) Eine Kirche als *familia dei* böte unerschöpfliche Ressourcen, die uns mitten in einer verwundbaren Welt glauben, hoffen, lieben lassen könnten. Geist und Ordnung, Kirche und Charisma, Bürokratie und Regelfremdheit sind Spannungsfelder, in denen sich ein geistreicher Glaube zu bewähren hat. Die Dominanz der Organisation, nicht selten flankiert von einer üppig ausgestatteten Bürokratie, sorgt systemimmanent für das Erlöschen bzw. Ignorieren charismatischer Kräfte. Die verstärkte Anbindung des Geistes an kirchliche Ämter provozierte, historisch betrachtet, die Abwanderung charismatischer Kräfte hin zu Freikirchen, spontanen Gruppen und Gemeinschaften. Neidisch schielen Amtskirchen auf die freigeistige Dynamik in den Gemeinden Südamerikas, Asiens und Afrikas. Für die boomende Sehnsucht nach mehr Gemeinschaft, Beheimatung und Orientierung haben diese spontan wachsenden, spirituellen Sehnsuchtsinseln einiges im Angebot, was ›alten Hasen‹ im ›alten Europa‹ verloren gegangen ist bzw. verloren geht.

Dazu eine Rückblende: Als damals die Religionswächter Jesus fragten, ob es erlaubt sei, am Sabbat zu heilen, antwortete er: »Wer ist unter euch, der sein einziges Schaf, wenn es ihm in die Grube fällt, nicht ergreift und ihm heraushilft?« (Mt 12,11) Seine Klarsicht lautet: »Der Sabbat ist um des Menschen willen gemacht und nicht der Mensch um des Sabbats willen.« (Mk 2,27) Das hatten wir schon, aber es kann nicht oft genug klargemacht werden. Lassen wir Gottes Geist die Vorläufigkeit all unserer kirchlichen Ordnung in Frage stellen! Machen wir die Fenster weit auf! »Eine Theologie des Geistes ist nie nur eine Sache des Verstandes, sondern immer auch des Herzens.« (Tomlin, 13) Wer die prophetische Gnadengabe der Provokation und Zeichenhandlung besitzt, möge die verkrusteten Apparate einer erlahmten Kirche herausfordern. Bereits jahrzehntealt ist diese klarsichtige Beobachtung:

»Es ist die Kirche unter dem Kreuz, die allein dies tun kann, die Kirche, die den Gekreuzigten predigt, der zu Gott, der sein Gott blieb, schrie, nachdem ihn der Gott des Vertrauens verlassen hatte in der Dunkelheit der Verzweiflung und Sinnlosigkeit. Ein Teil sein in einer solchen Kirche heißt: einen Mut zum Sein empfangen, in dem man sein Selbst nicht verlieren kann und in dem man seine Welt wieder empfängt.« (Tillich, Mut zum Sein, 186)

Luthers Kirchenverständnis hatte die Gemeinden vor Ort mehr im Blick als eine weltweit agierende römisch-katholische Kirche. Auf dem Auge einer universalen Kirchengemeinschaft war er dennoch nicht blind: »Obschon sie also leiblich tausend Meilen voneinander getrennt sind, heißen sie doch *eine* Versammlung im Geist, weil jeder predigt, glaubt, hofft, liebt und lebt wie der andere.« (M. Luther, 1f) Für Freund*innen von Verwaltungsordnungen sei noch ein erhellender Gedanke Martin Bubers angemerkt: »Du hast keine Sicherheit in der Welt, aber du hast die Richtung und den Sinn, und Gott, der verwirklicht werden will, der wagende Gott ist dir allzeit nah.« (zit. n. Bourel, 194)

Ich nehme hier einen Prüfungsvorschlag – genannt »Die drei Siebe« – für neue Gesetzgebungsverfahren aus philosophischer Tradition auf – auch für den Umgang mit Fake News geeignet: Zum Philosophen Sokrates kam einst einer angerannt und sagte völlig außer Atem: »Höre, Sokrates, das muss ich dir unbedingt erzählen!« »Halte ein!«, unterbrach ihn der Weise. »Hast du das, was du mir sagen willst, durch die drei Siebe gesiebt?« »Drei Siebe?«, fragte der andere verwundert. »Ja, guter Freund! Lass sehen, ob das, was du mir sagen willst, durch die drei Siebe hindurchgeht: Das erste ist die Wahrheit. Hast du alles, was du mir sagen willst, gründlich geprüft, ob es wirklich wahr ist?« »Hm. Nein, ich hörte es erzählen und ...« »So, so! Wenn du schon nicht weißt, ob es wirklich wahr ist, dann hast du es sicher mit dem zweiten Sieb geprüft, dem Sieb der Güte. Ist das, was du mir erzählen willst, gut?« Zögernd sagte der andere: »Nein, im Gegenteil …« »Hm …«, unterbrach ihn der Weise wiederum. »So lass uns auch das dritte Sieb noch anwenden und fragen: Ist es notwendig, dass du mir das erzählst, was dich so aufregt?« »Notwendig nun gerade nicht.« »Also«, sagte lächelnd der Weise, »wenn das, was du mir sagen willst, weder wirklich wahr noch gut noch notwendig ist, so lass es begraben sein und belaste dich und mich nicht damit.«

Ist das, was wir in Kirche und Gesellschaft am laufenden Band beschließen, medial kommunizieren oder in Gerüchteküchen anheizen, wirklich wahr, gut und notwendig? Dient es dem Zusammenhalt oder spaltet es mehr, als dass es verbindet?

Gemeinschaft der Heiligen – Teamgeist

»Mit dem Wort Geist bezeichne ich das unablässige Trachten der Menschheit nach Geborgenheit, Gemeinschaft und Sinn. Der Geist aber stirbt ohne Geborgenheit, er leidet ohne Gemeinschaft und er wird verrückt ohne Sinn.« (Cox, 332) Werfen wir einen Blick in Gottes Schöpfung, dann entdecken wir: Gemeinschaft gelingt, wo viele Arten sich tummeln – ›Biodiversität‹ heißt das Zauberwort. Das gilt auch für die ›Gemeinschaft der Heiligen‹. Jede Vereinheitlichung und Normierung durch Zwang oder Konformität beschleunigt das Ende sozialer Diversität. Die Welt braucht bunte Vögel. Das Christentum war von Anfang an ein Leib mit vielen Gliedern, unterschiedlichsten Kulturen, Lebensformen und Charakteren – keine Gemeinschaft von Klein-, sondern von Weltbürger*innen. Als Gemeinschaft von Geheilten und Kranken, Verwundeten und Verarzteten, Enttäuschten und Hoffnungsfrohen, Verlorenen und Wiedergefundenen, Heiligen und Sündern waren alle an Jesu rundem Tisch willkommen. In seines Vaters Haus stehen viele Wohnungen bereit und Türen offen. Gottes Reich kennt keine Türsteher. Christus ging an Hecken und Zäune, um Randständigen und Abgehängten eine Extra-Einladung auszusprechen. Luther war überzeugt: Die Gemeinschaft der Heiligen, das sind wir! Wir sind in der Taufe durch Christi Blut geheiligt. Auf dieser Basis spricht Luther vom ›Priestertum aller‹. Durch die Taufe sind wir – wie ein Priester, Bischof oder Papst – in gleicher Weise Geheiligte. Die Taufe gilt als Eintrittskarte zu einer Gemeinschaft, die durch Gottes Geist alle in den Adelsstand von Königskindern erhebt. Deshalb ist die Truppe der Getauften ein Gemischtwarenladen aus Heiligen und Sündern – *simul iustus et peccator*.

Wie wertvoll ein Leben in Gemeinschaft ist, bestätigt die neuere Glücksforschung. »Geld, Gesundheit und Gemeinschaft (im Sinne belastbarer und stabiler sozialer Beziehungen)« (Rosa, 46) gelten als die drei G des Glücks. Ohne Gemeinschaft kann Gottes Geist sich nicht entfalten. »Denn durch einen Geist sind wir alle zu einem Leib getauft worden.« (1. Kor 12,13) Es ist ein und derselbe Geist, der uns seine Gaben zuteilt. Niemand ist da unnütz. Wer vom Glück solchen Miteinanders erfüllt ist, dem stellt sich die Frage nach Sinn nicht mehr. Auf die Frage ›Was war Ihre Rettung?‹ antwortete die in Jerusalem geborene Regisseurin Yael Ronen in einem Interview des ZEIT-Magazins: »Mitte der neunziger Jahre bin ich durch Peru gereist, und da stieß ich auf eine brasilianische Religionswissenschaftlerin, die an der Uni von Lima über Ayahuasca-Zeremonien forschte ... Es ist ein halluzinogener Sud, um den sich vor allem im Amazonas-Gebiet ein religiöses Ritual aufbaute. Eine tranceartige Gruppenerfahrung mit Musik und einem Schamanen. Sie kann eine ganze Nacht dauern, ist sehr emotional und öffnet auf erstaunliche Weise dein Unterbewusstsein.« Auf die Frage, ob die Teilnehmer bei dieser Zeremonie miteinander reden, war ihre Antwort: »Nein, aber man hat auf magische Weise einen Zugang zu ihnen. Du bist mit ihnen verbunden, du spürst ihre Visionen. Das Gute an der Sache ist: Du musst nicht daran glauben, es passiert einfach. Und dann spürst du, dass die Welt ein viel mystischerer Ort ist, als du je gedacht hast.« (Ronen, ZEIT-Magazin, Nr. 41, 8.10.2015) Was für ein Satz: Du musst nicht daran glauben, es passiert einfach!

Mystische Verbundenheit geschieht! Du feierst Gottesdienst, ein Satz der Predigt spricht dich an, eine Liedstrophe erhebt deine Seele, ein altes Ritual geht unter die Haut, das Händereichen im Abendmahlskreis berührt dich, ein Segenswort zum Schluss trifft dein Herz. Der Geist einer Gemeinschaft rührt an, schüttet

Glückshormone aus, macht Christi Gegenwart erfahrbar, denn unser Ich wird am Du. »Wenn du einen Menschen aus Schlamm und Kot heben willst, wähne nicht, du könntest oben stehen bleiben und dich damit begnügen, ihm eine helfende Hand hinabzureichen. Ganz musst du hinab, in Schlamm und Kot hinein. Da fasse ihn dann mit starken Händen und hole ihn und dich ans Licht.« (Buber, zit. n. Aretz, 101)

Die Gemeinschaft der Heiligen ist keine saubere Sache: Sie ist sich nicht zu fein, sich die Finger schmutzig zu machen. Im Windschatten des Nazareners heißt es in den realen Slums, im Morast der Welt, Licht der Welt zu sein. Und: Die Hand, die ich dem reiche, der sie braucht, verändert auch mich. Dem in die Grube Gefallenen hilft nur, wer hinabsteigt, um ihn herauszuholen. Sitzt ein Mensch im Dunkeln, sitzt die ganze Menschheit mit ihm ein im Gefängnis der Nacht. Das Licht der Welt geht da an, wo ein Menschenkind in der Grube der Aussichtslosigkeit das neue Morgenrot erblickt. Der Menschensohn verließ seine Heimstatt, um mit seiner gekreuzigten Hand in den Kot der Welt hineinzugreifen, um uns zu retten. Gottes Heilige sind keine bessere Gesellschaft. Ihr Ort ist ganz unten, ganz nah bei den Menschen.

Nicht der Kampf ums Überleben, auch nicht das Durchsetzungsvermögen des Stärkeren sichert den Fortbestand der Menschheit. »Unsere Vorfahren, die Hominiden, vollzogen den Übergang zum Menschsein in dem Maß, in dem sie ihre gesammelten Früchte oder die Jagdbeute miteinander teilten und ihre Zuneigung zueinander ausdrückten.« (Boff, 238) Es gibt notwendige Verbindungen zwischen Seins-Formen und spontan sich entwickelnde Verbindungen, lehrt die Physik. Nicht das eigene Interesse heiligt den Zweck. Früh dominierte ein Gemeinsinn. Der Übergang zum Menschsein ging mit der Fähigkeit einher, Früchte und Jagdbeute zu teilen. Leben gelingt im absichtsvollen und spontanen Miteinander-verwoben-Sein! Menschen mit feinen Antennen haben ein Gespür, was dran ist. Ständiger Wettbewerb und Konkurrenzdruck, ein Dasein im Modus des selbstbezüglichen Lebenskampfes ist da kontraproduktiv. Wer in ständiger Habachtstellung unterwegs ist, lässt nie locker, praktiziert kein faires Geben und Nehmen. Die Liebe ermöglicht es, aus Einzelkämpfern Gemeinschaftswesen werden zu lassen. Manch einer muss in die Schule des Lebens, durch Niederlagen und Krankheiten gehen, um sozialer zu werden. Kur- und Rehakliniken sind voll von Saulus-Paulus-Geschichten. Die Quelle zur Umkehr ist ein Geist, der auf ungewöhnliche Weise Geistesblitze und Schicksalsschläge vorbeischickt, um zu verspäteter Selbsterkenntnis zu gelangen.

Erfahrung kommt von ›er-fahren‹, vom ›Hinaus-fahren‹ des Menschen in die Welt. Wer sich auf den Weg macht, die Welt ›erfährt‹, sammelt Gemeinschaftserfahrungen. Der Mensch wird zum Menschen durch die Gemeinschaft derer, die ihn zum Menschen machen. In der Intersubjektivität, der Zwischen-Menschlichkeit, wird der Mensch zum Subjekt seines Handelns. Alle Kaspar-Hauser-Versuche lehren: Fernab von Gemeinschaft kommt kein Mensch über tierähnliche Lebensäußerungen hinaus. Das Bekenntnis zur Gemeinschaft richtet den Scheinwerfer auf den wunden Punkt, in dem unser Heil begründet liegt. Gute, lebendige, gelingende Beziehungen sind lebenswichtig! Gestörte, abgebrochene, aufgekündigte Beziehungen führen zum sozialen Tod, dem »Fegefeuer« der Moderne. Menschen verenden in unseren Breiten meist nicht an materieller, eher an sozialer Not. Wir sprechen von Mobbing, wenn Menschen zu Opfern von Resonanzverweigerung werden, der Chef nicht grüßt, in der Kantine Kollegen den Tisch wechseln, der Pförtner ohne Gruß die Schranke öffnet.

Wechselseitiges Bezogensein findet in der Liebe ihren Höhepunkt. In ihr geschieht, was Georg Wilhelm Friedrich Hegel als Idee des »Im Anderen ganz bei sich selbst sein« beschreibt. Schon bei der Erschaffung des Menschen stellt Gott fest: »Es ist nicht gut, dass der Mensch allein sei; ich will ihm eine Gehilfin machen, die um ihm sei.« (1. Mose 2,18) So schuf Gott dem Menschen ein Gegenüber, damit beide ein Fleisch werden, Nachwuchs und Zukunft gesichert sind. Ein gemeinschaftsloser Glaube ist ein Glaube ohne Zukunft. Ein Glaube an die Gemeinschaft der Heiligen bekennt die Sozialität unseres Daseins. Hartmut Rosa merkt an, »dass im Zustand des Verliebtseins die Spiegelneuronen zu einem wahren ›Trommelfeuer‹ anheben«. (Rosa, 260) Das Christentum muss in seinen Anfängen aus geballten Ladungen ›spiegelneuronaler Menschen‹ bestanden haben. Sie alle sollen ein Herz und eine Seele gewesen sein. Wenn es historisch betrachtet wohl anders war, schaden solche Utopien als ›Vor-Bilder‹ trotzdem nicht. Geschichten anfänglichen Gelingens, die im Rückblick sich verklären, können gerade in trüben Herbsttagen vorab etwas Frühlingslicht aufscheinen lassen. Die ersten Gemeinden bildeten Erzählgemeinschaften, die »über ein gemeinsames, Resonanzen erzeugendes und steuerndes Geschichtsrepertoire« (Rosa, 267) verfügten. Die Kraft identitätsstiftender, kollektiver Erinnerungen ist für Krisenzeiten ein unbezahlbarer Schatz im Rucksack unserer Pilgerreise.

Als Hoffnungsschimmer tauchen gegenwärtig am Horizont neue Formen gemeinschaftlichen Wirtschaftens und Engagements auf, um von der Utopie der Urchristenheit in unsere Zeit zu finden. Es formiert sich eine soziale Dynamik derer, die guten Geistes und Willens sind. Sie setzen auf eine Ökonomie des Teilens, ein Mitmachen mit ›Mit-Macht‹, um der Ohnmacht, dem Gefühl, ›ohne-Macht‹ zu sein, entgegenzuwirken. Es vernetzen sich die, die ähnlich denken, fühlen und handeln. Das alte Model von Genossenschaften findet neue Anhänger*innen. Bürgerschaften lösen auf kommunaler Ebene Fragen der Energieversorgung, des Nahverkehrs, der Nachbarschaftshilfe, des Tante-Emma-Ladens gemeinsam. Der Ruf nach Gesellschaftsräten wird lauter, um jenseits von Lobbyismus neue Wege zu bahnen. ›Nur gemeinsam sind wir stark‹, so lautet das lokale, analoge Lebensgefühl in globalen, digitalen, anonymen Zeiten mit Home-Office *und* gemeinsamer kreativer Kaffeepause.

»Wenn eine Mannschaft in den Spielfluss findet, erscheinen ihre Aktionen und Bewegungen … so, dass die entstehenden Spielzüge wie die kreativen Eingebungen *eines* Organismus erscheinen. Selbstwirksamkeitserwartungen und -erfahrungen nehmen dabei ebenso sehr einen kollektiven Charakter an wie die emotionale Gestimmtheit des ›Mannschaftsgeistes‹.« (Rosa, 422 f.) Im Mannschaftssport wird offenbar, dass nur sehr gute Teamleistungen zum Erfolg führen. Der von Adidas entwickelte Fußball für die Weltmeisterschaft in Südafrika 2006 trug den Namen »Spirit«: Zusammen fiebern, zittern, leiden, sich freudetaumelnd in den Armen liegen ist schöner, als mit einer Bierflasche vorm Fernseher zu versauern. In Zeiten massenweiser Verdrängung und Ablenkung scheinen nirgends die Drähte der Erregung heißer zu glühen als bei Fußball-Weltmeisterschaften. Ich weiß, was ich da sage als gebürtiger Münchner und Bayern-Fan. Quasi-religiöse Fankulturen zelebrieren die Sehnsucht nach einer ›Gemeinschaft der Gleichgesinnten‹ ritualsicherer, als wir es in unseren Gottesdiensten erleben. »Das ›Zwischen‹ der menschlichen Personen ist auf der emotionalen Ebene wie ein Kraftfeld von Anziehung und Abstoßung, von wohltuender Ordnung und irritierendem Chaos. Die wechselseitige energetische Anregung und Reizung setzt neue Energien frei und erweckt ungeahnte ›Lebensgeister‹ …

Die Freude an Anderen kann ansteckend wirken ... Leben ist angeregtes und anregendes Leben in Lebensgemeinschaften.« (Moltmann, 288)

Ein Bekenntnis zur ›Gemeinschaft der Heiligen‹ kommt ohne »Zwischen«, ohne Zwischenmenschliches nicht aus. Sich nahe sein, Nähe schenken, Nähe erfahren, das ist die unversiegbare Quelle der Lebensfreude. Nicht selten aber erst im Sterben zeigt sich, was wesentlich ist: die Hand halten, berührt und gestreichelt werden, den Schweiß von der Stirn wischen, etwas zu trinken bekommen. »Während der Heilige Geist Sammlung, Erbauung und Stärkung von Individuum und Gemeinschaft durch Integration der Schwachen und Außenseiter bewirkt, sind die Dämonen isolierende, vereinzelnde, vereinsamende und Gemeinschaften zerrüttende Kräfte.« (Welker, 190) Oder wie Hartmut Rosa über sein Projekt ›soziale Energie‹ vorab in der »DIE ZEIT« schreibt: »Erstens, soziale Energie ist keine individuelle Ressource, sondern eine kollektive Kraft. Deshalb lässt sie sich nicht einfach als psychologische Größe im Sinne individueller Antriebsenergie fassen. Zweitens, sie ist überhaupt nicht als Ressource zu verstehen, die wir in einen Input-Output-Verhältnis verrechnen könnten, sondern sie entsteht uno actu in ihrer Verausgabung: Investition und Gewinn, wenn wir so wollen, fallen zusammen. Und drittens, sie existiert nur in Bewegung, sie ist zirkulierende Energie – sobald wir sie ›haben‹ wollen, verschwindet sie ... wir haben uns – genau: in einer ruhenden Bewegung für einen zirkulierenden Energiestrom geöffnet.« (Rosa, in: DIE ZEIT, Nr. 3, 11. Januar 2024, 47) Es lebe die ›Gemeinschaft der Heiligen‹ – das ›Priestertum aller‹.

Vergebung der Sünden – Kraft der Versöhnung

Wer eine zu dünne Haut hat, lebt mit besonderen Risiken und Chancen. Mit allen Sinnen entdecken wir die Welt. Unsere Haut ist die größte Membran, das größte Sinnesorgan zwischen unserer Innen- und Außenwelt. Berühren und berührt werden, begreifen und ergriffen sein, behandeln und behandelt werden sind ihr ständiges Erleben. Das Gleichnis vom verlorenen Sohn (Lk 15,11-32) lebt von Berührungen. Die Vergebung des Vaters ist ohne Körpersprache nicht erzählbar. Die Versöhnung geht beiden unter die Haut. Der Mensch als Leib-Geist-Seele-Unikat ist ein berührbares und andere berührendes Wesen. Jede Körpertherapie arbeitet mit Berührungen, einem Wechselspiel aus Anspannung und Entspannung. Gottes Geist geht auch unter die Haut, zeigt sich nicht nur in Gänsehaut-Momenten. Wer sich in seiner Haut unwohl fühlt, in ihr nicht stecken möchte, hat ein dickes Problem. Wir haben keine zweite Haut, auch wenn manches zur zweiten Haut werden kann. Die Haut ist ein äußerst verwundbares und erstaunlich resilientes Organ. Was mich im Leben berührt, beschämt, begeistert ... lässt sich an ihr ablesen. Wer sich aus Menschenscheu in Ritterrüstungen verschanzt, hat Kontaktprobleme. Menschen, die meinen, sich mit einer harten Schale schützen zu können, irren. Der Schmerz sitzt immer innen. Menschen, die Berührungen, Umarmungen, Nähe nicht ertragen können – soziophobe Menschen –, sind tragische Gestalten. Unser Körper ist mit seiner nonverbalen Ausdrucksweise unser erstes Sprachrohr. Vom Erröten bis zum Erbleichen kann die Haut zum offenen Buch werden, an dem sich unsere Erregungszustände ablesen lassen. Wenn Worte fehlen, reagiert zumindest unser Körper affektartig und damit unkontrollierbar. Auf seine Weise sucht er damit eine Verständigung mit der Außenwelt.

Neben der Familie sind Freundschaften die wichtigsten »Resonanzhäfen« im Leben eines Menschen. Resonanzhafen nennt Hartmut Rosa die Zusammenhänge, in denen wir uns geborgen und zu Hause fühlen. Hier glühen Drähte besonders intensiv. In guten Freundschaften fühlen wir uns wie auf einer Wellenlänge. Wir teilen Hobbys, Interessen und Weltanschauungen. In ihnen zeigen wir uns nicht selten berührbarer, verwundbarer als im eigenen Familiensystem. Wenn jedoch der Draht reißt, das Vertrauen kippt, kann es bitter werden. Haben wir uns doch die wundesten, intimsten Punkte gezeigt, die plötzlich zum Einfallstor von tiefen Verletzungen werden können. »Auf Verletzungen solcher Art reagieren Subjekte nahezu mechanisch mit Schließung, mit schützender Verhärtung, gleichsam dadurch, dass sie den Resonanzdraht am Vibrieren hindern ... Kommt es jedoch zu einer dauerhaften Verhärtung, haben sich die (ehemaligen) Familienmitglieder nichts mehr zu sagen; sie nehmen sich geradezu vor, sich vom anderen nicht mehr erreichen, bewegen, berühren zu lassen.« (Rosa, 360)

Bei zerbrochenen Freundschaften fehlt das Korsett der familiären Bande. Familiäre Beziehungen lassen sich nicht wie Freundschaften aufkündigen, wie alte Hemden wechseln. Ohne Chance auf Versöhnung müssten wir alle unentschuldigt zugrunde gehen.

Beim verlorenen Sohn geht der Vater auf den zu, der sein Erbe verprasst hat. Im Schweinestall, ganz unten, war sein geliebter Sohn angekommen, fernab jeglicher Gemeinschaft, Freundschaft und Familie. Sein Sohn sprach dort ein seltsames Schuldbekenntnis: »Ich will mich aufmachen und zu meinem Vater gehen und zu ihm sagen: Vater, ich habe gesündigt gegen den Himmel und vor dir.« (Lk 15,18) Der Sohn zeigt ein feines Gespür, dass schuldgestörte Beziehungen zwischen Himmel und Erden unterschiedlichste Schäden anrichten. Und wie reagiert der Vater? Er re-agiert überhaupt nicht, er agiert. Bevor der Sohn spricht, ist ihm die Versöhnungsbereitschaft des Vaters schon eine Nasenlänge voraus. Er kommt ihm mit offenen Armen entgegen. »Als er aber noch weit entfernt war, sah ihn sein Vater, und es jammerte ihn; er lief ihm entgegen und fiel ihm um den Hals und küsste ihn.« (Lk 15,20) Hier herrscht der gleiche ›Jammer‹ wie in der Gleichnis-Geschichte vom barmherzigen Samariter, den es jammerte, als er den unter die Räuber Gefallenen im Straßengraben liegen sah (vgl. Lk 10,33). Beide jammerte es, beiden wurden Herz und Knie weich.

Die Kraft, die nach einer Zeit der Trennung, der Entfremdung, der Unversöhntheit Menschen zusammenführt, schenkt die *ruach*: Gottes Geist versteht es immer wieder neu, über den Tellerrand erlittener Kränkungen hinauszublicken. Gottes Geist ist es ein Herzensanliegen, Neid zu stillen, Gier zu entgiften. Solche Kraft will erbeten sein. Einsicht, Umkehr, die Bitte um Vergebung gehören zur menschlichen Grundausstattung, damit Versöhnung geschehen kann. Gottes verbindender und versöhnlicher Geist ist am Gelingen grundsätzlich interessiert: Das Fest nach der Rückkehr des Sohnes geht auf den Deckel des Vaters. Mit dem Neid des zurückgebliebenen Bruders findet der Vater einen ebenso liebevollen Umgang. Der Schutt und Frust derer, die die Stellung halten und den Dreck der anderen weggeräumt haben, derer, die sich aus dem Staub machten, bleibt eine Großbaustelle dieser Geschichte wie im realen Leben. Der verlorene Sohn erfährt die Liebe des Vaters. Der Daheimgebliebene empfindet dies als Unrecht. Er ist auch auf Versöhnung angewiesen: auf den Geist, der lieben, vergeben, gönnen und die Auferstehung des Bruders mitfeiern kann.

Auferstehung der Toten – Unzerstörbare Kräfte

Im Untergrund tiefer Besorgnis strömt ein Trotzdem-Geist, ein Geist der Auferstehung, des Mutes zum Sein – da wohnen unzerstörbare Kräfte. Der Psychoanalytiker und Theologe Manfred Lütz fragt den Auschwitzüberlebenden Jehuda Bacon in einem Interviewbuch mit dem Titel ›Solange wir leben, müssen wir uns entscheiden‹: »Haben Sie ans Überleben geglaubt in Auschwitz?«. Bacon antwortet: »Ich wusste, man kann mich zu Asche machen. Aber ich wusste auch, dass es etwas in mir gibt, das nicht sterben kann. Das heißt, es gibt etwas Überzeitliches, Zeitloses, Geistiges, etwas Göttliches, das man nicht vernichten kann. Man kann es Seele nennen, aber der Name war mir nicht wichtig ... Gott ist ewig transzendent, man hat ihn niemals in der Tasche. Was man in der Tasche hat, ist die eigene Dummheit, aber nicht Gott, das Ewig-Transzendente. Man weiß, es ist, aber man besitzt es nicht. Doch man kann eine Vorahnung haben. Und jeder bekommt diese Vorahnung auf andere Weise. Und die verändert sich und bekommt unendlich viele Gesichter. Diese Vorahnung wurde bei mir in Ausschwitz gefestigt und die gab mir Mut zum Weiterleben.« (Bacon/Lütz, 96 f.)

»Es gibt etwas in mir, dass nicht sterben kann ... etwas Überzeitliches, Zeitloses, Geistiges, etwas Göttliches, das man nicht vernichten kann.« Seit Ostern gibt es gute Gründe, diesen Glauben von Jehuda Bacon, als Kind der Menschheitsfamilie, der ›familia dei‹, zu teilen.

Was hat das Bekenntnis zu Gott als Schöpfer, zu Christus als Herrn der Kirche mit meinem Leben zu tun? Was nützt es, Gottes Weisungen zu folgen, wenn zu guter Letzt wir alle ins Gras beißen? Die erste Christenheit hatte guten Grund zur Hoffnung. Mit der Taufe fühlten sie sich hineingenommen in den Tod *und* die Auferstehung Christi. Das Aufnahmeritual in die Gemeinde dokumentierte einen Glauben, der sich mit Christus in einer unzerstörbaren Gemeinschaft verbunden wusste, wie Paulus schreibt: »Oder wisst ihr nicht, dass alle, die wir auf Christus Jesus getauft sind, auf seinen Tod getauft sind? So sind wir ja mit ihm begraben durch die Taufe in den Tod, damit, wie Christus auferweckt ist von den Toten durch die Herrlichkeit des Vaters, auch wir in einem neuen Leib wandeln.« (Röm 6,3 f.)

Franz Kafka schrieb: »Ich glaube, man sollte überhaupt nur solche Bücher lesen, die einen beißen und stechen. Wenn das Buch, das wir lesen, uns nicht mit einem Faustschlag auf den Schädel weckt, wozu lesen wir dann das Buch?« (Kafka 1904) Die Rede vom ›Buch des Lebens‹, in dem unsere Namen geschrieben sein sollen, ist solch ein Schlag. Der Glaube an einen Gott, der uns bei unseren Namen ruft, bei dem wir nach dem Tod weiterhin gut aufgehoben sind, bleibt eine Provokation für materialistische Denk-Welten. »Und ich sah die Toten, Groß und Klein, stehen vor dem Thron, und Bücher wurden aufgetan. Und ein anderes Buch wurde aufgetan, welches ist das Buch des Lebens.« (Offb 20,12) Die Vernunft kann sich immerhin an Berichten von Nahtoderfahrungen orientieren, erstaunlichen Grenzgängen zwischen Leben und Tod. Ich kenne Menschen, die solche Grenzerfahrungen machten. Alle erzählten vom gleichen Gefühl danach: »Angst vor dem Tod habe ich nicht mehr.« Emotional und visuell schilderten sie angenehme, warme, lichtvolle Erfahrungen. Seit diesem Ereignis feiern sie ihren Geburtstag zweimal. Die kulturübergreifende Ähnlichkeit solcher Berichte ist frappierend. Die Ruhe, die solche Erfahrungen bei den Betroffenen hinterließ, deute ich als ein glaubwürdiges Zeugnis, dass hinter dem Vorhang des Todes noch etwas Himmlisches wartet. ›Das Beste kommt zum Schluss‹ – vielleicht ja wirklich? Einem Jünger, der seinen Vater begraben wollte, bevor er Jesus nachfolgte, rief der Meister zu: »Folge du mir und lass die Toten ihre Toten begraben.« (Mt 8,22) Wer würde seinen Vater nicht erst zu Grabe tragen wollen? Die Szene als Metapher betrachtet, macht Sinn. Wie viel Zeit schlage ich in meinem Leben tot? Nehmen wir die ›Toten‹ als Metapher für ein Dasein, das unwesentlichen Dingen mehr Zeit widmet als wesentlichen. Da macht es Sinn, die Toten ihre Toten begraben zu lassen und an einem Leben teilzunehmen, in dem Ströme lebendigen Wassers fließen.

Mit dem Hebräerbrief, der ersten, vollständig erhaltenen, urchristlichen Predigt, halten wir ein Dokument in Händen, welches das Wirken des Geistes mit der Passion und dem Tod Jesu eng verschränkt hat. Christus, der als ›Hohepriester‹ bezeichnet wird, hat »sich selbst kraft des ewigen Geistes Gottes als ein makelloses Opfer dargebracht« (Hebr 9,14), heißt es. Die Kraft des ewigen Geistes machte ihn zur Hingabe bereit. Dieser Geist, so lesen wir an anderer Stelle, ist »die Kraft des unzerstörbaren Lebens«. (Hebr 7,16) Ist dem so, erhält die mystische Rede vom »Gottesfunken« (Meister Eckhart) neue Bedeutung. Nicht allein Christus, auch wir tragen etwas Unzerstörbares in uns. In unserem ›Wesenskern‹ wohnt Unverwesliches, das unsere Identität im Wesentlichen ausmacht, sie über den Tod hinaus bewahrt.

Das erinnert an Jesu Gleichnis vom Weizenkorn: »Wenn das Weizenkorn nicht in die Erde fällt und erstirbt, bleibt es allein; wenn es aber erstirbt, bringt es viel Frucht.« (Joh 12,24) Die Kraft des Unzerstörbaren überwintert im Zustand des Todes als Potenzialität auf ein neues Leben. Jesus, der mit Wasser aus dem Jordan und Geist vom Himmel getauft wurde, war deshalb nicht totzukriegen. »Denn wenn ihr nach dem Fleisch lebt, so werdet ihr sterben müssen; wenn ihr aber durch den Geist die Taten des Fleisches tötet, so werdet ihr leben.« (Röm 8,13) Was Paulus für die Gemeinde in der Welthauptstadt in Rom hier formuliert, klingt im Johannesevangelium so: »Ich gebe ihnen das ewige Leben.« (Joh 10,28) – und: »Ich bin die Auferstehung und das Leben.« (Joh 11,25) Mehr unzerstörbare Kraft gibt es nicht! Wie können wir erkennen, dass in der Vergänglichkeit alles Fleischlichen eine solche Botschaft liegt?

»Ich danke dir dafür, dass ich wunderbar gemacht bin; wunderbar sind deine Werke; das erkennt meine Seele. Es war dir mein Gebein nicht verborgen, als ich im Verborgenen gemacht wurde, als ich gebildet wurde unten in der Erde. Deine Augen sahen mich, als ich noch nicht bereitet war, und alle Tage waren in dein Buch geschrieben, die noch werden sollten und von denen keiner da war.« (Ps 139,14-16) Schon der Psalmbeter war beseelt von der Überzeugung: Gott hat den Menschen nicht für das Krematorium, den Friedhof, die Würmer erschaffen. Unser Schöpfer sieht nicht weg, wenn es ans Sterben geht. Gott hält an seiner Liebe ewig fest. Als seine Ebenbilder tragen wir eine unzerstörbare Kraft, Gottes Geist in uns. Ja, auch der Psalmist hat seine liebe Not, dies zu erkennen, zu ergründen – wie menschlich: »Aber wie schwer sind für mich, Gott, deine Gedanken! Wie ist ihre Summe so groß! Wollte ich sie zählen, so wären sie mehr als der Sand: Am Ende bin ich noch immer bei dir!« (Ps 139,17 f.) Ja, so ist das. Gott sei Dank!

Und das ewige Leben – Unendliche Energien

Wundersame Geschichten über die Ewigkeit lassen sich in Literatur und Malerei entdecken. Die Zeit der Romantik bleibt eine besonders dankbare Fundgrube. Joseph von Eichendorffs programmatisches Gedicht ›Die Wünschelrute‹ bietet sich dafür an: »Schläft ein Lied in allen Dingen, / die da träumen fort und fort, / Und die Welt hebt an zu singen, / Triffst du nur das Zauberwort.« Seine Worte enthalten österliche Motive von einer Welt, die anhebt zu singen. Das klingt nach »auferstanden aus Ruinen«. Meine manchmal blind gewordene, illusionslose Seele sehnt sich nach solchen Bildern der Erhebung, nach Träumen, die voranschreiten, nach der Hoffnung auf ein Morgenrot nach tiefschwarzen Nächten. Wie sonst ließe sich nach all den Niederlagen, Krisen und Kriegen neuer ›Mut zum Sein‹ finden? Ob dies eine Spur sein kann: »Der Heilige Geist ist nicht nur die subjektive Seite der Selbstoffenbarung Gottes und der Glaube ist nicht nur das Echo des Wortes Gottes im menschlichen Herzen. Der Heilige Geist ist noch viel mehr die Kraft der Totenauferweckung und der Neuschöpfung aller Dinge, und der Glaube ist der Anfang der Wiedergeburt des Menschen zum neuen Leben.« (Moltmann, 20)

Im Alter, wenn der Zenit des Lebens überschritten ist, grenzenlos geglaubte Möglichkeiten an Grenzen stoßen, wird etwas in uns weicher, offener, um in Verbindung zu treten mit der Weltseele. Ein Indiz kann unser zunehmender Tränenfluss sein. Wir werden berührbarer, sind näher am Wasser gebaut. Leben und Tod, Diesseits und Jenseits nähern sich an. Irdische Leiblichkeit und Vergänglichkeit stehen sich nicht mehr ganz so abweisend gegenüber. Etwas reift in uns zu akzeptieren, vielleicht doch nur ein Hauch, ein angehauchtes Wesen zu sein (vgl. Jesaja 2,22). Wir gestehen uns und anderen eher zu: ›Alles ist eitel‹. Wir ahnen: »Die Seele ist wie ein Fluss, der ständig fließt. Sie hat keinen Anfang und kein Ende. Sie fließt, fließt, fließt. Sie lässt sich nicht unterbrechen ... Sie trägt mich dahin, wohin ich getragen werden muss. Sie weiß, wohin es geht.« (Müller, 43) Wenn es nur so einfach wäre, dann wäre vieles leichter im Endspurt. Aber ›Altwerden ist nichts für Feiglinge‹ (Joachim Fuchsberger). »Nicht die Einsicht in die universale Vergänglichkeit, nicht einmal die Erfahrung des Todes anderer, sondern die Einwirkung dieser Ereignisse auf das immer latente Gewahrsein unseres eigenen Sterbenmüssens erzeugt die Angst. Angst ist Endlichkeit erfahren als die eigene Endlichkeit.« (Müller, 43)

Paulus hält dagegen: »Tod, wo ist dein Sieg?« (1. Kor 15,55) Im österlichen Zeitmaß ewiger Zeitrechnung lacht Paulus der Hölle ins Gesicht, zieht er dem Tod seinen giftigen Stachel, wenn mich die Angst überfällt. Glücklich, wer angesichts seiner Endlichkeit so viel Humor besitzt. »Wer in der Angst ist, ist ihr, insofern sie reine Angst ist, ohne Hilfe ausgeliefert. Die Hilflosigkeit im Zustand der Angst kann bei Tieren und Menschen gleichermaßen beobachtet werden. Sie drückt sich in einem Richtungsverlust aus oder in inadäquaten Reaktionen, in einem Fehlen der ›Intentionalität‹ (des Bezogenseins auf sinnvolle Inhalte der Erkenntnisse oder des Willens).« (ebd., 41) Das kenne ich, wenn mich die Angst überfallt, mich zu inadäquaten Reaktionen veranlasst, weil die Richtung verloren gegangen ist. Der gegenwärtige politische Diskurs scheint von ähnlich angstvoller Orientierungslosigkeit getrieben zu sein. Da hat es etwas Tröstliches, wenn Paulus mit dem Tod seine Scherze treibt, uns in Christus eine Richtung gewiesen ist, wir nicht wie in Panik geratene Tiere orientierungslos herumlaufen müssen.

Leider genügen wenige negative Ereignisse, um unzählige gute mental auszulöschen. Schmerzhafte Geschehnisse prägen sich tiefer ein, weil »eine negative Erfahrung mit einem Menschen hunderte von positiven aufheben kann«. (Stahl, 58) Evolutionäre Gründe sind dafür verantwortlich. Angenehmes wird schnell zur Seite geschoben, wenn der Säbelzahntiger um die Ecke kommt. Unser Überlebenstrieb hat in Bruchteilen von Sekunden vom Glücks- in den Angstkreislauf umzuschalten. Die blitzschnelle Wahrnehmung lebensbedrohlicher Situationen sichert das Überleben. Deshalb prägen Fehler, Gefahren, Risiken und Irrtümer sich tiefer ein als Momente des Glücks und der Selbstvergessenheit. Tritt die Welt mir feindlich gegenüber, schalte ich auf Habachtstellung und Risikoabschätzung um. Da bin ich nicht mehr Herr meiner Sinne, sondern Marionette archaischer Muster, Tier unter Tieren, Mitgeschöpf unter Mitgeschöpfen. Vor Gericht müsste solches Verhalten, was zu Fehlverhalten führen kann, als verminderte Schuldfähigkeit anerkannt werden. Erst recht sollte das für Freundschaften und Partnerschaften als Entschuldigungsgrund gelten. Reale und vor allem irreale Zustände der Angst, der Fernsteuerung durch hoch energetische Muster aus Urzeiten sind auf Dauer ungesund. Jeder Daueralarm erschöpft, führt dazu, auf dem Meer unserer Sorgen und Ängste kein Land mehr zu sehen. Das Bedürfnis nach Ruhe und Entspannung, Sicherheit und Schutz nimmt ständig zu – ein Grund, warum Kuren, Rehakliniken und Arztpraxen überfüllt sind. Neben realen Ängsten sind die Angstfantasien vor dem, was sein könnte, die größten Energiefresser. Viktor. E. Frankl »trat dafür ein, dass Menschen ihre Ich-Ängste überwinden können, wenn sie ihr Handeln an höheren Werten ausrichten und somit Sinnvolles tun. Wenn wir einem höheren Sinn und Zweck dienen als unserem Selbstschutz, können wir über uns hinauswachsen.« (Müller, 43) Der Glaube an die

Auferstehung der Toten, an eine unzerstörbare Kraft in uns, ist ein ›höherer Wert‹. »Werte sind ein hervorragendes Anxiolytikum – so nennt man die Arznei, die gegen Ängste wirkt.« (Stahl, 170 f.) Wie die Poren unserer Haut offen sind, benötigen wir für Körper, Geist und Seele Offenheit für Gottes unendliche Energie und Verheißungen, die zu Herzen und unter die Haut gehen. Amen!

Amen – Trost und Vertrauen

Jesus nennt den Geist im Johannesevangelium »Paraklet«. Ein Paraklet (griech.: Herbeigerufener, Tröster) war ehemals ein Verteidiger in Rechtsfragen, in Situationen der Verletzlichkeit und Schwäche. Der Geist der Wahrheit verteidigt uns gegen unberechtigte Anschuldigungen und tröstet Verzweifelte. »Und ich will den Vater bitten und er wird euch einen anderen Tröster geben, dass er bei euch sei in Ewigkeit: den Geist der Wahrheit, den die Welt nicht empfangen kann, denn sie sieht ihn nicht und kennt ihn nicht.« (Joh 14,16 f.) Jesus wusste, dass die Jünger Ablehnung erfahren werden. Seine Botschaft polarisierte, war ein Angriff auf die Besitzstände der Besitzstandswahrer. Seine Seligpreisungen passten nicht ins Schema der Welt. »Wenn aber der Tröster kommen wird, den ich euch senden werde vom Vater, der Geist der Wahrheit, der vom Vater ausgeht, der wird Zeugnis geben von mir.« (Joh14,26) Im Zeugenstand ihres Glaubens, als der Wind ihnen ins Gesicht blies, ließ der Auferstandene seine Leute nicht im Regen stehen. Er spannte einen Schirm des Trostes und der Zuversicht über sie auf. Gottes Geist will in kritischen Zeiten unser Advokat im guten Kampf des Glaubens sein, will trösten in Zeiten, die immer trostloser erscheinen. Für das Kommen des Parakleten wurde Jesu Himmelfahrt zur notwendigen Voraussetzung. »Daran erkennen wir, dass wir in ihm bleiben und er in uns, dass er uns von seinem Geist gegeben hat.« (1. Joh 4,13)

Das Wort »Amen« fand aus dem Hebräischen in unsere Sprache Eingang. Es bedeutet: So sei es! Am Ende aller Bitten und Bekenntnisse steht das Amen – so-soll-es-sein, so-soll-es-werden; im besten Falle: So-soll-es-bleiben. Solange himmlische Verheißungen nicht erfüllt sind, steht ihr Wahrheitsgehalt aus. In der

Zukunft liegt, was wir noch nicht sehen. Die Schöpfung, die nach Erlösung seufzt, wartet auf das ›neue Jerusalem‹ – auf eine Zeit, in der kein Leid, Geschrei und Tod mehr sein werden (vgl. Offb 21,1-6). »Wenn aber der Geist aus der Höhe über uns ausgegossen wird, dann wird die Wüste zum Garten und der Garten wird zu einem Wald. Dann weilt in der Wüste das Recht und im Gartenland wohnt die Gerechtigkeit. Die Gerechtigkeit schafft Frieden, die Frucht des Rechts ist ewige Sicherheit.« (Jes 32,15-17) Öffnen der neue Himmel und die neue Erde ihre Türen, werden die Advokaten arbeitslos sein! Gott wird dann selbst alles richten: zurechtrichten! Dann heißt es rheinländisch: Et kütt, wie et kütt – und et hätt noch emmer jot jejange. »Der Geist und die Braut aber sagen: Komm! Wer es hört, soll sprechen: Komm! Wer Durst hat, der komme! Wer will, empfange das Wasser des Lebens umsonst.« (Offb 21,17)

»An solchen Resonanzpunkten, an denen ›Vergangenheit, Gegenwart und Zukunft (...) in eins geschlungen‹ erscheinen ... ist es gerade die Differenzerfahrung, die Resonanz ermöglicht, weil sie das Subjekt mit einer Existenzmöglichkeit in Verbindung bringt, die nicht die seine, aber dennoch mit ihm verwandt und gleichsam durch einen ›historischen Resonanzdraht‹ mit ihm verbunden ist.« (Rosa, 505) Der Tübinger Judaist Reinhold Mayer lehrte mich im Studium ein jüdisches Zeitverständnis, welches er »Ver-Gegen-Kunft« nannte: Jeder Moment der Geschichte Gottes mit seinem Volk versammelt sich in der Gegenwart, in der die Geschehen der Vergangenheit und das Verheißene der Zukunft hineinwirken. Jedem ›Nu‹ wohnt die Wirkungsgeschichte der Vergangenheit, die Verheißungsgeschichte der Zukunft inne. Gottes Geist verwebt das Damals, das Heute und das Morgen in jedem Moment miteinander. Alles, was war, ist und sein wird, ist in allem verbunden. Wie die Zeit in unauflösbaren Verbindungen steht, stehen auch unsere Vorausgegangenen in lebendiger Beziehung mit allen Zeiten, unsere »verlierbaren Lebenden und unverlierbaren Toten« (Hilde Domin). So wohnt in jedem Amen die »Ver-Gegen-Kunft«. So war es! So ist es! So wird es sein!

IV.
Begeisterung

»Es gibt eine Begeisterung, die uns reicher macht als alles Besitzbare. Ekstase ist ein Ausdruck der äußersten Freiheit von den Determinanten des Lebens.« (Sölle, 47) Schon Sokrates wusste um die kosmische Seite der Ekstase, die er als ›gottgewirkten Wahnsinn‹ bezeichnete. Mystische Ekstase weiß um die Begrenztheit unseres Geistes. »Dass ich blind war, weiß ich erst im neuen Sehen; dass ich in einem Gefängnis hockte, wird erst klar, wenn seine Tür sich öffnet. Nicht das Selbst wird überstiegen und verlassen, wohl aber das erstarrte, im Gefängnis eingeschlafene Ich.« (Sölle, 49) Die Kraft, die solche Befreiungsakte ermöglicht, nennt die christliche Tradition Heiliger Geist. Ich nenne sie immer öfter ›Trotz-dem-Kraft‹. »Die Erfahrung des Geistes ist nie ohne die Erinnerung Christi und nie ohne die Erwartung seiner Zukunft. Im Einklang dieser Erwartung mit dieser Erinnerung aber gewinnt die Erfahrung des Geistes eine so eigene und durch nichts anderes zu ersetzende Würde, dass sie mit Recht Gotteserfahrung genannt wird ... Lebenserfahrungen können aber auch so intensiv werden, dass Erinnerungen und Erwartungen vergessen werden und reine Gegenwart da ist. Wir sprechen dann von Ekstasen des Lebens.« (Moltmann, 31)

Die Alltagssprache sagt dazu: ›aus dem Häuschen sein‹. In Zeiten der ›Neuen Deutschen Welle‹ sang Tom Schilling: »Völlig losgelöst, schwebt das Raumschiff von der Erde, völlig schwerelos.« Ob als Gottes- oder Lebenserfahrung, in sakralen wie profanen Zusammenhängen, die Erlebnisse des ›Außer-sich-Seins‹ erweitern unsere Horizonte, lassen anders auf die Welt und unser Leben blicken. Wir können ›in‹ wie ›außer uns‹ sein. Menschen mit Nahtoderfahrungen berichten, sie seien ›außer sich‹ gewesen, betrachteten ›von oben‹, beobachteten, was sich unten abspielte. Mitten im Leben geschehen außer- und innergewöhnliche Erfahrungen. Glücksmomente ereignen sich, die bitten lassen: »Verweile doch, du bist so schön.« (Goethe, Faust) In der Ekstase werden Grenzen fließend, verschwimmen Lebens- und Gotteserfahrungen, haben Gefühle freien Lauf: Sei außer dir! Sei in dir! Habe dich nicht im Griff! Genieße die Momente der Unordnung, des Ungewohnten, ohne Schere im Kopf! Wer außer sich ist, kommt Gott näher. Wer nicht ganz bei sich ist, ist eher bei anderen. Wer ganz in sich ist, ist seinem Herzen ganz nah.

Die Menschheitsgeschichte kennt das In-Beziehung-Treten mit außer- und innergewöhnlichen Seiten des Lebens in Riten, Tänzen und Feiern. In der Ekstase, im Außer-sich-Sein und im Enthusiasmus (griech.: einen Gott in sich haben) bekommt der Mensch es mit Gottes Geist in seinen Außen- und Innenwelten zu tun. Im Enthusiasmus, dem Zustand vollkommener Begeisterung, hat die Freude das Sagen. Sorgen und Ängste verflüchtigen sich, machen den Weg frei für die Leichtigkeit des Seins. Nicht die alltäglichen, sondern die außergewöhnlichen Zustände sind das Salz in der Suppe. Mit dem Verschwinden religiöser Riten und Feiern ist die Sehnsucht nach außergewöhnlichen, spirituellen Erfahrungen nicht geringer geworden. Manche Suche ist allerdings zur Sucht nach Kicks und Klicks verkommen. In einer materialistischen Welt fällt es schwer, sich zu spüren, spirituelle Erfahrungen zu machen, Zugänge zu einem Gott ›in‹ und ›außer sich‹ zu finden. Stattdessen boomen Geschäfte, die verheißen, eine sehn*süchtige* Kundschaft mit außergewöhnlichen (Ersatz-)Angeboten zufriedenzustellen.

Ekstatisches Erleben kann religiöse Gefühle von Verehrung, Ehrfurcht und Anbetung auslösen. Der Dominikanermönch Simon Tugwell meint: »Das Wirken des Heiligen Geistes muss nicht immer mit unseren Vorstellungen von Wohlanständigkeit übereinstimmen. Wenn er unserer Seele eine Grundreinigung verpasst, kommen meistens Dinge ans Tageslicht, die definitiv nicht appetitlich sind!« (zit. n. Tomlin, 84) Symptome des Ergriffenseins zeigen sich im Weinen, einem Zu-Tränen-gerührt-Sein. Da kommt etwas in Fluss, was vielleicht jahrelang unter Verschluss gehalten wurde. Solche Momente geschehen im Zustand des Enthusiasmus und der Ekstase. Sie sind außergewöhnlich und manchmal mühsam, weil es Mühe machen kann, nicht ganz bei sich zu sein. Auch Weinen kann Kraft kosten. Wie eine Geburt mühsam ist, ist das Zur-Welt-Kommen des Himmels auf Erden kein Katzensprung. Ein Kind stirbt kleine Tode im Geburtskanal, bis es die neue Welt erblickt. Kein Wunder, dass Gefühle verrücktspielen, wenn wir im Tiefsten berührt sind, wenn etwas Neues sich Bahn bricht – dann geschieht, was mich ›unbedingt angeht‹ (Paul Tillich).

Dieses Phänomen erlebte ich beim Gottesdienstbesuch in der Zweiten Baptist Gospel Church in Harlem (New York). Im Gottesdienst brach eine Frau unvermittelt in Tränen aus. Umstehende Glaubensgeschwister setzten sich zu ihr, fingen an, für sie zu beten, nahmen am Gottesdienstgeschehen weiter teil, als wäre ihr Weinkrampf nichts Besonderes. Was wohltemperierte Mitteleuropäer den Rettungswagen hätte rufen lassen, wurde hier in geschwisterlicher Gelassenheit begleitet. In dieser Community war es Alltag am Sonntag, dass spirituelle Erfahrungen unkontrollierbare Gefühle hervorrufen. Mir widerfahren solche Momente an stilleren Orten wie im Kloster von Taizé. Dort gehe ich regelmäßig ins Schweigen. Die Stille macht meine Seele poröser, das Nervenkostüm dünner, macht das Ich empfänglicher für die Schwingungen der Innen- und Außenwelten. Ekstatische wie enthusiastische Erfahrungen knacken unsere harte Alltags-Schale, legen den weichen Kern der Seele frei. Da stürzt schon mal die Staumauer der Rationalität ein; da steigen aus Untiefen der Seele Freudentränen, Tränen der Trauer und des Schmerzes auf. Nicht nur in Partnerschaften kennen manche das Phänomen, vor starken Gefühlen wegzulaufen. Tiefes Empfinden kann Angst machen. Es verlangt alles ab, fordert einen hohen Preis. Du kannst nicht ein bisschen schwanger oder ein wenig verliebt oder Gott etwas nahe sein. Wer zentralste Wünsche erfüllt bekommen möchte, muss ›all in‹ gehen. Wer spüren will, was im Innersten bewegt, wird die Wüstenzonen oberflächlichen Zeitvertreibs verlassen. Es gibt die seltenen Momente, in denen alles auf dem Spiel steht. Im Basketball heißt das »Do-or-die-Spiel« (Mach's-oder-stirb-Spiel). Du kannst nur gewinnen oder verlieren, es machen, wagen oder sterben.

Wenden wir uns jetzt der Schaffenskraft von Künstlern zu, die eine Ahnung von ›den Dingen‹ der anderen Welt in sich tragen. In Klaus Modicks Roman ›Konzert ohne Dichter‹ über die Worpsweder Künstlergruppe lesen wir: »Liebe, Leidenschaft und Lust, Erotik und Geschlechtlichkeit ... haben allerdings eine Menge mit Intuition und künstlerischer Produktivität zu tun ... Denn in der Inspiration, diesem Kitzel, der dem Gelingen, der Erfüllung vorausgeht, kommt man zwar zu sich selbst, spürt jedoch, dass es nicht nur aus eigenem Vermögen geschieht. Eine fremde, rätselhafte Kraft mischt sich ein, lenkt die Blicke, führt die Hand, malt mit.« (Modick, 96) Die Scharnierstelle zwischen Geschöpf und Schöpfer kennt die unverfügbare Kraft von Liebe und Erotik, Intuition und Produktivität. Der Kitzel, der dem Gelingen vorausgeht, der Funke der Begeisterung, der überspringt, lässt alles zu einem einzigen Energiebündel verschmelzen. Da bekommt es der Mensch nicht nur mit sich selbst zu tun. Da mischt sich anderes mit ein, da wirken Ideen und Energien, die außerhalb unserer selbst liegen: beim Anrichten der Farben, beim Setzen der Striche, beim Suchen von Worten. Dieses Geschehen geht dem Gelingen, der Erfüllung voraus. Der Künstler kommt in solch energiegeladenem Zustand »zwar zu sich selbst, spürt jedoch, dass es nicht nur aus eigenem Vermögen geschieht« (Modick 96). Das ist das Bekenntnis zu einer Kraft ›extra nos‹, einer externen Schaffenskraft, die ins Geschehen strömt. Der Mensch ist nicht Kreator aller Dinge, eher Medium, irdenes Gefäß für himmlisches Feuer, medium-passives Wesen, inspiriertes Geschöpf und inspirierter Schöpfer. In romantisch-religiöser Sprache heißt es: »Eine fremde, rätselhafte Kraft mischt sich ein, lenkt die Blicke, führt die Hand, malt mit.« (ebd.)

Gönnen wir uns einen Abstecher zur Musik. »Musik scheint so etwas wie das universelle Bindemittel für das spätmoderne Weltverhältnis geworden zu sein ... Die Hörer brauchen *die Stimme,* sie brauchen nicht den Text, sie brauchen die Stimme.« (Rosa, 112 f.) Im Getöse der Welt brauchen wir ›die Stimme‹. Vor jeder instrumentalen Musik, vor jedem Wort vermag die menschliche Stimme uns in einzigartige Stimmungen zu versetzen. Das lässt sich auch erleben, wenn ein Prediger sein Manuskript zur Seite legt und die Gemeinde frei, direkt, spontan anspricht. Da gehen Köpfe hoch, wenden Blicke sich ihm zu, entsteht intensive Aufmerksamkeit. Erklingt in kirchlichen Trauungen ein ›Ave Maria‹, trifft solcher Gesang die Gemüter tiefer als die beste Ansprache. Nichts versetzt mehr in Rührung, berührt tiefer als die Stimme, die durchs Ohr mitten ins Herz geht. Schallwellen des menschlichen Gesangs rühren unseren Seelengrund auf, sind Schwingungen, in denen der Himmel engelgleich unser Gemüt berührt.

Ich kenne sie gut, die enthusiastischen, begeisternden Erlebnisse, die unter die Haut gehen, das Herz höher springen, das Leben außergewöhnlich schön finden lassen. »Dabei ist das Erleben von Zeitlosigkeit oft ein typisches Kennzeichen dieser Erfahrungen. Man spürt den Hauch der Ewigkeit. Oder man spürt gar nichts mehr und gerade das, diese eigentliche Nicht-Erfahrung, macht die Ewigkeits-›Erfahrung‹ aus. So wird die höchste Form außergewöhnlicher spiritueller Erfahrungen – Atman – durch eine Dimension von Bewusstsein beschrieben, bei der man so total in der höchsten Macht aufgeht, dass in der Wahrnehmung nichts anderes mehr existiert. Mit diesem Zustand geht vollkommene Ekstase einher, die wie auf mysteriöse Weise ohne jede Emotion ist.« (Müller, 27 f.) Ob es ohne jede Emotion abläuft, bezweifle ich. Gemeint ist eine tiefe Ruhe, Entspannung und Zufriedenheit, in der nichts mehr ist, was beunruhigt, besorgt, was gesagt werden muss. Es gibt diese Erfahrungen, Unterbrechungen des Alltags, den Kairos – alles Hinweisschilder auf eine andere Welt.

Göttliche Momente – Kairos

Hat dich das Leben weichgeklopft, ist der Lack ab, klopft die Endlichkeit an, dann kann Überheblichkeit sich in Demut verwandeln, eine schreckliche Diagnose dein abgehobenes Leben erden. Dann ticken Uhren anders, angesichts der Zeit, die noch bleibt. Manchmal führt eine Krise zu neuem Glück, führen Tiefpunkte auf neue Hochebenen. Wenn die Welt voller Teufel ist, alles tobt und lärmt, gibt es Spielräume, Rückzugsorte, Momente des Frohsinns in allem Schweren. »Freude ist der emotionale Ausdruck des Ja zum eigenen wahren Wesen.« (Tillich, Mut zum Sein, 20) Der Geist schlägt Purzelbäume der Freude, wo Gottes bedingungsloses Ja zum Zuge kommt. Da tauchen Gefühle scheinbar widersinniger Zuversicht auf, da keimt Hoffnung auf, allem zum Trotz, da macht das Gerücht die Runde, alles könne gut ausgehen. Da siegt das Gottvertrauen über die Furcht, das Gefühl himmlischer Geborgenheit über die Trauer irdischer Heimatlosigkeit. Da kommt unser Bedürfnis nach Wertschätzung zu Ruhe, weil ich mich von einem in Unsichtbarkeit verhüllten Gott gesehen weiß. Wie beim Kind an der Brust der Mutter kehrt mystische Zufriedenheit ein, erhabene Stille, ein Gestillt-Werden, das die Welt nicht geben kann. Bis zum Sterbebett heißt es: sich Gott hinhalten, unter seiner Sonne wandeln, reifen, wachsen, erwachsen werden. Bis ins hohe Alter, jeden Moment, sind wir berührbare, veränderungsbereite, bedürftige Kinder Gottes.

Die bildhafte Darstellung des »Kairos« in der Antike verkörperte eine in der Kultstätte des Zeus und der Hera in Olympia aufgestellte Bronzestatue. Als Kairos abgebildet sieht der Betrachter: »Ein junger Mann, der nackt auf den Zehenspitzen dahinläuft; an den Füßen hat er Flügel, in der Hand trägt er ein spitzes Messer, eine Haarlocke fällt ihm in die Stirn, am Hinterkopf ist er kahl … Hierzu existiert als Dialog des Beschauers … folgendes Epigramm (v. Poseidippos aus Pella): ›Wer bist du?‹ – ›Ich bin K., der alles bewegt!‹ – ›Warum läufst du auf Zehenspitzen?‹ – ›Ich, der K., laufe unablässig.‹ – ›Warum hast du Flügel am Fuß?‹ – ›Ich fliege wie der Wind.‹ – ›Warum trägst du in deiner Hand ein spitzes Messer?‹ – ›Um die Menschen daran zu erinnern, dass ich spitzer bin als die Spitze?‹ – ›Warum fällt dir eine Haarlocke in die Stirn?‹ – ›Damit mich ergreifen kann, wer mir begegnet.‹ – ›Warum bist du am Hinterkopf kahl?‹ – ›Wenn ich mit fliegendem Fuß erst einmal vorbeigeglitten bin, wird mich keiner v. hinten erwischen, sosehr er sich auch müht.‹ – ›Und wozu schuf dich der Künstler?‹ – ›Euch Wanderern z. Belehrung.‹ – Hiervon stammt das ›geflügelte Wort‹: ›Die Gelegenheit beim Schopf packen.‹« (Gründel, 1130)

Was ich als ›göttlichen Moment‹ bezeichne, nannte die Antike ›kairos‹. Im Gegensatz zur Rede von »chronos« (griech.: Zeit) als einer quantitativen zeitlichen Maßgröße bezieht sich der ›Kairos‹ auf eine bestimmte Zeit, eine besondere Gelegenheit, einen erfüllten Zeitpunkt. Im Markusevangelium sagt Jesus: »Die Zeit ist erfüllt und das Reich Gottes ist herbeigekommen.« (Mk 1,15) Jesu Kommen in die Welt wurde als erfüllter Zeitpunkt erlebt. Kenne ich das Gefühl erfüllter Zeit – kein Dahinplätschern, keine Zeitverschwendung, keine Toten mehr, die ihre Toten begraben? Alle Evangelisten waren sich einig: So, wie das mit Jesus war, so muss sich das wahre Leben anfühlen. Dieser Messias mit seiner Geistkraft versprühte so viel heilsame Energie und segensreiche Ausstrahlung. Das weckte Glauben, obwohl es unglaublich war.

Im antiken Verständnis war erfüllte Zeit der rechte Zeitpunkt für sittlich wahres Handeln. Es ist nie leicht, den richtigen Zeitpunkt beim Schopfe zu packen, besonders nicht, wenn man ständig in Eile ist. Haben wir ihn verpasst, bekommen wir ihn nie mehr zu fassen. ›Göttliche Momente‹ lüften das Geheimnis, wie der Himmlische sich irdisches Miteinander wünscht: »Das Göttliche ist immer der richtige Einfall, der wunderbare Dinge möglich macht. Da bekommt das Leben sein inneres Feuer und der Mensch beginnt zu leuchten.« (Schleske, 322) Wir sind das Licht der Welt (s. Joh 8,12). Stellen wir unsere Potenziale nicht unter den Scheffel! »Man kann an der Ausstrahlung eines Menschen wahrnehmen, aus welcher Quelle er lebt und arbeitet.« (Grün, 80) Von einem, dessen Leben sich radikal änderte, als der Himmel in sein Leben einschlug, erzählt die Bekehrungsgeschichte des Paulus (vgl. Apg 9,1-19). Für Paulus wurde ein göttlicher Moment zur Gewissheit, dass Gottes Gnade ihn auf den festen Grund der Selbstbejahung stellte. Seine Seele wurde frei vom Selbsthass. Die warme Kraft des Himmels floss durch seine Adern, ließ durch ihn andere an Gottes Gnade Anteil nehmen.

Der Fall der Berliner Mauer war ein Kairos der besonderen Art. Bei Gottesdiensten und anschließenden Demonstrationen ergriffen Mutige – mit Kerzen ›bewaffnet‹ – das Wort zur rechten Zeit. Der Ruf »Wir sind das Volk!« ließ ›Mauern‹ einstürzen, warf korrupte Eliten vom Thron. Die Freiheitserfahrung entstand in einem Zusammentreffen mutiger Menschen mit befreienden, zur rechten Zeit gesprochenen Worten in Verbindung mit dem Kairos, dem, was in der ›Luft‹ lag. Da setzten äußere Worte innere Energien frei. »Wir nennen diese Freisetzung das testimonium Spiritus Sancti internum: Das Wort wirkt in uns, was es uns zusagt. Es geht uns ›durch das Herz‹ (Apg 2,37), und wir ›bewegen es in unserem Herzen‹ wie Maria (Lk 2,19). Das Wort ›geschieht‹ ... In der erfahrenen Wirklichkeit unseres Lebens wirken beide zusammen und erweisen sich als eins: der Geist Christi und der Geist Gottes, das Wort und der Kairos, die inneren Kräfte und die äußeren Möglichkeiten.« (Moltmann, 115)

Wunibald Müller kippt Wasser in diesen Wein: »Ich kenne auch das Verlangen nach Gipfelerfahrungen, nach Erfahrungen, die sich vom Alltäglichen unterscheiden. Zugleich registriere ich bei mir aber auch Vorbehalte gegenüber ganz außergewöhnlichen Erfahrungen, die ich in die Nähe des Erlebens von Menschen mache, die unter Einfluss von Drogen stehen. Ich kann für mich damit wenig anfangen, vielleicht auch, weil ich solches selbst noch nicht erlebt habe. Ein anderer Grund mag aber auch sein, dass ich meine, solche Erfahrungen führen in der Regel von der Wirklichkeit weg und sind nicht in der Lage, mich wirklich zu nähren, mir wirklich anhaltend etwas zu geben.« (Müller, 9 f.) Solch ein Einspruch hilft. Zwischen Himmel und Erde ist im Bereich der Begeisterung und Geisterfahrungen das Eis sehr dünn. Manchmal werden wir da die Geister, die wir riefen, nicht mehr los. Trotzdem gibt es sie, die uns berührenden, bewegenden Momente. Martin Buber schreibt: »In der Ekstase rückt alles Vergangene und alles Zukünftige zur Gegenwart zusammen. Die Zeit verschrumpft, die Linie zwischen den Ewigkeiten verschwindet, einzig der Augenblick lebt, und der Augenblick ist die Ewigkeit. In seinem unzersplitterten Licht erscheint alles, was war und was sein wird, einfach und gesammelt. Es ist da, wie ein Herzschlag da ist, und wird vernehmbar wie er.« (Buber, Werke III, 23)

Gaben des Geistes – Charismen

»Leben ist überall begabt. Es gibt kein unbegabtes Leben. Es gibt nur die soziale Unterbewertung bestimmter Gaben und die Bevorzugung anderer.« (Moltmann, 194) Die Frage nach den Charismen, den vom Geist geschenkten Gaben, verband sich in den ersten Christengemeinden mit der Suche nach einer Balance zwischen Einheit und Vielfalt, Individualität und Kollektiv, Unter- und Überordnung. Für Paulus waren Charismen vor allem Gaben, die der Gemeinschaft dienen. Eine Gemeinde wurde durch die Charismen der Gemeindeglieder zum Offenbarungsort des Geistes. Die Akzeptanz der jeweiligen Charismen bildete die Voraussetzung für ihr geistreiches Miteinander. Weil jeder und jede einzigartige Begabungen in sich trug, war das Gemeindeleben vielfältig. In Korinth ging es für Paulus nach seiner dortigen Gemeindegründung etwas zu bunt zur Sache. Mit zwei Briefen versuchte er aus der Ferne, Ordnung ins Chaos zu bringen. Im enthusiastischen Frühling dieser multikulturellen Truppe hatte sein Image gelitten. Lokale Gemeindeleiter hielten sich für die charismatischeren Führer. In der Gemeinde galt Paulus nicht als prickelnd genug. Er war kein mitreißender Prediger. Das wusste er. Das Charisma der Prophetie und der Heilkraft war auch nicht seins. Paulus sah: Bei aller Begeisterung untereinander war der Zusammenhalt, die Einheit in Christus entscheidend. Seine Devise lautete: »Es gibt vielerlei Gaben, aber nur einen Geist.« (1. Kor, 12,4)

Ein Blick in die vier Evangelien zeigt: Deren Botschaft hebt die Wundertätigkeit Jesu als Charisma hervor. Nicht jedem passte das. »Und als Jesus aus Jericho wegging, er und seine Jünger und eine große Menge, da saß ein blinder Bettler am Wege, Bartimäus, der Sohn des Timäus. Und als er hörte, dass es Jesus von

Nazareth war, fing er an zu schreien und zu sagen: Jesus, du Sohn Davids, erbarme dich meiner! Und viele fuhren ihn an, er solle stillschweigen.« (Mk 10,46-48) Jesus tat Menschen gut. »Am Abend aber, als die Sonne untergegangen war, brachten sie zu ihm alle Kranken und Besessenen. Und die ganze Stadt war versammelt vor der Tür. Und er half vielen Kranken, die mit mancherlei Gebrechen beladen waren, und trieb viele böse Geister aus.« (Mk 1,32-34) Früh schied Jesus Geister, jagte er destruktive Kräfte vom Hof. Seine Wunderheilungen nannte der Pietist Christoph Blumhardt ›Reichswunder‹. Sie waren offensichtlichster Ausdruck der Reich-Gottes-Botschaft Jesu. Er praktizierte unterschiedlichste Formen der Heilung. Sein Tun war frei von Magie und Zauberformeln. Er trug kein dickes Zauberbuch mit Geheimwissen unter den Achseln. Gewisse Attribute waren meist erkennbar. Vor der Heilung sprach er ein Gebet. Kranken legte er seine Hände auf. Er begleitete sein Tun mit kurzen Worten, einer Frage, einer Berührung. Der Glaube der oder des ihn Bittenden spielte die Hauptrolle. Doch auch Nicht-Juden hatten bei Jesus eine Chance auf Heilung.

Er war für heutige Verhältnisse ein ganzheitlicher Therapeut. Seine Praxis lebte von Zuwendung, Gottvertrauen, dem Zutrauen der Kranken zu ihrem Arzt, dem Umkehrruf, der Einladung in die Gemeinschaft der Reich-Gottes-Durstigen. Jesus ging es nicht um die Wiederherstellung alter Zustände, die Heilung erkrankter Körperteile. Er nahm die Menschen mit ihren Eigenheiten, Lebensgeschichten, Sehnsüchten in den Blick. Uralte Verheißungen gingen bei ihm in Erfüllung. Der Gründer von Taizé, Frère Roger, war überzeugt: »Es genügt nicht, mit einem Menschen nur das zu teilen, was sein Inneres unfrei macht. Man muss auch die besondere Gabe herausfinden, die Gott ihm gegeben hat, den Grundpfeiler seiner ganzen Existenz. Hat man diese Gabe oder diese Gaben einmal ganz ans Licht gebracht, dann stehen alle Wege offen.« (zit. n. Feldmann, 48) Als die Rede der Ressourcenorientierung noch in den Kinderschuhen steckte, verstand es dieser Charismatiker, Menschen Mut zu machen, den ihnen innewohnenden Gaben zu vertrauen.

Was braucht es, um den Charismen Einzelner und der Lebendigkeit einer Gemeinschaft ein gemeinsames Miteinander zu geben? Warum sind Praxen von Therapeuten, Heilpraktikern und Homöopathen überfüllt, während Pfarrämter als Orte heilsamer Seelsorge im Dornröschenschlaf liegen? Warum pilgern Menschen nach Lourdes, Indien oder Santiago, wo das Gute so nah sein könnte?

»Charis (Gnade) heißt auch ›Anmut des Schönen‹. Was ohne Gnade ist, hat in unserer Welt stets etwas Angriffiges, etwas Harsches und Unterwerfendes ... Wo aber die schechina [Gegenwart Gottes in der Welt] wirksam wird, da nehmen wir Anteil an Gottes Wesen ... Gottes *Wesen* ist unantastbar, Gottes *Anwesenheit* aber ist in die Hände unseres Glaubens gelegt.« (Schleske, 217) Menschen, die aus ihren Begabungen schöpfen, umweht ein Glanz, eine zarte Schönheit, charismatische Ausstrahlung. Ihnen lässt sich ansehen, ob sie mit sich und ihrem Leben im Lot sind. Geistbegabte durchströmt eine Energie, die anziehend ist.

In Anlehnung an Jes 11,2 hat sich in kirchlicher Tradition die Rede von den *sieben Gaben des Heiligen Geistes* etabliert. Sieben galt als Zahl der Vollkommenheit, als heilige Zahl. Prägend für die Siebenzahl von Charismen ist deren Nennung bei Paulus geworden (vgl. 1. Kor 12,4-11).

Gabe der Weisheit

Die *Gabe der Weisheit* ist weit mehr als Wissen. Alles Wissen spricht das Bedürfnis nach Rationalität an. Weisheit geht wesentlich tiefer, sieht anders, spricht zum Herzen. »Der Mensch sieht, was vor Augen ist; der Herr aber sieht das Herz an.« (1. Sam 16,7) König Salomo wurde zum Inbegriff der Weisheit. Unsere Redeweise spricht vom salomonischen Urteil: »Gott gab Salomo sehr große Weisheit.« (1. Kön 5,9) Die Weisheit hat ein weites Herz, einen offenen Blick. Ihr geht es um mehr als ums Einhalten von Recht und Ordnung. In der Ethik strebt sie moderate Lösungen an: »Der Mund des Gerechten redet Weisheit.« (Ps 37,30) Im Buch der Sprüche gilt Gott als Garant der Weisheit: »Der Herr gibt Weisheit.« (Spr 2,2) – und: »Weisheit wird in dein Herz eingehen.« (Spr 2,10) Gottes Weisheit hat ihren natürlichen Ort im Herzen. Sie kennt das rechte Maß, sorgt dafür, dass nicht mit zweierlei Maß gemessen wird. Die Weisheit versucht, Konflikte im Sinne der Menschlichkeit zu lösen. Sie geht eher pragmatisch als programmatisch vor. Weise Geister strahlen Gelassenheit, eine in sich ruhende Heiterkeit aus. Nichts wird bei ihr so heiß gegessen, wie es gekocht wird. Weise sind gute Ratgeber, die das Mögliche vom Unmöglichen unterscheiden können und Extreme vermeiden. Demütig fügt sich die Weisheit den Dingen, die sie nicht ändern kann. Sie trägt eine erstaunliche Widerstandskraft in sich, bleibt dem treu, wovon sie überzeugt ist. »Weisheit ist bei den Demütigen.« (Spr 11,2) Als Altersweisheit weiß sie ihre Lebenserfahrungen sinnvoll für sich und andere zu nutzen. Sie verfügt über einen gesunden Abstand zu Erregtheit und Hysterie. »Weisheit erwerben ist besser als Gold.« (Spr 16,16)

Gabe des Verstandes

Die *Gabe des Verstandes* ermöglicht z.B. tiefere Einsichten in das Weltgeschehen. Bei Verstand zu sein ist ein Gottesgeschenk. Der Verstand hilft, die Wirklichkeit zu sehen, wie sie ist, und ihre Zusammenhänge zu durchschauen. Der Verstand macht sich ein Gesamtbild von der Lage jenseits pedantischer Detailfülle. Der Einsichtige stellt Sinnzusammenhänge her, entdeckt im Kleinen Großes, im Makrokosmos den Mikrokosmos, im Misslungenen das eigentlich Ursprüngliche. Verstehende stellen Verbindungen her, während anderen die Dinge zusammenhangslos erscheinen. Verständige Menschen verfügen über eine verständliche Sprache, wissen, was die Welt zusammenhält. Weisheit und Verstand, Glaube und Vernunft schließen einander nicht aus: »Und der Herr hat ihn erfüllt mit Weisheit und Verstand.« (2. Mose 31,3) »Gott gab Salomo Weisheit und Verstand.« (1. Kön 5,9) Gott ist Charismen-Geber: »Dem Menschen, der ihm gefällt, gibt er Verstand.« (Pred 2,26) Im Messias hat sich beides erfüllt: »Auf ihm wird ruhen der Geist des Herrn, der Geist der Weisheit und des Verstandes.« (Jes 11,2) Für Jesaja ist er ein guter Kompass: »Die irren, werden Verstand annehmen.« (Jes 29,24) – oder: »Und weise ihm den Weg des Verstandes.« (Jes 40,14) Das Leben ist oft mühsam, wo »kein Verstand da ist« (Jes 44,19). Das Buch Jesus Sirach sagt von Gott: »Er gab ihnen Verstand zum Denken.« (Sir 17,5)

Gabe des Rates

Die *Gabe des Rates* behält in komplexen Zusammenhängen den Überblick. Sie findet den roten Faden in unübersichtlichem Gelände. In verwirrender Lage behält sie das Ganze im Blick. Sie achtet darauf, was ratsam, nicht nur vernünftig ist. Gute Ratgeber warnen vor Gefahrenstellen und Risiken. Sie beherrschen die Kunst der Abwägung zwischen Verstand und Herz. Nicht um eigener Interessen, sondern um der Sache und des Gemeinsinns willen geben sie Rat. Das macht ihre Meinung unabhängig und wertvoll. Gute Ratgeber verteilen keine Rat-*Schläge,* sondern geben lebensdienliche Hinweise, die Sinn machen. Ihr Rat schlägt nur eines: Schneisen durch unübersichtliches Gelände. Sie sind keine Wahrsager, vielmehr Wegweiser, die ein Gespür haben, wo es langgehen könnte. Ihre Herzen sind frei von Neid. Die Gabe des Rates vermutet in seinem Gegenüber gute Ideen und eigenständige Lösungen. Sie ist nicht selbstbezogen, sondern freut sich über Anregungen und andere Meinungen. Gute Ratgeber bauen ihr Haus auf Stein, nicht auf Sand. Sie vertrauen nicht nur ihrem Urteilsvermögen, sondern sind diskursfähig, suchen den Austausch mit anderen Argumenten. Ein Ratgeber hört gut zu, um aus dem Chor vielstimmiger Meinungen passende Lösungen herauszuhören. Ratgeber sind keine Hellseher. Sie wissen, dass guter Rat teuer ist, und sind selbst auf solchen angewiesen: »Ich habe Freude an deinen Mahnungen; sie sind meine Ratgeber.« (Ps 119, 24) Kluge Ratgeber schätzen Gottes Weisungen: »Er hat uns selig gemacht und berufen mit einem heiligen Ruf, nicht nach unseren Werken, sondern nach seinem Ratschluss.« (2. Tim 1,9) Der beste Ratgeber ist für sie immer noch Gottes Wort: »Du leitest mich nach deinem Rat.« (Ps 73,24)

Gabe der Stärke

Die *Gabe der Stärke* setzt einen Realismus voraus, der Risiken, Widersprüche und Bedrohungen abschätzt. Sie gibt sich keinen Illusionen hin, sondern verfügt über die Fähigkeit, sich von Hindernissen und Widerständen, die sich in den Weg stellen, nicht entmutigen zu lassen. In der Gabe der Stärke steckt das Talent des Stehaufmännchens, die erstaunliche Kraft der Resilienz. Sie verhilft zu einer elastischen Anpassungs- und Standhaltekraft, die sich nicht unterkriegen lässt. Aus Niederlagen kann sie gestärkt hervorgehen. An Enttäuschungen reift sie, vermag aus Fehlern zu lernen. Nach einem klärenden Gewitter schätzt sie es, wenn frische Luft aufzieht, Klarheit einkehrt, Versöhnung geschieht. Der von Gott Gestärkte weiß, wem er seine Kraft verdankt: »Der Herr ist meine Stärke.« (2. Mose 15,2) Der wahrlich Starke verlässt sich nicht auf sich selbst: »Herzlich lieb habe ich dich, Herr, du meine Stärke.« (Ps 18,2)

Die Gabe der Stärke ist mutig und demütig zugleich. Tatkräftige Verantwortung und umsichtige Führungsstärke sind unerlässlich. Mose wünschte sich für Josua von seinem Gott Stärke, als er ihm den Staffelstab übergab, um Israel zurück ins gelobte Land zu führen: »Siehe, ich habe dir geboten, dass du getrost und unverzagt seist. Lass dir nicht grauen und entsetz dich nicht, denn der Herr, dein Gott, ist mit dir in allem, was du tun wirst.« (Jos 1,9) Menschen, die ihre Stärke realistisch einschätzen, leiden nicht an Selbstüberschätzung. Schwäche zeigen ist für sie ein Zeichen der Stärke. Gott sprach zu Paulus: »Meine Kraft ist in den Schwachen mächtig.« (2. Kor 12,9) Im Messias ist diese Gabe erfüllt: »Auf ihm wird ruhen der Geist der Stärke.« (Jes 11,2)

Gabe der Erkenntnis

In einer Welt, in der die Wissenschaften das Kommando der Weltdeutung innehaben, ist die *Gabe der Erkenntnis* besonders gefragt. Unsere Wissensgesellschaft mit ihren vielfältigen Möglichkeiten hat zu einer entgrenzten Informationsgesellschaft geführt. Ein Menschheitsrätsel nach dem anderen wird gelöst. Der Gencode des Menschen ist geknackt. Das Recht auf Privatheit haben wir an globale Player abgetreten. Trotzdem bleibt das Naschen vom Baum der Erkenntnis ein Fluch. In der Welt der Wissenschaften hat scheinbar Gott als Arbeitshypothese ausgedient. Der Mensch glaubt einmal mehr, selbst Gott zu sein. Der ›Homo Deus‹ versucht, das Kommando über alles zu übernehmen. Wissen ist Macht.

Digitale Konzerne wissen und beherrschen viel. Umso mehr braucht es die Gabe der Erkenntnis, der Güterabwägung, um Risiken zu erkennen. Den Wissenschaften fehlt eine Ethik, die sich am Gemeinwohl und an Gottes Weisungen orientiert.

Die Gabe der Erkenntnis versteht Abläufe in der Natur. Sie kann helfen, lebensdienliche Rückschlüsse für ein Überleben auf Erden zu ziehen. Denn ihr geht es um Erkenntnisgewinne zum Wohle aller. Gespeist wird sie aus den Quellen des Wissens und der Erfahrung. Salomo betet: »Gib mir Weisheit und Erkenntnis.« (2. Chr 1,10) Gott ist ihr Lehrer und Zuchtmeister. »Der die Völker in Zucht hält, sollte der nicht Rechenschaft fordern – er, der die Menschen Erkenntnis lehrt?« (Ps 94,10) In Psalm 119,66 heißt es: »Lehre mich heilsame Einsicht und Erkenntnis.« Im Weisheitsbuch der Sprüche ist unser Erkennen an die Ehrfurcht vor Gott gebunden: »Die Furcht des Herrn ist der Anfang der Erkenntnis.« (Spr 1,7) Eine von Gott losgelöste Erkenntnis führt in die Irre und wird weiterhin die Rückkehr in paradiesische Verhältnisse verhindern.

Gabe der Frömmigkeit

Die *Gabe der Frömmigkeit* nährt die innere Haltung allen Tuns. Sie übt sich in der Kunst der Achtsamkeit und geistlichen Sammlung. Sie sorgt für ein ›spirituelles Gestimmtsein‹. Gelebte Frömmigkeit, verbunden mit einer glaubwürdigen Gottverbundenheit, spiegelt das ›Resonanzklima‹ einer Religion wider. Unterschiedliche Frömmigkeitsformen und Praktiken führen ins Wesentliche, Allerheiligste einer Religion: in Stille und Anbetung. Frömmigkeit ist keine Selbstverständlichkeit, sondern eine Gabe. Mit ihr Begabte erfahren das Glück mystischer, göttlicher, spiritueller Begegnungen intensiv. Bezogen auf Gott, den Jesus seinen Vater nannte, pflegt die Gabe der Frömmigkeit ein fast kindlich-familiäres Verhältnis. Die Grundstimmung der Frömmigkeit zeichnet sich durch eine gnädige und annehmende Haltung aus. Sie weiß sich im Leben und Sterben gehalten, wie es auch schon im Alten Testament bezeugt ist: »Und seine Frau sprach zu Hiob: Hältst du noch fest an deiner Frömmigkeit? Sage Gott ab und stirb.« (Hiob 2,9) Hiob wurde zum Inbegriff einer Frömmigkeit, die an Gott festhielt, trotz schwerster Nöte. Am Ende bekennt Hiob: »Ich hatte von dir nur vom Hörensagen vernommen, aber nun hat mein Auge dich gesehen. Darum spreche ich mich schuldig und tu Buße in Staub und Asche.« (Hiob 42,5 f.)

Gabe der Gottesfurcht

Die *Gabe der Gottesfurcht* sorgt sich, wie Hiob, um eine respektvolle Zugewandtheit zu seinem unsichtbaren Gegenüber. Gottesfurcht ist nichts, vor dem man sich fürchten muss; kein Euphemismus für Angsthasen. Der Gott der Bibel ist nicht fürchterlich. »Führt euer Leben in Gottesfurcht« (1. Petr 1,17) – das ist ein spiritueller Hinweis, wie gute Lebensführung im Angesicht Gottes gelingen kann. Die Zunahme an Gottesfurcht wurde auch als Qualitätskriterium für ein gesegnetes Alter angesehen: »Seine Gottesfurcht nahm noch zu, bis er starb.« (Tob 14,4) Wer Gott fürchtet, respektiert ihn und dient ihm. Ein Gottesfürchtiger braucht keine Menschen fürchten, auch Geister, Götzen und Gestirne nicht. Gottesfurcht macht von den Schreckgespenstern auf Erden unabhängig. Sie ist demütig, versteht sich als freie Einwilligung in ein Leben unter Gottes Willen. Gottesfurcht ist eine Gabe Gottes. Als kleine Schwester steht ihr die Dankbarkeit zur Seite. Sie weiß: Die entscheidenden Dinge verdanke ich mir nicht selbst. Sie kennt den Urheber unseres Glücks und Gelingens. Gottesfurcht ist die Quelle himmlischen Lobens und Dankens: »Fürchtet Gott und gebt ihm die Ehre« (Offb 14,7) heißt es im Schlussakkord der Bibel. Wäre sie das Maß aller Dinge, bräuchten wir uns nicht vor dem Wolfe im Menschen fürchten. »Lasst uns die Heiligung vollenden in der Furcht Gottes.« (2. Kor 7,1)

Am liebsten würde ich noch eine achte Gabe des Heiligen Geistes anfügen: die Gabe des Team-Buildings – das ist ja wahrlich ein Zauberwort unserer Zeit. Nicht nur in Unternehmen hat es sich gezeigt, dass ein gutes Betriebsklima ein entscheidender Faktor für wirtschaftlichen und kollegialen Erfolg ist. Hierin getätigte Investitionen lohnen sich. Auch in den filigranen Netzwerken von Haupt- und Ehrenamtlichen in Kirchen, NGOs und Vereinen würde die Arbeit ohne Teamgeist gar nicht funktionieren. Im ›Priestertum aller‹ schlummert ein Riese, der geweckt werden will. Die Kirche hat nur in der Entfaltung ihrer Geistesgaben und geistreichen Potenziale eine Zukunft. Würde sich der Geist entfachen lassen, der einst die christlichen Pfingstmenschen entzündete, könnte aus zaghaften Rinnsalen ein neuer Strom der

Begeisterung sprudeln. Noch sind die Christen reich gesegnet an vielen hochbegabten Kindern Gottes. Noch verfügen sie über erstaunliche Mittel, um reformatorische Prozesse zu finanzieren. Doch nicht so sehr aufs Geld kommt es an. Entscheidend sind brennende Herzen, überzeugte Teamplayer*innen, Menschen mit Leidenschaft für die Sache Jesu. Die Früchte des Geistes sind auf unterschiedliche Typen verteilt. Diese gilt es zu erkennen und in ihren Stärken für anstehende Veränderungen zu gewinnen. Ich sehe da vier tolle Typen. Alle vier sind Gaben Gottes. Anteile von ihnen sind in jedem, in jeder von uns vorhanden.

*Typ 1: Freund*in der Vergangenheit*

Da gibt es den ersten Typus, der alles vom Anfang her betrachtet. Er ist der festen Überzeugung: Am Anfang war alles sehr gut. Vor langer Zeit herrschten paradiesische Zustände. Dieser Typ motiviert sich rückwärtsgewandt. Die Quelle seiner Begeisterung liegt in der *Vergangenheit*. Er denkt traditionell. Das hat was von Rückkehr zur Ursprungsform, zu den Wurzeln. Dieser Idee steht die biblische Geschichte von Lot und seiner Frau kritisch gegenüber. Ihm rät der Engel: »Rette dein Leben und sieh nicht hinter dich, bleib auch nicht stehen in dieser ganzen Gegend.« (1. Mose 19,17) Deshalb meinte es die Moral dieser Geschichte mit Lots Frau nicht gut. »Und Lots Frau sah hinter sich und ward zur Salzsäule.« (1.Mose 19,26) Sie trauerte den alten Zeiten nach, war nicht offen für die Zukunft, vertraute nicht den Verheißungen Gottes. Ihr Rückblick bannte sie, versperrte ihr die nächsten Schritte nach vorne. Mit ihr erstarrte das ganze Familiensystem. Die Besinnung auf Vergangenes kann helfen, Zukünftiges zu gestalten. Eine als gut erlebte Vergangenheit stärkt das Urvertrauen. Traditionen können zu Quellen werden, aus denen wir neue Kräfte schöpfen. Nur Achtung: Früher war nicht alles besser. Zu viel Rückwärtsgewandtheit geht nach hinten los. Jesus sah den Vergangenheits-Typus kritisch: »Wer seine Hand an den Pflug legt und sieht zurück, der ist nicht geschickt für das Reich Gottes.« (Lk 9,62) Doch die andere Wahrheit gilt auch. Nur, wer um seine Vergangenheit weiß, aus den Fehlern der Geschichte lernt, kann die Zukunft gestalten. Oder: Ein Baum ohne Wurzeln trägt keine guten Früchte.

*Typ 2: Freund*in der Gegenwart*

Der zweite Typus ist ein Freund der *Gegenwart*. Er liebt das Augenblicksglück, begeistert sich für das Hier und Jetzt. Jesus motiviert diesen Typus mit einem Appell. Pflücke den Tag! »Denn siehe, das Reich Gottes ist mitten unter euch.« (Lk 17,21) Wir sehen den Wald oft vor lauter Bäumen nicht, schweifen in die Ferne, obwohl das Gute so nah ist! Paulus wusste um den Moment als Fundgrube für Gottes Gnade: »Siehe, jetzt ist die Zeit der Gnade, siehe, jetzt ist der Tag des Heils!« (2. Kor 6,2) In der Geistesgegenwart, im Heute steckt viel Kraft. Im Enthusiasmus ist Gottes Geistkraft am intensivsten spürbar. Nicht gestern, nicht morgen, heute wirkt Gottes Kraft. Immer jetzt setzt dich sein Funkenflug in Brand. Plötzlich kannst du Bäume ausreißen, Berge versetzen, übers Wasser gehen. Nichts ist unmöglich dem, der da glaubt. In der Mystik, im Yoga, in Achtsamkeitsübungen, bei Stressbewältigungstechniken gibt es das ›Nu‹, den Zauber des Augenblicks. Dieser Typus scheint in Mode zu sein. Rückfragen stellen sich auch hier. Steht solche kurzweilige Begeisterung in der Gefahr, ein Strohfeuer, ein Haschen nach Wind zu sein? »Ich sah an alles Tun, das unter der Sonne geschieht, und siehe, es war alles eitel und Haschen nach Wind?« (Pred 1,14) Nichts verglimmt, vergeht schneller als der Augenblick. Nichts ist älter, als die Zeitung von gestern. Die Gegenwart ist immer schon verstrichen, bevor wir ihrer habhaft werden können. Jörg Lauster plädiert trotzdem für diese besonderen Momente: »Das Glück besteht nun genau darin, dass für einen Augenblick das Leben als Ganzes als ein gutes und gelingendes Leben erscheint. Das ist das große Paradox des Augenblicksglücks.« (Lauster, 156)

*Typ 3: Freund*in der Zukunft*

Der dritte Typus kämpft für eine bessere *Zukunft*, in der kein Leid, Geschrei und Tod mehr ist; Gerechtigkeit und Frieden sich küssen. An der Vergangenheit lässt sich nichts mehr ändern. Das Augenblicksglück ist ihm zu flüchtig. Er ist ein vorneweg Eilender. In der Zukunft sieht er die Möglichkeit, dass sich Träume erfüllen, die Dinge zum Besseren ändern können. Sein Interesse gilt dem, was kommt, zukommt, einer gestaltbaren Zukunft, einem nachhaltigen Handeln. Die Antizipation der Zukunft im Modus der Hoffnung lässt ihn die Gegenwart eher ertragen. »Er zweifelte nicht an der Verheißung Gottes durch Unglauben, sondern wurde stark im Glauben und gab Gott die Ehre.« (Röm 4,20) Für diesen Typus kommt das Beste noch zum Schluss. Die Bibel ist voll von solchen Hoffnungsgestalten. Mit dem Glauben an bessere Aussichten lässt sich Schweres in der Gegenwart relativieren, erscheint die Vergangenheit in hellerem Licht. »Den Reichen in dieser Welt gebiete, dass sie nicht stolz seien, auch nicht hoffen auf den unsicheren Reichtum, sondern auf Gott, der uns alles reichlich darbietet zu genießen; dass sie Gutes tun, reich werden an guten Werken, gerne geben, behilflich seien, sich selbst einen Schatz sammeln als guten Grund für die Zukunft, damit sie das wahre Leben ergreifen.« (1. Tim 6,17-19) Kritisch ist anzumerken, dass dieser Typus sich die Chance nimmt, im Verweilen zur Ruhe zu kommen. Wie sonst lassen sich Kräfte für zukünftige Aufgaben tanken, wenn nicht in der Schatzkammer der Gegenwart, dem Grundwasser der Vergangenheit? Wer stets nach vorne strebt ist besonders burn-out-gefährdet. Sein Verhältnis zur Vergangenheit ist zu selektiv. Er pickt sich nur die Rosinen heraus, die in sein Weltbild passen. Aufgrund seiner inneren Unruhe fehlt ihm nicht selten das Verständnis für die anderen Typen. Ihm geht alles nie schnell genug voran.

*Typ 4: Freund*in des Zyklischen*

Der vierte Typus ist der *Zyklische*. Er findet in der Akzeptanz einer vorgegebenen Ordnung Halt und Sinn. »Ein jegliches hat seine Zeit, und alles Vorhaben unter dem Himmel hat seine Stunde.« (Pred 3,1) Der zyklische Typ sieht in allem die Wiederkehr des Gewesenen, des ewig Gleichen. Alles dreht sich letztlich im Kreis. Täglich grüßt das Murmeltier. Für ihn gibt es nichts Neues unter der Sonne. Wer so empfindet, dessen Begeisterung wurzelt in einer tiefen Gelassenheit. Nichts wird so heiß gegessen, wie es gekocht wird. »Da merkte ich, dass es nichts Besseres dabei gibt als fröhlich sein und sich gütlich tun in seinem Leben.« (Pred 3, 12) Der zyklische Typus übertreibt und übereilt nichts. Er verklärt die Vergangenheit nicht. Er genießt die Gegenwart, ohne sie wie eine Zitrone ausquetschen zu müssen. Im Blick auf die Zukunft hegt er nicht zu große Erwartungen: Was soll sie schon Neues bringen? Er sieht sich durch die Segensworte an Noah nach der Sintflut bestätigt, als ein Tabula-rasa-Gott sich einsichtig zeigte: »Und ich will hinfort nicht mehr schlagen alles, was da lebt, wie ich getan habe. Solange die Erde steht, soll nicht aufhören Saat und Ernte, Frost und Hitze, Sommer und Winter, Tag und Nacht.« (1. Mose 8, 21 f.) Er akzeptiert für sich, Gott nicht in die Karten schauen zu können. Er lässt die Vergangenheit auf sich beruhen, bewertet die Gegenwart nicht über, überfordert sich nicht mit der Zukunftsgestaltung: »Ich merkte, dass alles, was Gott tut, das besteht für ewig; man kann nichts dazutun noch wegtun. Das alles tut Gott, dass man sich vor ihm fürchten soll. Was geschieht, das ist schon längst gewesen, und was sein wird, ist auch schon längst gewesen; und Gott holt wieder hervor, was vergangen ist.« (Pred 3,14) Sein Risiko liegt darin, dass ihm alles ›gleich gültig‹ erscheint, gleichgültig wird. Wer dem Leben mit Gleichgültigkeit begegnet, kann die Balance zwischen Aktion und Passion, Tun und Lassen verlieren; sich zu leicht aus der Verantwortung stehlen. Im schlimmsten Falle entsteht ein Nach-mir-die-Sintflut-Gefühl. Während die anderen sich als Situations-, Verantwortungs-, oder Gesinnungsethiker verstehen, kann der Zykliker eine Ethik vermissen lassen. Über ein »Leben-und-leben-lassen« kommt er selten hinaus. Außer, ihm geht etwas auf den Geist und er gerät in Zusammenhänge, die seine natürlichen Kreisläufe stören.

Wer begeistert lebt, sich von Gott bejaht, mit den Gaben seines Geistes gut ausgestattet fühlt, ist reicher als der reiche Jüngling. »Guter Meister, was muss ich tun, damit ich das ewige Leben ererbe?« (Lk 18,18), fragte ein wohlhabender, junger Mann Jesus. Und der gute Meister antwortet ihm: »Du sollst die Gebote halten und deinen Nächsten lieben wie dich selbst.« Das, sagte der Jüngling, habe er alles getan. ›Naja‹, antwortete Jesus, ›dann simplify your live, vereinfache dein Leben, wirf den Ballast ab, der dich gefangen hält. Leb dein Leben mit leichtem Gepäck.‹

In unseren Breiten tragen wir im Durchschnitt für 10.000 Gegenstände pro Person Verantwortung, nennen sie unser Eigentum. ›Wirf dies alles ab‹, empfahl Jesus dem jugendlichen Fragesteller, ›und folge mir nach. Gib deinen Reichtum den Armen, die können ihn besser gebrauchen.‹ Sein äußerer Reichtum hatte ihn innerlich zu einem armen Kerl gemacht; einem Gefangenen seiner Güter. Dies machte es ihm nicht möglich, sich der Güte Gottes, der Gemeinschaft mit seinen Jüngern und Jüngerinnen anzuschließen. Diese Begegnung erfuhr kein Happy End. Jesus hatte den Jüngling liebgewonnen. Doch der zog traurig seines Weges. »Als der Jüngling das Wort hörte, ging er betrübt davon; denn er hatte viele Güter.« (Mt 19,22) »So ist es kein Wunder, dass wir bei jedem Vibrieren des Smartphones in der Tasche zusammenzucken, denn jede eingehende Nachricht stellt eine ›Weltanrufung‹ dar.« (Rosa, 159) Jesu Ruf aus dem Stimmengewirr der Zeit herauszuhören, gehört zu den vornehmsten, geistlichen Aufgaben. »Jesus antwortete ihm: ›Willst du vollkommen sein, so geh hin, verkaufe, was du hast, und gib's den Armen, so wirst du einen Schatz im Himmel haben; und komm und folge mir nach!‹« (Mt 19,21) Übersetzt heißt das: Willst du sinnvoll leben? Lass los, was dich gefangen hält. Gib deine Güter denen, die sie nötiger brauchen, dann wirst du zufriedener Leben. Das hätte eine Win-win-Situation werden können für die Armen und den Reichen. Jesu Ruf in die Freiheit war keine Verzichtsagenda, vielmehr hätte er ein Befreiungsschlag werden können. Jesus predigte eine paradoxe Logik: »Denn welchen Nutzen hätte der Mensch, wenn er die ganze Welt gewönne und verlöre sich selbst oder nehme Schaden an seiner Seele?« (Lk 9,25) Was nützt es, am Ende der reichste Mensch zu sein und innerlich eine arme Socke zu bleiben?

»Charisma stiftet Resonanzbeziehungen entlang allen drei Dimensionen: Das Auftreten eines charismatischen Führers wie

Christus vermag es, *vertikale* Resonanzachsen in Schwingung zu versetzen, es stiftet aber zugleich *horizontale* Resonanzachsen und damit neue und vibrierende Gemeinschaftsbeziehungen zwischen den Anhängern und darüber hinaus und vielleicht vor allem materiale und *diagonale* Resonanzachsen insofern, als es Begeisterung und *Feuer* für eine (politische oder religiöse oder ästhetische) *Sache* zu wecken vermag.« (Rosa, 554) Die Gaben des Geistes stehen in Beziehung zu allen drei Resonanzachsen. Trotzdem bleibt eine Unterscheidung der Geister notwendig, besonders in Zeiten immer heftiger tobender Kulturkämpfe.

Geister scheiden – Kulturkampf

»Wenn ich einen Konflikt gelöst habe, dann fühle ich mich besser und neue Energie fließt in mir. Wenn ich ihn dagegen vor mir herschiebe, dann raubt er mir den inneren Schwung. Ich kenne viele, die sich schwer tun mit Konflikten. Dafür habe ich Verständnis. Doch wenn sie ihre Unfähigkeit, Konflikte anzugehen, mit ihrer christlichen Gesinnung rechtfertigen, dann reagiere ich allergisch.« (Grün, 39) Der Benediktinermönch Anselm Grün trifft hier einen wunden Punkt nicht nur in christlichen Kreisen: die Konfliktunfähigkeit. Oder soll ich sagen die Harmoniesucht auf Kosten von Klarheit und Wahrheit? Wir stecken in hoch emotionalen Zeiten voller Konflikte, Krisen und Kriege fest. In einigen Bereichen tobt ein regelrechter Kulturkampf zwischen Links und Rechts, denen ›da oben‹ und denen ›da unten‹, Klimaschützern und Klimaleugnern, Reich und Arm, Demokraten und Autokraten. Wie da rauskommen? »Wenn man von ihnen nur etwas fordert, ohne ihnen zu zeigen, aus welchen Quellen sie schöpfen können, um das Geforderte zu erfüllen, ist Überforderung die Konsequenz. Die Depressionen nehmen zu. Depression ist bei vielen ein Hilfeschrei der Seele gegen zu hohe Anforderungen.« (Grün, 15 f.) Aus welchen Quellen schöpfe ich? Wessen Geistes Kind bin ich? Woher nehme ich meine Motivation? Welche Visionen von einem gelingenden Leben trage ich in meinem Herzen?

Leben und Arbeiten bis zur Erschöpfung, dieses Phänomen habe ich kennengelernt. Meine Batterien waren leer. Ich fühlte mich in meiner Haut, meinem Beruf, mancher Freundschaft nicht mehr wohl, nicht mehr richtig gesehen und verstanden. Die Risse zwischen Außen und Innen, Geist und Fleisch gingen mitten durch mich hindurch. In mir tobten verschiedenste Kämpfe. An einer Überzeugung hielt ist trotz allem fest: Ich wollte Böses nicht mit Bösem bekämpfen. Die viel beschworene Work-Life-Balance war nicht mein Hauptproblem. Entscheidender war meine grundsätzliche Gestimmtheit, die Verankerung meiner Seele, mein Halt in einem Gehaltensein und das tiefe Verwobensein in meiner Familie. Zusätzlich brauchte es Inseln der Ent-Spannung, Auszeiten, um Anspannungen abzubauen, um in Kontakt zu gehen mit dem, was mich innerlich trägt. Rituale können sich dabei als hilfreich und tragfähig erweisen. Mönche sind kundig darin, wie es gehen könnte, der Welt zu entfliehen, Teufelskreisläufen zu entkommen. Die Regel des heiligen Benedikt sieht das symbolische Abschütteln der Welt vor, wenn Brüder von einer Reise zurückkehren. Vor den Klostermauern geschieht eine Reinigung, um die alte Welt draußen zu lassen. Es bedarf solcher Momente der Reinigung, um Ärger zu lindern, Feindseligkeiten außen vorzulassen, sie nicht mit ins Bett zu nehmen.

Die Gefahr ist groß, das Böse zu verehren, ihm zu viel Aufmerksamkeit zu schenken, indem ich glaube, es bekämpfen zu müssen. In einer notwendig gewordenen Auszeit lernte ich Bogenschießen. Ich hätte nie gedacht, dass diese alte Technik so viel übers Leben lehrt. Der Lehrer fragte am Beginn jeder Einheit, wie es uns gehe. Eine Teilnehmerin trug eine starke Wut in sich. Tom forderte die Wütende auf, ihn, Tom, mit all ihrem Ärger umzurennen. Gesagt, getan. Kurz vor dem Zusammenprall trat Tom einen Schritt zur Seite; ließ sie ins Leere laufen. Nutze die Energie des Angreifers und lenk sie gegen ihn um, oder lass ihn ins Leere laufen, lautete sein Lehrsatz. »Wir vertreiben die Feinde nicht durch den Kampf. Das heißt: Bezwing nicht das Böse, sondern fördere das Gute in dir.« (Schleske, 210) Ebenso sieht es Paulus: »Lass dich nicht vom Bösen überwinden, sondern überwinde das Böse mit

Gutem.« (Röm 12,21) Wer in Christus ist, kämpft mit anderen Mitteln. Wir treiben den Teufel nicht mit dem Beelzebub aus. Trotzdem sind Geister zu scheiden, rote Linien zu ziehen, Konflikte auszutragen.

Jesus praktizierte für sich die Unterscheidung zwischen Geist und Fleisch. In Todesangst bat er seine Jünger in Gethsemane: »Wachet und betet, dass ihr nicht in Anfechtung fallt! Der Geist ist willig, aber das Fleisch ist schwach.« (Mt 26,41) Paulus setzte seine Denkfigur fort: »Fleischlich gesinnt sein ist der Tod, und geistlich gesinnt sein ist Leben und Frieden.« (Röm 8, 6) Für Paulus wurde die Rede vom ›Fleisch‹ zur Existenzaussage über den Menschen. In Sündhaftigkeit und Vergänglichkeit sind wir Menschen mit Leib und Seele verstrickt. ›Fleisch‹ ist für Paulus die Sphäre der geschaffenen und vergehenden Welt. Der Konflikt zwischen ›Geist‹ und ›Fleisch‹ spielt sich ab, wo die neue Weltzeit im vergehenden Äon anbricht. »Das ist für Paulus wie für die ganze Urchristenheit mit der Auferweckung Christi von den Toten und der Ausgießung der Lebenskraft des Geistes auf die Glaubenden schon geschehen.« (Moltmann, 101)

Unser Leben entscheidet sich daran, wie es im Inneren aussieht. »Bleib immer ehrlich dir selber gegenüber und übe dich in der Unterscheidung der Geister, damit du im Einsatz für andere aus der inneren Quelle schöpfst, die nie versiegt, weil sie göttlich ist.« (Grün, 159) Die Frage nach dem Bösen in der Welt ist kein alter Zopf. Sie sitzt jeden Tag auf unserem Schoß, weil wir zwischen den Stühlen von Gut und Böse sitzen. »Der Mensch ist in sich selbst gespalten. Das Leben wendet sich gegen sich selbst durch Aggression, Hass und Verzweiflung. Wir sind gewohnt, die Selbstliebe zu verurteilen; aber was wir wirklich verdammen sollten, ist das Gegenteil der Selbstliebe. Es ist jene Mischung von Selbstsucht und Selbsthass, die uns ständig verfolgt, die uns hindert, den anderen zu lieben und uns der Liebe zu öffnen, mit der wir ewig geliebt werden. Wer fähig ist, sich selbst zu lieben, ist auch fähig, den anderen zu lieben.« (Tillich, In der Tiefe ist Wahrheit, 149) Paul Tillich brachte am beginnenden 20. Jahrhundert mit Hilfe einer sozialistischen Gesellschaftsanalyse und den Instrumenten der Psychoanalyse die Zerrissenheit des Menschen theologisch neu zur Sprache.

Ohne Hilfe der modernen Psychologie hat Paulus diese Tatsache so ausgedrückt: »Denn das Gute, das ich will, das tue ich nicht; aber das Böse, das ich nicht will, das tue ich.« (Röm 7,19) Weitere Worte von ihm lesen sich wie ein Programmsatz der Psychoanalyse: »Wenn ich aber das tue, was ich nicht will, so bin ich es nicht mehr, der es tut, sondern die in mir wohnende Sünde.« (Röm 7,20) Der Apostel spürte eine innere Kluft in sich. »Wie oft tun wir Dinge mit vollkommener Bewusstheit und dennoch mit dem erschreckenden Gefühl, von einer fremden Macht beherrscht zu sein.« (Tillich, ebd. 149 f.) Man denke nur an unser zwiespältiges Handeln in der Klimakrise. Davon kann sich doch kaum jemand freisprechen, oder?

In der Welt seinen Platz finden bleibt trotz aller guten Gaben eine echte Aufgabe. »Die Weltposition, der Platz in der Ordnung der Welt, den ein Mensch einnimmt oder einnehmen kann, ist nicht mehr vorgegeben, sondern wird in einem dynamischen und oft kontingenten Konkurrenzgeschehen erst ermittelt.« (Rosa, 520) Wir stecken in einem Lebenskampf der besonderen Art fest; einem dynamischen und widersprüchlichen Konkurrenzgeschehen. Es sind mächtige Kräfte, Ängste und Sorgen, die einen beim Positionskampf um die wenigen Plätze an der Sonne umtreiben. Was ist, wenn der einstige Sonnenplatz zum Verliererplatz geworden ist, steigende Meeresspiegel die Häuser in der ersten Reihe überschwemmen?

Der Gegensatz zu Geist ist Ungeist. Die Bibel nennt diese Dimension ›Fleisch‹. Fleisch meint den Anteil des Menschen, dessen Lebensentwurf den Geist ausschließt. Fleisch meint das Tun, was dem Streben nach Recht und Gerechtigkeit entgegensteht. Das Schicksal des Fleisches ist seine Einsamkeit, ein Tod ohne Notausgang und Hoffnung. Der geistliche Mensch lebt hingegen für andere und mit anderen. Er steht in Verbindung mit Gottes Liebe, mit seinem Geist, mit dem, was Gott heilig ist. Biblisch gesprochen meint Fleisch die Situation des Menschen im Verfall. »Das Trachten des Fleisches führt zum Tod, das Trachten des Geistes aber zu Leben und Frieden.« (Röm 8,6) Der geistliche Mensch strebt nach Reifung seines Selbst. Dem Konflikt mit den Schemata der Welt, dem inneren ›Kampf der Kulturen‹, setzt er andere Werte, Prinzipien und Ideen entgegen. »Wisst ihr nicht, dass die Freundschaft mit der Welt Feindschaft mit Gott ist? Wer also ein Freund der Welt sein will, macht sich zum Feind Gottes.« (Jak 4,4-5)

Ein Zwischenruf zu falschen Alternativen, zu einfachen Weltbildern sei erlaubt: Bleiben wir nüchtern, wenn von Geist und Geistern die Rede ist. »Viel religiöse Begeisterung muss vom Standpunkt einer realistischen Selbstbejahung mit Misstrauen betrachtet werden. Viel Selbstbejahung, die von der Religion erzeugt wird, zeigt alle Kennzeichen der angstvollen Selbstbegrenzung und des Versuchs, die Religion zur neurotischen Selbstbehauptung zu benutzen ... Auf diese Weise kann die Religion einen potenziell-neurotischen Zustand unterstützen und verstärken.« (Tillich, Mut zum Sein, 78) Er kann nicht oft genug erhoben werden, der Einspruch der Vernunft, der davor warnt, dass Religion zum Opium wird und der Glaube zum Trugbild, der verhindert, die Dinge schlicht so wahrzunehmen, wie sie sind.

Befreiungstheologische und charismatische Aufbrüche genießen meine Sympathie, wo geist- und kraftlose Strukturen

Ausdruck einer durch Machtspiele verstopften Kirche sind. Wird das Wort Gottes gepredigt, werden die Sakramente recht verwaltet, ist nach lutherischem Verständnis alles in Ordnung. Im besten Falle liegt die Vermutung nahe, dass Gottes Geist gerade da in seiner Kirche am Werk ist. Der Protestantismus ist in seinem Grundsatz eine Kirche mit leichtem Gepäck, eine ›Kirche von unten‹, ein ›Priestertum aller‹, gepaart mit einer grundsätzlichen Skepsis gegenüber unreflektiert erscheinenden, traditions- und theologiearmen Freigeistern. Schwarmintelligenz ist noch kein Garantieschein dafür, eines guten Geistes zu sein. Trotzdem geht das Pfingstexperiment in die nächste Runde, bleibt ein ›Priestertum aller‹ angewiesen auf den Mix persönlicher Geisterfahrungen, glaubwürdiger Lebensführung und einer Glaubensgemeinschaft, die ihre Wurzeln kennt. »Weil ich keine persönliche Erfahrung mit diesem Phänomen habe, kann ich es weder erklären, noch bestreiten ... Ich verstehe das ›Zungenreden‹ als den Anfang, durch den stummen Menschen die Zungen gelöst werden, und sie ausdrücken, was sie selbst erfahren und fühlen ... Es ist auf jeden Fall ein neuer Ausdruck für die Glaubenserfahrung und es ist ein *persönlicher Ausdruck.*« (Moltmann, 199)

»Zungenrede« kann ein befreiender Anfang für ein Leben sein, das nie viel zu sagen hatte – wie im Karnevalsverein, wo kleine Leute ganz groß rauskommen. Dennoch wirken hier gruppenpsychologische Phänomene, die es verlangen, die Geister zu prüfen, notfalls zu scheiden. »Mystik stellt ein anderes Verhältnis her zu den drei Mächten, die uns, jede in ihrer Weise totalitär, im Gefängnis festhalten: dem Ego, dem Besitz und der Gewalt. Sie relativiert sie, löst uns aus ihrem Bann und bereitet uns auf die Freiheit vor.« (Sölle, 323) Für Paulus begann die Scheidung der Geister mit einem radikalen Bekehrungserlebnis. Nach einer Zeit aktiver

Christenverfolgung führte ihn eine Lebenswende in die Nachfolge Christi.

Der englische Schriftsteller C. S. Lewis (1898-1963) beschreibt in seiner Autobiographie den Moment seiner Bekehrung ähnlich: »Dann kam die Erschütterung auf der imaginativen Ebene. Ich fühlte mich wie ein Schneemann, der endlich zu schmelzen beginnt. Die Schmelze begann in meinem Rücken – zuerst *tropf-tropf* und dann *plätscher-plätscher*. Ich mochte das Gefühl nicht besonders.« (zit. n. Sölle, 43) Eindrücklich an diesem Selbstzeugnis ist, wie Gott einen Menschen dahinschmelzen lässt, dieser sein Ich als »gefroren« und »tot« beschreibt, bis unter Gottes geistreicher Höhensonne sich alles verflüssigt. Der Mensch, der in seiner Rüstung feststeckte, zum Schneemann erstarrt war, wurde ein anderer. Langsam, tropf-tropf, fallen Hüllen, Formen, Rollen, Erfrierungen ab, stirbt der alte Adam, klopft die Sehnsucht nach Sinn an, bricht das Eis im Herzen, wird das wahre Ich offenbar. Bei Gott ist Dahinschmelzen erlaubt, werden harte Kerle weich. Unter seinem Antlitz erhält unser Leben Wärme, Sinn und Ziel, um in den Zerreißproben unseres Daseins nicht zerrissen, im besten Falle heimgeholt zu werden.

Regelmäßig zieht es mich ans Meer. Die Symphonie der Natur dort erinnert mich an das Ein- und Ausatmen der Schöpfung. »Denn wir wissen, dass die ganze Schöpfung bis zu diesem Augenblick mit uns seufzt und sich ängstigt.« (Röm 8,22) Paulus weiter: »Desgleichen hilft auch der Geist der Schwachheit auf. Denn wir wissen nicht, was wir beten sollen, wie sich's gebührt, sondern der Geist selbst vertritt uns mit unaussprechlichem Seufzen.« (Röm 8,26) Gottes Geist bietet sich in Zeiten der Sprach- und Ratlosigkeit an als seufzendes Sprachrohr. Seufzen genügt. Es müssen nicht immer Worte sein. »An der Wurzel der Resonanzerfahrung liegen der Schrei des Nichtversöhnten und der

Schmerz des Entfremdeten. Sie hat ihre Mitte nicht im Leugnen oder Verdrängen des Widerstehenden, sondern in der momenthaften, nur erahnten Gewissheit eines aufhebenden ›Dennoch‹.« (Rosa, 322) Auch das kann im Leiden an der Entfremdung, im Gefühl des Nichtversöhntseins geschehen, sich in einem ›Dennoch‹, einem ›Trotzdem‹, einer Kraft aufgehoben zu fühlen, die sich dem entgegenstellt, was uns leiden lässt.

Kollektive Schmerzen waren es, die Komponisten, Schriftstellern, Philosophen und Soziologen Anlass gaben, mit ihren Gaben Auswege aus dem irdischen Jammertal zu suchen. »Individuelle Weltbeziehungen unterscheiden sich ganz offensichtlich darin, ob das Weltbegehren oder aber die Weltangst überwiegt, ob die Sehnsucht nach (möglichen) Oasen die Furcht vor den Wüsten übersteigt ... Dabei steht zu vermuten, dass die Bereitschaft zur begehrenden Begegnung mit dem Grundgefühl der Getragenheit ... wächst, während Entfremdung ... tendenziell zu Lähmungen oder aber zu Akten aggressiver Weltanverwandlung, beispielsweise in Gewaltexzessen, führen könnte.« (Rosa, 200 f.) Was für ein Satz: »ob die Sehnsucht nach (möglichen) Oasen die Furcht vor den Wüsten übersteigt«. Was für eine Vermutung: »dass die Bereitschaft zur begehrenden Begegnung mit dem Grundgefühl der Getragenheit ... wächst«! Hartmut Rosa benennt den Zwiespalt zwischen Oase und Wüste und seine Hoffnung, wenn er vom Wachstum eines Grundgefühls der Getragenheit spricht. Und er eröffnet eine Perspektive, aus der Haltung der Getragenheit sich einer aggressiven Weltanverwandlung entgegenzustellen.

»Der Meditierende versucht, sich in einen Zustand der Seelenruhe zu versetzen, indem er weder von den *Begehrungen gejagt* noch von *Ängsten gepeinigt* wird.« (Rosa, 202) Ein Leben im Geist führt in eine Ruhe, die auch das Begehren nach Sinn stillt. »Das Schweigen der Antriebsenergien, das in der meditativen

Abkehr gesucht wird, erweist sich dagegen als ein ›sprechendes Schweigen‹: Indem alle lokalisierten und fokussierten Ängste und Begehrungen zum Schweigen gebracht werden, kann sich der Meditierende ... als existenziell getragen, als universell verbunden erfahren.« (Rosa, 203) Meditieren, Schweigen, Beten, still sein, zur Besinnung kommen – das sind Grundformen eines zur Ruhe kommenden Geistes. Wer in sich zur Ruhe kommt, lebt friedlicher. Wer schweigt, verfügt über eine größere Bandbreite an Frequenzen, um die Signale der Verbundenheit mit Gott und der Welt zu empfangen. »Die Quantenphysiker sagen: Alles steht mit allem an allen Punkten und zu allen Momenten in Beziehung. Alles ist nach dem Bild und Ebenbild des dreieinigen Gottes geschaffen, der Beziehung und Gemeinschaft ist.« (Boff, 194)

»Du spinnst!«, rufen die Teufelchen. Sie flüstern ihre Botschaften des Unglaubens in deinen Verstand. Die Welt behauptet, der Glaube eines Senfkornes führe zu nichts, außer zu Senf. »Die Hauptsache, dass die Vernunft verrückt geworden ist, liegt in ihrer Verabsolutierung und der systematischen Zurückdrängung der emotionalen und affektiven Intelligenz des Herzens ... Die Vernunft hat ihren Wurzelgrund in etwas Ursprünglicherem: der Affektivität, die im Limbischen System im Gehirn verankert ist. Diese wurde von der Evolution vor mehr als zweihundert Millionen Jahren hervorgebracht, als die Säugetiere die Bühne des Lebens betraten. Mit ihnen trat auf der Erdoberfläche etwas in Erscheinung, was es zuvor nicht gegeben hat: das Gefühl, die Fürsorge und die Liebe. Das Tiefste in uns ist die Fähigkeit, zu empfinden, für andere zu sorgen und zu lieben ... Aus diesem Wurzelgrund brach die Vernunft recht spät, vor etwa sieben Millionen Jahren, hervor, als sich neben dem Limbischen System die Großhirnrinde entsprechend ausbildete. Mit deren Hilfe bilden wir Begriffe sowie rationale Systeme und bilden wir Weltanschauungen.

Und der analytischen Vernunft noch übergeordnet ist die Intelligenz, das heißt die Einsichtsfähigkeit, die das Ganze erfasst und betrachtet und sich in Gestalt der Weisheit zu erkennen gibt.« (Boff, 38 f.)

Die Vernunft bildet das Schlusslicht unserer humanen Entwicklung. Die Intelligenz ist ihr übergeordnet. Im Verhältnis von Emotion und Rationalität gilt, was Paulus über das Verhältnis von Judentum und Christentum formuliert, »dass nicht du die Wurzel trägst, sondern die Wurzel trägt dich.« (Röm 11,18) Zurück zu den Wurzeln, ins ›Limbische System‹! Gut, dass wir vernunftbegabte Wesen sind. Besser noch: dass uns das Mitgefühl, die Liebe, Spiegelneuronen und Fürsorge früher in die Wiege gelegt wurden. Die Wurzeln der Empathie und Intuition greifen tiefer als all unsere Glasperlenspiele. Wer sich zwischen Kopflastigkeit oder Bauchgefühl entscheiden muss, denke daran: Die Gefühle waren früher da als unser Verstand. Auf sie können wir uns schon länger verlassen. Und sie sind eine besondere Ressource, eine große, kostenlose, in uns vorhandene Kraftquelle. »Wie die moderne Anthropologie und andere Humanwissenschaften gezeigt haben, stellt unsere tiefste Dimension nicht der *logos* (Rationalität) dar, sondern der *pathos* (Affektivität). Der Mensch ist ein Wesen des Gefühls, der Leidenschaften und der ›ozeanischen‹ Erfahrungen.« (Boff, 47)

Martin Buber war überzeugt, dass dem Menschen bei aller Rationalität eine Glaubensaufgeschlossenheit zu eigen ist. Sie lässt die Dinge geschehen, die geschehen sollen. Bin ich aufgeschlossen für ›ozeanische Erfahrungen‹? Bin ich ein Segelboot auf offener See, bereit, mein Segel zu setzen, demütig auf den Wind zu warten, der die Flaute beendet, mich aufs offene Wasser trägt, in meinen Heimathafen zurückweht oder neue Ufer entdecken lässt? Dorothee Sölle schreibt über ihre *mystischen Geschwister*: »Ich verstehe mich selber besser, weil ich durch diese ›Brüder und Schwestern vom freien Geist‹ eine Sprache lerne, die mir die eigenen Erfahrungen näherbringt und deutlicher glänzen macht.« (Sölle, 19) Was tun, wenn beides nottut, Mystik und Verstand, Spiritualität und Widerstand? Dieselbe Frage stellte sich Dorothee Sölle: »Wenn ich aber beides brauche, das Innere Licht des Einsseins mit allem, was lebt, und den Widerstand gegen die Todesmaschine – wie bekomme ich beides zusammen?« (ebd., 20) Nur ein ›relationaler‹ Gott kann dies mit der Kraft seines Geistes beantworten. Es gehört zur Eigenart der Geistkraft Gottes, widerstrebende Pole und unterschiedlichste Beziehungen unter einen Hut zu bringen. Gottes Geist ist das ›Und‹ zwischen Vater und Sohn, Mystik und Widerstand, Liebe und Besonnenheit, Kampf und Kontemplation. Gottes Energie verbindet alles mit allem, ohne falsche Kompromisse zu schließen, die notwendige Widerstandskraft, die Spannkraft in spannungsreichen Lebenslagen zu verlieren, ohne sich die innere Freiheit beschneiden zu lassen.

Wir leben in einer Welt, die vor Gewinnsucht, Gewalttätigkeit und Egozentrismus strotzt. In solch einer Wüstenlandschaft ertönt die Botschaft des Christentums als aufklärerischer Weckruf. Ähnlich verhielt es sich mit der Befindlichkeit des Menschen zu Jesu Zeit im römischen Imperium unter den Bedingungen einer Fremdherrschaft. »Wir wissen, dass wir aus dem Tod ins Leben gekommen sind« (1. Joh 3,14) – das Gegenprogramm im 1. Johannesbrief. Das soziologische Modell Jesu war das eines geistbegabten Kollektivs. Der Stern über Bethlehem wurde zum Leitstern über den Asylstätten und Obdachlosenheimen der Welt. Die absurde Vorstellung, Religion sei Privatsache, war der mystischen Glut des Nazareners fremd. Er predigte ein Reich Gottes, keine Zwei-Reiche-Lehre. Sein Glaube unterschied nicht zwischen privat und öffentlich, stattdessen zwischen Kaiser und Gott. Er war gewiss: Es funktioniert nicht, zwei Herren zu dienen. Denn wo das Herz ist, da ist für den Menschensohn auch Gott.

Unsere Welt braucht heute noch mutige Geister und beherzte ›Geisterscheider‹. Die Kirche braucht inspirierte Menschen mit guter Ausstrahlung, einem Leuchten, das andere zu entzünden vermag. In seiner Antrittsrede als Präsident Südafrikas zitierte Nelson Mandela 1994 Worte der US-amerikanischen spirituellen Autorin, Unternehmerin und Politikerin Marianne Williamson, die bis heute Mut machen wollen, unser Licht leuchten zu lassen, weil Burn-out oder falsche Bescheidenheit keine Lösungen sind: »Unsere tiefste Angst ist nicht, dass wir unzulänglich sind. Unsere tiefste Angst ist, dass wir unermesslich machtvoll sind. Es ist unser Licht, das wir fürchten, nicht unsere Dunkelheit. Wir fragen uns: ›Wer bin ich eigentlich, dass ich leuchtend, begnadet, phantastisch sein darf?‹ Wer bist du denn, es nicht zu sein? Du bist ein Kind Gottes. Wenn du dich klein machst, dient das der Welt nicht. Es hat nichts mit Erleuchtung zu tun, wenn du schrumpfst, damit andere um dich herum sich nicht verunsichert fühlen. Wir wurden geboren, um die Herrlichkeit Gottes zu verwirklichen, die in uns ist. Sie ist nicht nur in einigen von uns, sie ist in jedem Menschen. Und wenn wir unser eigenes Licht erstrahlen lassen, geben wir unbewusst anderen Menschen die Erlaubnis, dasselbe zu tun. Wenn wir uns von unserer eigenen Angst befreit haben, wird unsere Gegenwart ohne unser Zutun andere befreien.« (Williamson 1992) Wo viel Licht ist, ist auch viel Schatten. Das soll uns nicht hindern, Licht der Welt zu sein und die Geister zu scheiden. Nur wessen Herz selbst brennt, der kann andere entfachen, das eigene Licht zum Leuchten zu bringen.

Gedämpfter Geist – Burn-out

Wer seinen inneren Antrieb verloren hat, leidet am Burn-out des Geistes. Da ist nichts mehr mit Trotz-dem-Kraft, Widerstandsgeist, mystischen Tiefenerfahrungen. Da wird dir der Stecker gezogen, da kannst du nicht mehr aus dem Bett aufstehen, da scheint dir die Sonne nicht. Es tröstet dann auch nicht, dass es anderen Menschen genauso ergeht. In diesem Fall funktioniert es nicht, dass geteiltes Leid halbes Leid bedeutet. Eine schwebende, in Bewegung befindliche Energie gab den Startschuss für Gottes Schöpfung. »Der Geist Gottes schwebte auf dem Wasser.« (1. Mose 1,2) Kunsthandwerker wurden mit Gottes Geist erfüllt. »Und der Herr redete mit Mose und sprach: Siehe, ich habe mit Namen berufen Bezalel ... und habe ihn erfüllt mit dem Geist Gottes, mit Weisheit und Verstand und Erkenntnis und mit aller Geschicklichkeit, kunstreich zu arbeiten.« (2. Mose 31,1 ff.) Gleiche Geisterfüllung geschah mit den Königen Israels (1. Sam 10,10; 16,13), den Propheten (Jes 11,2; Hes 3,12) und Jesus. »Seid brennend im Geiste« (Röm 12,11), appelliert Paulus.

Der Geburtstag der Kirche wäre ohne Heiligen Geist undenkbar: »Und sie wurden alle erfüllt von dem Heiligen Geist und fingen an, zu predigen in anderen Sprachen, wie der Geist ihnen gab auszusprechen.« (Apg 2,4) Das ist bekannt. Nur, die andere Wahrheit ist weniger bekannt: Gottes Geist kann von mir weichen, so flott, wie er gekommen ist. Von König Saul heißt es: »Der Geist Gottes wich von Saul.« (1. Sam 16,14) Gottes Geist kann abgewürgt, gedämpft und betrübt werden. »Lasst kein faules Geschwätz aus eurem Mund gehen, sondern redet, was gut ist, was erbaut und was notwendig ist, damit es Segen bringe denen, die es hören. Und betrübt nicht den Heiligen Geist Gottes.« (Eph 4,29 f.)

Mit dem Epheserbrief halten wir ein frühes Zeugnis in Händen, welches Auskunft über den Gemeindeaufbau der ersten Christenheit gibt. Die Wiederkunft Christi war ausgeblieben. Jetzt musste die Gemeinde sich in einer Welt einrichten, die ihr fremd war, und lief Gefahr, Gottes Geist zu betrüben.

Seit Jesu Himmelfahrt fühlten sich seine Nachfolger*innen auf Erden nur bedingt heimisch. Sie saßen zwischen den Stühlen aus Erwartung und Enttäuschung, mussten sich im ›Dazwischen‹ einrichten. Faulheit, Trägheit, Gleichgültigkeit waren Indizien, dass im Teamgeist etwas faul war. Deshalb: Redet, was guttut, erbaut und notwendig ist. Was gut ist, kommt von Herzen. »Den Geist zu dämpfen bedeutet, ein verstimmtes Instrument zu sein. Falsche Geisteshaltungen verstimmen das Herz. Es ist eine Form der Verwahrlosung gegenüber dem Heiligen, sodass man nicht wahrnimmt, was ›in der Luft liegt‹ – sei es, dass man dem Heiligen Geist keinen Glauben schenkt oder ihm nicht gehorcht.« (Schleske, 245) Was nützt die schönste Trompete, wenn ein Schalldämpfer draufsteckt und nicht viel herauskommt? Sind Sicherungen durchgebrannt, Geduldsfäden gerissen, fühlt sich das Leben gedämpft und taub an, ist Ursachenforschung angesagt. Depressive kennen das Gefühl, wie es ist, wenn die Welt dir erstarrt und verstummt erscheint. Die Zukunft wird dann zu einem diffusen Irgendetwas, ohne Träume und Hoffnung. Der Vergangenheit ist ihre Erinnerung an paradiesische Zeiten verlorengegangen. Und die Gegenwart fühlt sich wie ›rasender Stillstand‹ an. Alles macht dich traurig, leer und taub. Zeitgefühl und Lebensfreude sind wie ausgeflogen. Von solcher Niedergeschlagenheit ist der Geist der Trauer zu unterscheiden. Wer trauert, zeigt Gefühle, die Ausdruck einer intakten Weltbeziehung sein können. Im Burn-out wenn die Seele wie ausgeschüttet vor einem liegt, findet nicht selten ein

Nicht-Weinen statt, weil selbst zur Verflüssigung der inneren Traurigkeit die Kraft fehlt.

Ein anderer Hemmschuh unseres Geistes kann der Verstand sein. Betrachte ich meine Welt nur durch die Brille der Ratio, bleibt ein Auge blind. Da fehlen das sehende Herz, die Berührbarkeit durch die Seele. »Infolgedessen wird Entfremdung immer dann und dort überwunden, wo Subjekte in der Interaktion die Erfahrung machen, dass sie von anderen oder anderem berührt werden, dass sie aber auch selbst die Fähigkeit haben, andere(s) zu berühren.« (Rosa, 306) Berühren und berührt werden ist der Schlüssel, sich wieder die Welt dort zu erschließen, wo sie mir kalt und hart geworden war. Solches Bemühen erhält seine Dämpfer, wo »die Eigenschwingung der Beteiligten nicht verstärkt, sondern geschwächt oder gestört wird«. (Rosa, 306 f.) Ein erkaltetes, enges, selbstbezogenes Herz ist der größte Bremsklotz für die *ruach*, den göttlichen Geistatem. »Der Begriff ist aller Wahrscheinlichkeit nach verwandt mit rewah = Weite. *ruach* schafft Raum, sie setzt in Bewegung, führt aus der Enge in die Weite und macht so lebendig.« (ebd.) In der Erfahrung der *ruach* wird das Göttliche als Person, als Kraft, vor allem aber als Raum erfahren, jener Freiheit, in welchem sich das Lebendige entfalten kann (vgl. Moltmann, 56). Angst kommt von Enge, Gottes *ruach* zielt auf Weite, schafft Spielräume. Nach jüdisch-kabbalistischer Tradition lautet einer der geheimen Namen Gottes MAKOM: der »weite Raum« (vgl. ebd.). In einem Psalm heißt es: »Du stellst meine Füße auf weiten Raum.« (Ps 31,9) Bei Hiob lese ich: »Auch dich lockt er aus dem Rachen der Angst in weiten Raum, wo keine Bedrängnis mehr ist.« (Hiob 36,16). Gottes Geist ruft den Menschen aus der Enge des Todes in die Weite eines neuen Lebens, er will uns Ruhe und Zufriedenheit schenken. »Schaffet Ruhe den Müden!« (Jes 28,12) Darum geht es in der Schwitzhütte menschlicher Sehnsucht: Nach den Schrecken des babylonischen Exils kehrte wieder Ruhe in Israel ein. Jesaja hatte Rettung in Aussicht gestellt: »Nicht ein Engel und nicht ein Bote, sondern sein Angesicht half ihnen. Er erlöste sie, weil er sie liebte und Erbarmen mit ihnen hatte ... so brachte der Geist des Herrn uns zur Ruhe.« (Jes 63,9 ff.) Es ist schwer, Ruhe zu finden, sich zu spüren und frei zu empfinden. »Vielleicht sind ja die Verzerrungen von Gitarren und Verstärkern gerade Ausdruck des Versuches, in einer taub gewordenen Welt Resonanzen zu erzwingen.« (Rosa, 496)

Ein weiteres Hemmnis des Geistes kann die Sorge sein vor Verletzungen, Kränkungen und Demütigungen. Bevor uns davon etwas zugemutet wird, machen wir dicht. »Vieles, was in unseren Beziehungen zu anderen Menschen und auch in unseren Beziehungen zu Gott schiefgeht, liegt daran, dass wir unsere Verletzungen ausklammern und sie in Enttäuschungen abkapseln, die wir uns nicht eingestehen. Uneingestandene Enttäuschungen aber lassen das Herz erblinden. Wir werden blind, weil wir nicht mehr verletzt werden sollen. Ein Mensch, der beschlossen hat, nicht mehr verletzt oder enttäuscht zu werden, hat auf eine ernüchterte Weise beschlossen, nicht mehr zu lieben.« (Schleske, 192) Alles hat seinen Preis; Offenheit kann zum Kontrollverlust führen. Wer liebt, setzt sich dem Risiko aus, enttäuscht zu werden. Wer mit einem hörendem Herzen in die Welt zieht, dem können all die Hilferufe zu viel werden. Aber was wäre die Alternative? Auf hart machen? Cool, unverwundbar und unsinkbar sein wollen, wie die Titanic oder Siegfried in der Nibelungensage? Wir wissen, wie es ausgegangen ist. »Die Inspiration und Kraft, die wir erfahren sollen, passt mit der Atemlosigkeit unserer Zeit nur schwer zusammen. Aber wir sind dem Hamsterrad nicht ausgeliefert. Es liegt an uns, unser Leben anders zu begreifen.« (Schleske, 253)

Der mächtigste Hemmschuh kann ein Zuviel an Angst sein. Unser Antrieb entspringt weniger der Gier nach mehr »Welt«, »sondern aus der Angst, abgehängt zu werden und damit Weltreichweite beziehungsweise die Ressourcen zur Weltanverwandlung zu verlieren. Konkurrenz und Resonanz sind damit aber zwei inkompatible Welthaltungen.« (Rosa, 695) Der Wettbewerb der Welt erzeugt Gewinner und Verlierer. Damit verschärft sich die Angst der Verlierer: »Wettbewerbe beruhen systematisch auf der Idee des Übertreffens und damit der Steigerung, und sie erzeugen ... ständige Unruhe und Unsicherheit.« (ebd.) Die Angst, abgehängt zu werden, raubt den Schlaf, blockiert Weite und Offenheit – beides Einflugschneisen der Geistkraft. Das Korsett der Angst macht begegnungs- und bewegungsunfähig, »indem sie die anziehende und motivierende Kraft der ›Attraktoren‹ wirkungslos macht. Im Zustand der Angst ... ist das Subjekt notgedrungen darauf bedacht, sich *nicht berühren zu lassen* und damit Resonanzen zu vermeiden.« (ebd., 206 f.) Jesu Zwischenruf lautet: »Seid getrost, ich bin's; fürchtet euch nicht.« (Mt 15, 27) Sein Ruf galt in Panik geratenen Jüngern auf stürmischer See. In Jesu Augen sind wir bei Trost, weil er uns einen ›Tröstergeist‹ hinterlassen hat, ein spirituelles Gegenüber zu der »Fürchte-dich-nicht-Botschaft« der Engel an Weihnachten und Ostern.

Paulus konnte nicht anders, als das Evangelium vom Gekreuzigten und Auferstandenen in eine angstbesetzte Welt zu tragen. In Gang gesetzt wurde er durch die Gnade Christi, »die jetzt offenbart ist durch die Erscheinung unseres Heilands Christus Jesus, der dem Tod die Macht genommen und das Leben und ein unvergängliches Wesen ans Licht gebracht hat durch das Evangelium.« (2. Tim 1,10) Paulus benennt sein Antidepressivum: Christus hat seinen Todesengeln, seiner Depression, die Macht genommen. »Fürchtet euch nicht!« (Lk 2,10), so tönt es von himmlischen Heerscharen auf irdischen Feldern in die Ohren und Herzen der Hirten. Gleichen Ruf hören drei traurige Frauen am offenen Grab Jesu von einem Engel: »Fürchtet euch nicht!« (Mt 28,5) Vor der Klammer aller Evangelien steht als das entscheidende Vorzeichen dieses »Fürchte-dich-nicht!«. Fürchte dich nicht, dich vom Leben in all seiner Verletzlichkeit und Fülle berühren zu lassen. Ein Leben, das sich dem Leben aussetzt, hat mit Restrisiken zu leben. Ein Satz, eine Geste, ein gebrochenes Versprechen genügen, um zum Brandbeschleuniger unserer Ängste zu werden. »Wer in Sorgen und Ängsten lebt, hat keinen Zugang zu den Weisheitsschätzen seiner Seele; dem Ich fehlt der Mut, Dinge nicht zu verstehen. Darum beschränkt er sich auf das, was er weiß. Die Angst treibt ihn dorthin, wo er sich seiner selbst sicher ist. Dort aber geschieht nichts Kreatives.« (Schleske, 98)

Ängste, die ums nackte Überleben kämpfen, würgen die Freude ab, strangulieren die Kreativität. Liegt die Welt in Trümmern, brennt das Weltenhaus, dann sind Geistesblitze und Gänsehautmomente Mangelware. Umso erstaunlicher, wenn gerade dann das Licht des Glaubens weiterglimmt, ein Funke Menschlichkeit aufblitzt. »In mir ist es finster, aber bei dir ist das Licht. Ich bin einsam, aber du verlässt mich nicht. Ich bin kleinmütig, aber bei dir ist der Friede. In mir ist Bitterkeit, aber bei dir ist die Geduld. Ich verstehe deine Wege nicht, aber du weißt den Weg für mich«, betete Dietrich Bonhoeffer 1944 in seiner Berliner Gefängniszelle. »Im Dunkel unserer Nacht entzünde das Feuer, das nie mehr verlischt«, singen Unzählige in der Versöhnungskirche von Taizé. Im Untergrund tiefer Resignation strömt ein Geist der Auferstehung, rührt sich neuer Mut zum Sein.

Gottes Geist ist unverkäuflich, unverfügbar und unberechenbar. Davon erzählt eine abwegige Szene in der Apostelgeschichte.

Sie spielt in der Region Samaria. Hier gab es Konvertiten, die mit Wasser getauft waren, den Heiligen Geist aber noch nicht empfangen hatten. Die Apostel schickten aus Jerusalem Petrus und Johannes in die Gegend. Als sie den Neubekehrten die Hände auflegten, kam der Geist auf sie: »Da legten sie die Hände auf sie und sie empfingen den Heiligen Geist.« (Apg 8,17) Ein Magier namens Simon, der sich im Dunstkreis dieser Christenmenschen aufhielt, fragte nach, ob die Kraft dieses Geistes käuflich zu erwerben sei? »Als aber Simon sah, dass der Geist gegeben wurde, wenn die Apostel die Hände auflegten, bot er ihnen Geld an und sprach: Gebt auch mir die Macht, damit jeder, dem ich die Hände auflege, den Heiligen Geist empfange.« (Apg 8,18 f.) Die unbestechlichen Jünger redeten Tacheles: »Petrus aber sprach zu ihm: Dass du verdammt werdest mit samt deinem Geld, weil du meinst, Gottes Gabe werde durch Geld erlangt. Du hast weder Anteil noch Anrecht an dieser Sache; denn dein Herz ist nicht rechtschaffen vor Gott.« (Apg 8,20 f.) Was für eine tolle Story! Warum ist diese Geschichte in den westlichen Kirchen nahezu unbekannt? Immerhin geht es um einen unbestechlichen Geist und unbestechliche Jünger, samt dem Hinweis, wo Gottes Geist wohnt: im Herzen!

»Die Welt als Ganzes ist im Zuge der Reichweitenvergrößerung für den modernen Menschen paradoxerweise unverstehbar und unerreichbar geworden. Als wissenschaftlich und technisch attackierter Gegner wird sie ihm darüber hinaus eben dadurch, durch ihr fortwährendes Sich-Entziehen, zu einer anhaltenden Kränkung.« (Rosa, 702) Da wirken Kräfte, wenn erlittene Kränkungen sich nicht bearbeiten lassen. Vieles von unserer durch Konsum, Kommerz und Konkurrenz angetriebenen Weltordnung ist toll inszeniert. Wir taumeln von einem Event zum anderen. Überall heißt es: Gänsehaut! Aber was berührt wirklich? »Und weil auf diese Weise die Selbstwirksamkeit ermöglichende

Verbindung fehlt, steht die Affizierung stets in der Gefahr, reine Rührung an die Stelle der Berührung treten zu lassen«. (Rosa, 705) Auch vor Kirchentüren macht der Schein großer Gesten, Gerüche und Gestaltungsbedürfnisse nicht Halt. Vermehrt umzingeln uns rührende, manipulative Gefühlswelten, hochkirchlicher Kitsch, frömmelnder Zuckerguss, aufgepumpte Banalitäten. Alle arbeiten mit ähnlichen Tricks. Hauptsache die Kassen klingeln, Steuern sprudeln. Volksmissionarische Strategen erhoffen sich damit eine letzte Chance fürs Überleben der Volkskirche. Schick, digital, fit für die Zukunft, locker vom Hocker mit Bistrotisch und Latte macchiato. Doch ohne Glaubwürdigkeit, innere Freiheit, einen unverfügbaren Geist wird das nichts. Showtime wird nicht unsere Rettung sein. Es geht um Berührung, nicht um Rührseligkeit und Gefühlsduselei.

Auf ein Hemmnis der besonderen Art sei hingewiesen, das im protestantischen Raum Spuren hinterlassen hat. Im 19. Jahrhundert bertrat Friedrich Schleiermacher als Begründer einer modernen Bewusstseins- und Erfahrungstheologie die Bühne. Er war der Meinung: »Ist das Gottesbewusstsein im unmittelbaren Selbstbewusstsein des Menschen immer schon mitgesetzt, sofern dieses sich als ein schlechthin abhängiges weiß, dann gibt es eine Kontinuität vom Geist des Menschen zum Geist Gottes.« (zit. n. Moltmann, 18) Schleiermacher schwärmte idealistisch vom Geist Gottes im Geist des Menschen. Umzingelt vom deutschen Idealismus Hegels, dem Lebensgefühl der Romantik, wusste er gar nicht, wohin mit seinen überschüssigen religiösen Gefühlen.

Karl Barth, sein theologischer Antipode Anfang des 20. Jahrhunderts, war anders gestimmt. Er hatte die Schrecken des Ersten Weltkriegs in den Knochen, sah hellsichtig frühzeitig in Hitlers Machtergreifung nichts Gutes. Der Wahn nationaler Gefühlsseligkeit, die Bereitschaft, den Führer als Messias einer deutschvölkischen Christenheit zu feiern, war für Barth Folge einer Theologie, die keine kritische Unterscheidung der Geister entwickelt hatte. Dem Gefühlstaumel seiner Zeit setzte er eine kritische Theologie des Wortes Gottes entgegen, die in das Bekenntnis der ›Barmer Theologischen Erklärung‹ (1934) einfloss. Schleiermachers romantische Sichtweise war für Karl Barth zur Gefahr geworden, zum Einfallstor eines Gefühlsüberschwangs ohne Korrektiv. Für Barth entsteht das Gottesbewusstsein im Menschen allein von Gott her, durch die Offenbarung eines ›ganz anderen Gottes‹. Gottes Geist wirkt unabhängig von menschlichen Anknüpfungspunkten. Der Mensch ist bei Barth, wie bei Paulus und Luther, angewiesen auf Gottes Selbstoffenbarung in Christus. Für Barth ist in der Welt Gottes Geist nicht unmittelbar erfahrbar: Er wirkt verborgen. Ein ›qualitativer Unterschied‹ unterscheidet Gottes Geist von menschlicher Begeisterungsfähigkeit. Barth: »Es gibt dann die bleibende Diskontinuität vom Geist Gottes zum Menschen. Der Heilige Geist ist dann kein Moment unserer Erfahrung Gottes, sondern ein Moment der Offenbarung Gottes an uns.« (zit. n. Moltmann, 18)

Schleiermachers Ansatz war der Antwortversuch auf das religiöse Erfahrungsbedürfnis seiner Zeit. Der Mensch wollte sich aus seiner ›selbstverschuldeten Unmündigkeit‹ (I. Kant) befreien. Die Romantik vertraute der Rationalität, Industrialisierung und kapitalistischen Weltsicht nicht. Dem Gefühl kam eine eigenständige Bedeutung zu. Nicht der Kopf, sondern das Herz wurde zum Offenbarungsort der Selbstvergewisserung. Karl Barths Kritik an der Überbewertung solcher Sichtweise ist als Gegenreaktion seiner Zeit verständlich, aber hatte blinde Flecken. Müsste ich mich entscheiden, würde ich es mit einem Popsong halten: »Herz über Kopf«. In diesem Song heißt es nämlich: »Das Herz sagt bleib, der Kopf sagt geh.«

In diesem Konflikt bleiben Unschärfen. In seinem Buch ›*Filled with the Spirit*‹ (Erfüllt vom Geist) stellt der Religionswissenschaftler John Levison fest: »Das Alte Testament [macht] im Allgemeinen keine große Unterscheidung zwischen dem göttlichen Geist und dem Lebensgeist, den Gott dem Menschen in den Körper eingehaucht hat.« (zit. n. Tomlin, 98) Die Unterscheidung zwischen dem Geist Gottes bzw. dem Wirken der *ruach* und dem des Menschen stellt sich in Teilen des Neuen Testaments anders dar: »Die ersten Christen sahen ... durch das ekstatische Element in der griechisch-römischen Religion und Kultur des 1. Jahrhunderts den Heiligen Geist als eine besondere Gabe, die dem Glaubenden an Christus auf den Fersen folgt ... die ... mehr ist als der dem Menschen bei der Geburt von Gott gegebene Geist.« (zit. n. ebd.) Die jüdische Schechina-Idee, d.h. die Einwohnung Gottes in seinem Volk Israel, kann hier eine Brückenbauerin sein: »Die Schechinavorstellung macht ... auf die Empfindsamkeit Gottes ... aufmerksam: Der Geist wohnt ein [im Menschen], der Geist leidet mit, der Geist wird betrübt und gedämpft, der Geist freut sich mit, der Geist ist in seiner Niederlassung und Einwohnung im irrenden und leidenden Geschöpf voller Triebkraft und Sehnsucht nach Einigung mit Gott und seufzt nach seiner Ruhe in der neuen vollkommenen Schöpfung.« (Moltmann, 64) Dieser Geist des ›anderen Gottes‹ tritt durch Einwohnung im Menschen in Kontakt (s. Schleiermacher), ohne sein ›Anderssein‹ aufzugeben (s. Barth), »damit Gott sei alles in allem«. (1. Kor 15, 28) Soweit zu einem protestantischen Schalldämpfer. Was gibt es noch?

»Wie ein Resonanzkörper die Schwingungen der Saiten durch seine eigenen Resonanzen färbt und hörbar macht, so haben auch wir einen Resonanzkörper für Gott: Es ist das vertrauende Herz.« (Schleske, 104) In Eph 1,18 lese ich: »Gott gebe euch erleuchtete Augen des Herzens, damit ihr erkennt, zu welcher Hoffnung ihr berufen seid.« Das Erkennen der Hoffnung ist mehr als ein Akt des Verstandes. Bis ins Leuchten unserer Augen hinein lässt sich ablesen, was wir gehört haben. »Es ist ein Geheimnis, dass unsere Quellkraft nie etwas anderes sein kann als das, wodurch wir diesem Leben unsere Liebe zeigen. Das ist es, wonach Christus ein reifes Leben fragt: ›Wofür brennst du? Wie willst du mir deine Liebe zeigen?‹« (Schleske, 195) Der charismatische Geigenbauer und Autor spiritueller Literatur Martin Schleske weiß, wo seine Quellkraft sprudelt und was sie zu hemmen vermag: »In der Bergpredigt spricht Jesus von den Schichten der Verwahrlosung, die die schechina auf Abstand halten: das Verlies der *Bitterkeit;* die Quälgeister der *Sorgen,* die *Kleinkrämerei* des Aufrechnens – all das, was ohne jede Freigiebigkeit und Großzügigkeit ist; die *Rechthaberei,* der Budenzauber der *Geltungssucht,* die dich mit Erfolgsversprechungen lockt und zum Raubbau an deiner eigenen Seele treibt; die *Maßlosigkeit,* die deinen Willen schwächt; die *Verbissenheit,* die alle Dinge überzieht, aber ohne Weisheit ist, da sie nicht wahrnimmt, was durch Gottes Geist geschieht; die *Habgier,* die deinen inneren Kompass völlig verwirrt und dir die Gelassenheit raubt; die Schärfe deiner *Kritiksucht,* die wie Feuer in deinen Augen brennt und dich blind macht für dich selbst.« (ebd.)

Neben Habgier kann besonders mein Ehrgeiz eine kraftraubende Energie sein. Das Wort Ehrgeiz (oder besser »Ehrgeist«?) entspringt der Gier. Ehrgeiz bedeutet Gier nach Ehre, Ansehen, Anerkennung und Prominenz. »Wer sich davon treiben lässt, der verliert den Kontakt mit sich selbst ... Die Gier stachelt zwar seine Kräfte an. Aber da er sie nicht aus einer tieferliegenden Quelle bezieht, sondern nur aus seinem eigenen Willen, treibt er Raubbau mit sich selbst und beutet er seine Energiequelle rücksichtslos aus.« (Grün, 18) Machen wir uns nichts vor: Am eigenen Burnout sind nicht immer die anderen schuld. Für mich habe ich eine

Faustformel entwickelt: 50 % hat mit mir zu tun. 50 % ist systemisch, menschlich, von außen mitbedingt.

Brennendes Herz - Burn-on

Martin Buber schreibt in seinem Werk ›Das Leben der Chassidim‹: »Hithlahawuth ist ›das Entbrennen‹, die Inbrunst der Ekstase ... Die Welt ist nicht mehr ihr Ort: Sie ist der Ort der Welt. Hithlahawuth erschließt dem Leben seinen Sinn. Ohne sie hat auch der Himmel keinen Sinn und kein Wesen ... Allerorten und allezeit kann Hithlahawuth erscheinen ... Nichts kann sich ihr entgegenstemmen, nichts sie herabdrücken; nichts kann sich ihrer Macht erwehren, die allen Körper zu seinem Geist erhebt. Wer in ihr ist, ist in der Heiligkeit.« (Buber, Werke III, 21) Wie erhebend, wie alles Entbrennen mich zu Gott hin erheben kann! Hartmut Rosa sagt es so: »Wir lieben oder verlieben uns häufig genau dann in jemanden, wenn er oder sie sich ganz in Resonanz mit sich selbst und mit der Welt befindet, an eine Sache ganz und gar hingegeben ist, (selbstvergessen) tanzt oder spielt oder vor Begeisterung ›brennt‹.« (Rosa, 141)

Ich werde den Moment nicht vergessen, als ich nachts in der New Yorker Central Station auf der Empore dieses eindrücklichen Bahnhofes stand und eine in Wolle gewickelte Frau erblickte, die gedankenverloren, sich selbst vergessend in weißem Gewand – wie ein Sufi – im Kreis drehte. Ihr Wesen war beseelt von einer faszinierenden Anmut, einer in sich ruhenden Ausstrahlung, die den riesigen Raum bis in den letzten Winkel durchflutete. Es war, als wäre alles in ihr ein einziges, leibhaftiges Gebet. Sie wirkte mit sich und der Welt im Reinen, strahlte etwas berührend Versonnenes aus, als würde sie im vollkommenen Einklang mit allen Resonanzachsen dieser Welt sein. Sie wirkte dabei wie aus der Welt gefallen.

Die Mystik des Islams kannte auch Freigeister: die Sufis. Ihr Name – von arabisch *suf*, Wolle – deutet auf ihre Herkunft aus dem Asketentum in Ostpersien hin: Sufis trugen ein Wollgewand als Zeichen ihrer Askese und Armut. Seit dem 8. Jahrhundert sind sie eine Erscheinungsform des islamischen Glaubens. Sie werden Derwische genannt und verbringen ihr Leben mit Wanderschaft und Gebet. Sufismus bedeutet, nichts zu besitzen, um von nichts besessen zu sein. Die Grande Dame der wissenschaftlichen Erforschung der muslimischen Mystik, Annemarie Schimmel, überlieferte vom afghanischen Mystiker Rumi: »Was ist Sufismus? Er sprach: Freude finden im Herzen, wenn die Zeit des Kummers kommt.« (zit. n. Sölle, 56) Sufismus, ein in Wolle gewickeltes, auf Wanderschaft und im Gebet befindliches Leben, setzt auf Freude, wenn schwere Zeiten drohen, und auf Freundschaft. Dorothee Sölle nimmt Gedanken von Rumi für eine Unterscheidung der Geister auf: »Ich knüpfe noch einmal an den Gedanken Rumis vom ›Gefängnis‹ an, in dem der Mensch ohne Gottgedenken eingeschlafen ist (I 2.1), und versuche, unser Gefängnis der Ersten Welt am Ende des Jahrhunderts zu beschreiben. Es scheint mir durch zwei Tendenzen bestimmt, die sich als ›Globalisierung‹ und ›Individualisierung‹ perfekt ergänzen.« (ebd., 241)

»Eigentlich geht es in allem um dieses Feuer der Gottesgegenwart, jene feurige Flamme, die in uns brennt, ohne uns zu verzehren.« (Schleske, 322) Das ist eine heiße Sache, wenn Gott und Mensch sich nahekommen. Da brennt die Hütte, ohne dass der Mensch vergehen muss. Brennen, ohne verzehrt zu werden, das ist es. Bei Paul Tillich knistert das *Feuer des Unbedingten* bei diesem Nahekommen. – Nur schade: Heiße Herzen sind eher die Ausnahme. Ständig Feuer und Flamme sein verträgt kaum einer. Fortwährend mit Haut und Haar engagiert sein, das geht an die Substanz – fragt sich nur: welche? Im Alltag laufen wir auf Sparflamme, ist unser Gehirn im Überlebensmodus bemüht, ein Minimum an Energie aufzuwenden. Die Neurowissenschaft hat uns beigebracht: Aus energetischen Gründen bleibt der Mensch lieber faul, verbraucht er so wenig Energie wie möglich.

»Wenn du nach deiner Sendung fragst, dann heißt das nicht: Ich muss die ganze Welt verändern. Aber jeder, und so auch du, prägt diese Welt auch mit durch seine persönliche Ausstrahlung, durch die Worte, die er spricht, durch die Stimmung, die er verbreitet, durch die Gedanken und Gefühle, die von ihm ausgehen. Wir sind nicht verantwortlich für die ganze Welt. Aber wir sind verantwortlich für die Welt um uns herum.« (Grün, 157) Gottes Geist ist ansteckend. Wir strahlen ihn aus. Ein entfachtes Herz hört, was zu beherzigen ist. »Dass wir hinausziehen können in die Welt, um den Platz zu finden, der ›uns anspricht‹, an dem wir heimisch werden können, den wir zu dem Unseren machen dürfen – das ist die Verheißung der modernen Freiheitsvorstellungen.« (Rosa, 599) ›Heimisch werden‹ lautet das psycho-emotionale Versprechen der Moderne. Was gilt es da zu beherzigen? Die Ethik fragt: Was kann ich Gutes tun? Die Religion fragt: Wo ist gut sein? Wo kommt mein Herz zur Ruhe? Nichts ist falsch daran, geistreich und sinnvoll leben zu wollen. Diese Bedürfnisse sind berechtigt, solange wir nicht übersehen, wie privilegiert und milieubezogen wir fragen. Es dürfen nicht all die auf der Strecke bleiben, die unter anderen Umständen groß wurden, die Solidarität brauchen, damit sie ihre Träume leben können.

John Wesley: »Gott atmet beständig, seit alters her, die Seele an, und die Seele atmet zu Gott hin.« Dieses Bild des Atems, der wechselseitigen Beatmung, geht davon aus, dass beidseitiges Ein- und Ausatmen die Existenz des Menschen und Gottes sichert. »Der Gottesgeist ist das vibrierende und vitalisierende Energiefeld des Lebens: Wir sind in Gott und Gott ist in uns; unsere Lebensregungen werden von Gott erfahren und wir erfahren die

Lebensenergien Gottes.« (Moltmann, 175) Gott braucht uns. Wir brauchen seinen Odem.

In der Romantik formulierte Novalis: »Der Mensch spricht nicht allein – auch das Universum spricht – alles spricht – unendliche Sprachen.« Himmel und Erde sprechen auf je eigene Weise, verschaffen sich Gehör. Wie bei den Propheten und ihren Berufungserlebnissen wartet das Universum auf unsere Antwort. Sie lautet: Siehe, hier bin ich! Rückfrage: Erwarte ich vom Himmel, dass er zu mir spricht? Ist meine Seelenmembran offen für himmlisch-irdisches Ein- und Ausatmen? Die Welt entfaltet ihren vollen Klang, wo das brennende Herz in sie hineinzuhören vermag. Wie das aussehen könnte, formuliert Martin Schleske so: »Ich hatte ein starkes Feuer für das Matthäusevangelium gefangen. Es war mir die größte Freude, täglich nach der Arbeit in der Ausbildungswerkstatt dies Evangelium durchzugehen und meine Gedanken zu notieren. Die Freude und Unmittelbarkeit, die ich empfand, wenn Dinge anfingen, mir ins Herz zu sprechen, war bisweilen so stark, dass es kaum auszuhalten war. Ich musste dann irgendetwas tun und zog meist meine Laufschuhe an, um (halblaut Loblieder singend) durch den Wald zu laufen. In dieser Zeit lebte ich – in einer Intensität wie selten zuvor – in zwei Welten gleichzeitig, ohne aber, dass die Liebe zur einen der anderen etwas genommen hätte.« (Schleske, 115) In zwei Welten leben, zwischen Himmel und Erde sein, sich im Gleichklang fühlen, in Ausnahme- und in Alltagssituationen. Glücklich der Mensch, dem dies gelingt. Ich kenne es auch anders; den Überschuss meiner Begeisterungsenergie, mein Feuer, das ungebremst auf andere überspringt, ob sie es wollen oder nicht. Meine Frau könnte ein Klagelied davon singen. Ich gestehe zu: Es kann ein Zuviel an Begeisterung geben, was ungewollt zu Flächenbränden führt, deren Kollateralschäden nicht sachdienlich sind.

Bei Hartmut Rosa hört sich das Zusammenspiel der beiden Dimensionen so an: »Die Etablierung von Resonanzachsen ist aber nicht nur zeitintensiv, sondern setzt auch voraus, dass sich die Subjekte dem betreffenden Weltausschnitt vertrauensvoll öffnen. Denn dispositionale Resonanz … geht unvermeidlich einher mit einem hohen Maß an Verletzbarkeit. Wer bereit ist, sich berühren zu lassen, nimmt in Kauf, verletzt zu werden.« (Rosa, 693) Herzensangelegenheiten sind nicht billig zu haben. Was kostbar ist, hat seinen Preis. Zum Wesen des Herzens gehört seine Verwundbarkeit. Wie in der Liebe kommen wir im Leben ohne verletzliche Weltverhältnisse nicht aus. Wer berührbar ist, bleibt verwundbar, irritierbar, angreifbar. Solch eine Verfasstheit lebt vom Urvertrauen ins Weltverborgene. Ein Gott, der unter die Haut geht, im Herzen wohnt, lebt von unserer Berührbarkeit als Resonanzraum seiner Liebe. »Man kann sich gegen das Leben panzern und sichern, dann wird man von seinen Wundmalen verschont, aber man verschont sich damit auch vor dem Leben selbst. Die Hingabe an das Leben hat seinen Preis: die Narben, die Wundmale.« (Steffensky, Feier des Lebens, 26) Nur ein brennendes Herz kann andere entfachen. Nur ein berührbarer Mensch kann andere berühren. Nur ein verwundbarer Gott heilte unsere Wunden.

Max Weber, der Klassiker der Soziologie, hat Anfang des 20. Jahrhunderts die Szenarien einer Welt beschrieben, in der es eiskalt und stahlhart zugeht. Dazu Hartmut Rosa: »Im Zusammenspiel kapitalistischer Ökonomie und bürokratischer Verwaltung entsteht für Weber der ›ungeheure Kosmos‹ und das ›stahlharte Gehäuse‹ einer vollkommen resonanzlosen Welt, in der selbst das (intellektuelle) *Versprechen* einer vertikalen Resonanzachse, welche den protestantischen Gläubigen *kognitiv* in Gestalt seines Glaubens an eine transzendente Macht und *affektiv* … vor allem in den Kirchenliedern noch beseelte, nach und nach verschwand.« (Rosa, 553)

Webers Kritik richtete sich gegen die Wirkungsgeschichte eines Calvinismus in nordamerikanischem Gewande. Ganz falsch ist sie bis heute nicht. Sowohl die kapitalistische Ökonomie wie ihre staatlicherseits dazugehörigen bürokratischen Verwaltungen bilden die Gitter eines goldenen Käfigs, der unser Mitgefühl hemmt, den Freigeist dämpft, die Bedürfnisse der Schöpfung missachtet.

Jürgen Habermas sieht in der modernen Gesellschaft die Herausbildung zweier gesellschaftlicher Systeme am Werk: »des bürokratischen Verwaltungsstaats und der kapitalistischen Ökonomie –, die sich über die Steuerungsmedien *Macht* und *Geld* regulieren ... In den meisten Kontexten des sozialen Lebens wird daher die alltägliche Handlungskoordination eben nicht durch Verständigung erreicht, sondern über Preise (im Bereich der Wirtschaft) oder rechtliche Regelungen (in der Sphäre von Staat und Verwaltung) gesichert.« (zit. n. Rosa, 589) Für eine Weltgemeinschaft mag das entlastende Effekte haben, wenn die Mühen der Kommunikation durch das Medium des Preises und rechtlicher Regelungen ersetzt werden. Teamgeist und Sozialerfahrungen bleiben jedoch dabei auf der Strecke. In der Sphäre des Geldes und Rechtes verblassen andere Werte, verstummt der Ruf nach Gerechtigkeit, haben Propheten keine Chance. In Arealen, in denen dem menschenwürdigen Miteinander Zwangsjacken umgelegt werden, landet die Seele auf dem Altar des Mammons. »Ein Selbst zum Beispiel, das zu einem Gegenstand der Berechnung und Handhabung geworden ist, hat aufgehört, ein Selbst zu sein. Es ist ein Ding geworden.« (Tillich, Mut zum Sein, 126) Ein zum Ding gewordenes Selbst verkümmert zu einem geistlosen Wesen. Vom Neurobiologen Gerald Hüther wissen wir: »Wenn man sich so richtig für etwas begeistert ... wird im Mittelhirn eine Gruppe von Nervenzellen erregt ... Nur für das, was einem Menschen wichtig ist, kann er sich auch begeistern, und nur, wenn sich ein Mensch für etwas begeistert, kommt in seinem Gehirn die Gießkanne mit dem Dünger in Gang, werden all jene Netzwerke ausgebaut und verbessert, die der betreffende Mensch in diesem Zustand der Begeisterung nutzt.« (Hüther, 92 ff.)

Spiritualität – Ressourcen

Das Wort »Spiritualität« kommt von »spiritus« und bedeutet: geistlich leben. Die Spiritualität ist eine Dienerin des Geistes, die in aller Freiheit und Unverfügbarkeit spirituelle Übungen, Gewohnheiten und Rituale schätzt. Fulbert Steffensky, ehemaliger Benediktinermönch, spricht gerne davon, dass es wenig Sinn macht, erst Schwimmen lernen zu wollen, wenn ein Schiff in Seenot geraten ist. Spiritualität als Kraftquelle, das Gebet als Ort der Konzentration und Sammlung sind einzuüben wie das Schwimmen, am besten, bevor Bewährungsproben anstehen. Solche Übung, das Einüben in Regelmäßigkeit geschieht im Regelfall nicht mit heißblütigem Herzen. In meiner zweijährigen Ausbildung zum geistlichen Begleiter saßen wir bis zu siebenmal täglich gemeinschaftlich schweigend 25 Minuten im Kreis; ich auf einem Hocker, weil ich es mit dem Kniebänkchen nicht so kann. Schön ist das viele Sitzen nicht. Aber es tut gut, um Herz und Sinne zu öffnen, sodass andere Bewusstseins- und Tiefenschichten sich öffnen.

Zum Wesen der Gewohnheit gehört es, sich nicht dauernd zu fragen: Wie geht es mir? Wonach ist mir gerade? Spirituelles Leben lebt mehr und mehr von der Selbstverständlichkeit. Die Geschichte des Mönchtums ist voller Erfahrungswerte, was da zu tun oder zu lassen ist. Gerade für selbstbezogene Protestanten empfiehlt es sich, nicht ständig den Lackmustest eigener Befindlichkeiten durchzuführen. Üben wir uns ein, fügen wir uns, auch wenn wir nicht ständig die Anrufung der Welt, große Gänsehautmomente, brennende Herzen verspüren. »Hier erscheint es zunächst einmal wichtig festzuhalten, dass wahre Religion immer eine *Inspiration* ist, die sich aus der wachen Wahrnehmung heraus ergibt. Eine solche Wahrnehmung kann man trainieren – und das ist der Grundsinn aller spirituellen Praxis. Man kann sich ihr einfach nur öffnen, in dem Sinne, dass man die eigenen Antennen ausgerichtet hält«. (Kunstmann, 33)

Und noch tiefer geblickt: »In dieser Welt mit ihrer modernen Krankheit zum Tode wird wahre Spiritualität die Wiederherstellung der *Liebe zum Leben*, also der *Vitalität* sein. Das volle und rückhaltlose Ja zum Leben und die volle rückhaltlose *Liebe zum Lebendigen* sind die ersten Erfahrungen des Geistes Gottes, der nicht umsonst *fons vitae*, ›Quelle des Lebens‹, genannt wird.« (Moltmann, 109). Solch ein Ja zum Leben fällt nicht vom Himmel. Es ist auf Erden einzuüben, durch Lebenshaltungen, die sich der Welt öffnen, mit Ohren, die hören, Augen, die sehen, offenen Herzen, die auf Empfang sind. Glauben, ein spirituelles Leben, sind Geschenke und Grundhaltungen. Bei allem Unbewussten, Unaussprechlichen und Unverfügbaren geht es um eine bewusste Justierung der Weltanschauung, um mein Ausrichten der eigenen Antennen auf Gesagtes und Geschriebenes, um intuitive Orientierung an der Kompassnadel meines Herzens. – »Nicht zwischen wahr und falsch gilt es sich zu entscheiden, sondern zwischen Treue und Verrat, und zwar in Bezug auf den Bund, den JHWH mit den Kindern Israels schließt ... Mit der Konzeption dieses Bundes kommt der ›Glaube‹ ... in die Welt, der die eigentliche, revolutionäre Neuerung des biblischen – alttestamentlichen, neutestamentlichen und islamischen – Monotheismus darstellt. ›Glaube‹ heißt im Alten Testament dasselbe wie ›Treue‹, nämlich Vertrauen in den Bund, in die Verheißungen Gottes, in den Eid, den er den Vätern geschworen hat.« (Assman, 11) Glauben bedeutet Treue halten, Vertrauen haben, Vertrauen zu dem Gott, der durch seinen Geist alles ins Leben rief. Eine lebendige Spiritualität führt zurück zur Quelle, bindet zurück an den Ursprung, aus dem alle Kraft entspringt. Solche Rückbindung ist kein Zufall, kein Lotteriespiel oder beliebiger Zeitvertreib, sondern Praxis, Lebenspraxis, Übung – ein Paradox im überreichen Reich der Spiritualität.

In der Zeit der Reformation stellten sich ähnliche Fragen: Was vermag der Mensch? Wenn der Glaube Geschenk Gottes ist, was kann der Mensch dazu beitragen? »Mit unserer Macht ist nichts getan«, sang man fröhlich und bescheiden in den Gottesdiensten vergangener Tage. Aber ohne unsere Macht ginge doch auch nicht viel, oder? Tätig werden in einem Glauben, der weiß: Alles Wesentliche liegt an Gottes Segen – Letzeres schließt Ersteres nicht aus. Auf der Suche nach Spurenelementen Gottes in der Welt hilft eine Spiritualität, die sich darin übt, für Gottes Worte und Weisungen offen zu sein. Spirituell leben bedeutet dann, mit der freudigen Vermutung unterwegs zu sein, dass uns die Signaturen des Himmels in jedem Moment begegnen können, besonders in stillen, leuchtenden, aber auch aufwühlenden Augenblicken.

»Das Angesprochenwerden durch ein Werk oder eine ästhetische Begegnung ist die privilegierte, dominant institutionalisierte und ritualisierte Form, in der moderne Subjekte vertikale Resonanz im Sinne der unverfügbaren und bedeutungsvollen Stimme eines Anderen erfahren.« (Rosa, 481) Ohne es religiös überfrachten zu wollen, teile ich mit Rosa die Erfahrung, dass im Resonanzraum ästhetischer Begegnungen sich hohe Erfahrungswerte einer *Spiritualität der Berührbarkeit* finden lassen. Erscheint die Welt stumm und Gott in ihr abwesend, kann Musik, Kunst, Literatur oder Tanz ein wundervoller Raum für die Sensibilisierung unserer sieben Sinne sein.

Die Künstlerkolonie in Worpswede, nördlich von Bremen, oder der ›Blaue Reiter‹ in München waren Sammelbecken kreativer Geister. Der Dichter Rainer Maria Rilke sah in Worpswede einen

»Himmel von unbeschreiblicher Veränderlichkeit und Größe« und die Malerin Paula Modersohn-Becker schwärmte 1897 von einem »Wunderland«. Diese Orte der Schaffenskraft zahlreicher namhafter Künstler*innen wurden für viele Menschen zu Tankstellen für Geist und Seele. Die Literatur Rilkes, die Landschaftsmalerei der Worpsweder bilden weiterhin ein attraktives Heimatangebot für erschöpfte Seelen. Wo der Himmel die Erde berührt, Museumsbesuche, Konzerte zu Festtagen einer heilsamen Welt werden, wundert es nicht, wenn wir das Wehen des Geistes verspüren. »Wo Subjekte Schönheit erfahren, erfahren sie die Möglichkeit einer gelingenden Beziehung zur Welt und damit *reales Glück* – weil diese Beziehung indessen nicht ihre alltägliche und praktisch-tätige Weltbeziehung, nicht ihr gelebtes Weltverhältnis beschreibt, bleibt sie zugleich auch *Schein,* der Trauer und Sehnsucht erzeugt.« (Rosa, 482)

Je stärker solches Erleben Glück entfacht, umso eher kommt Wehmut auf, dass solch seltene Augenblicke vergänglich sind, dass diese Art der Resonanzverhältnisse nicht unseren Alltag bestimmen, sondern inspirierende Ausnahmefälle in uninspirierten Gefilden bleiben. Bis dahin sind Nachtwanderungen und Nachtfahrten zu überstehen, ist die Dunkelheit uns näher als das Licht, klebt uns der Schatten der Schwermut an den Füßen. Die Romantik beschwor solch süßsauren Schmerz der Melancholie als kleines Ersatzglück erlebter Intensität. Für wenige Augenblicke ließen sich Sein und Schein, Wahn und Wirklichkeit, lustvoller Schmerz und schmerzvolle Lust nicht mehr unterscheiden. Im Zustand solch unterschiedslosen Außer-sich-Seins verschoben sich die Perspektiven. Solch seltenes, schmerzhaft-süßes Erleben wurde manchen Geistesgrößen zur Last, weil sie eine Verantwortung vor der Tür stehen sahen, die sie überforderte. Sie sahen sich dann gedrängt, solches Erleben in Worte zu fassen,

Zeugnis abzulegen von unfassbar anderen Welten. Vom Geist entfachte Herzen sehnen sich nach Verständigung, Gemeinschaft, Austausch über Sphären des Schein- und Unscheinbaren, des Leidvollen und Leidenschaftlichen, des Euphorischen und Melancholischen. Die Welten um sie herum offenbaren sich Kunstschaffenden als vibrierendes Mischgewebe himmlischer und irdischer Fäden. Hierin sich zu verweben und zu verspinnen, davon etwas zu verkünden und zu zeigen, das ist und bleibt eine Kunst, deren Schönheit zu berühren und zu begeistern vermag. Die Musik ragt da als Sonderfall heraus. Sie durchdringt alle Sphären in einzigartiger Weise, im Außen wie im Innen, im Himmlischen wie Irdischen; sie erreicht Gottes Ohr und des Menschen Herz. Beten, Singen und Loben durchschreiten ebenso himmlische wie irdische Membranen: nackt, verletzlich, berührbar – im Grunde wunderschön.

Musik und Kunst sind beliebte Freizeitaktivitäten. Freizeitforscher fanden heraus, dass drei Motive beim Engagement von Ehrenamtlichen im Vordergrund stehen: 1. Spaß haben, 2. Sinnvolles tun, 3. Gemeinschaft erleben. Stimmt die Stimmung in der Truppe, geht es allen gut ist Energie vorhanden, um einiges zu bewegen. Die Rede war an anderer Stelle schon mal von ›Teambuilding‹. Dieses geht davon aus, dass alle etwas dazu beitragen, dass der Spirit stimmt. Die Quelle ehrenamtlichen Engagements sind brennende Herzen, die bewegen, motivieren und antreiben. Emotionen (lat.: emovere, herausbewegen) sind Kräfte, die uns in Bewegung bringen. Menschen ohne inneren Antrieb haben auf der Langstrecke Motivationsprobleme. »Doch ohne Emotionen sind Verstand und Wille wie ein Motor, der nicht geölt ist und daher heiß läuft.« (Grün, 29 f.)

Mose und siebzig Älteste wurden vom Geist so sehr ergriffen, dass sie den Zustand der Verzückung gar nicht mehr verlassen wollten (vgl. Num 11,24-30). Kollektives Verzücktsein, das Brennen für eine gemeinsame Sache eröffnet erstaunliche Resonanzräume. »Der Ursprung und der Kern der Religion ist kein Gottesglaube – und auch überhaupt kein Glaube. Religion ist Ekstase im wörtlichen Sinne: Heraus-Stehen, Außer-sich-Sein im Sinn eines Eintauchens in die Welt und eines Bezugs zum Anderen.« (Kunstmann, 40) Apropos »Bezug zum Anderen« – lauschen wir dazu Harmut Rosas frischen Gedanken zum Stichwort ›soziale Energie‹: »Die vorherrschenden sozialtheoretischen Ansätze basieren allzu oft auf einem statischen Bild von Gesellschaft ... Woher und wie aber kommt die Bewegung darin zustande? Wie anders etwa lässt sich die (oft plötzliche) Zu- und Abnahme der Kraft sozialer Bewegungen ... erklären ..., wenn nicht auf der Basis eines Konzepts zirkulierender sozialer Energie? Einer Energie, die weder auf Physik noch auf individuelle Antriebsenergie reduziert werden kann?« (Rosa, in: DIE ZEIT, Nr. 3, 11. Januar 2024, 47) Mir gefällt die Idee sehr gut, dass es eine soziale, kollektive Energie, sozusagen etwas Verbindendes zwischen individuell brennenden Herzen gibt, welche letztlich metaphysische, überindividuelle Energiegründe hat.

Wir spüren den Spirit einer Gemeinschaft, eines Unternehmens, einer Schule allein schon bei der Wahrnehmung des Gebäudes, der Außenanlage, beim Betreten der Räume. Intuitiv haben wir Antennen, die uns spüren lassen, welcher Geist hier weht. Wir können uns gut riechen, oder auch nicht. Wir suchen gerne Orte auf, wo es ›stimmt‹, lieben Kneipen, die stimmig sind; schätzen Kirchen, deren Atmosphäre uns zur Ruhe kommen lassen. Bei jedem Karnevals-, Gesangs- oder Fußballverein lässt sich ablesen, wofür die Mitglieder brennen. Ihr gemeinsamer Spirit ist mehr als die Addition engagierter Einzelakteure. Unter diesem Gesichtspunkt muss ich zugestehen, dass Leonardo Boff mich einen milderen Blick auf die charismatische Bewegung lehrte. Er gesteht dieser Gruppierung zu, »die emotionale Intelligenz und die empfindsame Vernunft des Herzens, die gegenwärtig aufgrund der Krise der funktionalen, analytischen Vernunft stark debattiert werden, für das Glaubensleben wieder erschlossen zu haben.« (Boff, 46) Die Impulse dieser Bewegung lassen sich als Antwort auf die Krise einer zu funktional wie rational organisierten Kirche verstehen. Weil wir als überorganisierte Großkirche den pfingstlichen Pfad verlassen haben, der zu einem begeisterten ›Priestertum aller‹ führen sollte, geht Gott andere Wege. In der Geschichte der Kirche lassen sich solche Pendelbewegungen beobachten wie ein Naturgesetz. Ideal wäre eine Koalition von Macht und Charisma, Chaos und Ordnung, Glaube und Vernunft, Basisbewegung und verfasster Kirche: »Ein Herr, ein Glaube, eine Taufe.« (Eph 4,5)

Das passt m.E. auch zu Dorothee Sölles Sicht der Dinge: »Ein mystisch-ökologisches Bewusstsein versteht sich eingebunden in alles, was existiert. Alles, was ist, kann nur in der Koexistenz der Beziehung leben und überleben. Diese Koexistenz verbindet uns mit den Jahrmillionen der Evolution und zugleich mit dem Wasser unserer Enkelkinder ... Sie braucht eine andere Weltfrömmigkeit.« (Sölle, 369) Damit wären wir bei der Frage einer nachhaltigen Spiritualität angelangt, einer Weltfrömmigkeit, die nicht den eigenen Nabel ins Zentrum der Aufmerksamkeit stellt, sondern sich in Koexistenz mit allem versteht, was lebt und leben will.

»Was die Psalmen an Geistesgegenwart in der Tiefe des menschlichen Herzens darstellen, das entfaltet die Weisheitsliteratur in der Weite des natürlichen Kosmos ... Die Weisheit Gottes spricht aus der Schöpfung zu den Menschen, um sie zur Übereinstimmung mit dem Schöpfer zu bringen und so weise zu machen.

Darum ›erzählt‹ der Himmel, das Firmament ›verkündet‹ und all seine Werke ›loben‹ Gott.« (Moltmann, 59) Gottes Liebe kennt keine Obergrenzen. Dem Wirken seiner Weisheit sind keine Grenzen gesetzt. Keine Angst vor Pantheismus! Nach Franz von Assisi haben Christen viel zu wenig Mühe darauf verwendet, Gott in der Schöpfung zu suchen. Es mangelt an einem Mitgefühl für unsere Mitgeschöpfe. Das alttestamentliche Buch der Weisheit sieht Geist und Weisheit, *ruah* und *chokma*, in eins. Beide Begriffe sind austauschbar, wenn es in Weisheit 1,7 heißt: »Der Weltkreis ist voll Geist des Herrn«, und in 12,1: »Dein unvergänglicher Geist ist in allen Dingen.« Oder: »Ich weiß alles, was verborgen ist und offenbar ist, denn die Weisheit, so aller Kunst Meister sie ist, lehrt mich's, denn es ist ein Geist in ihr, der verständig ist.« (Weish 7,21 f.) Geist und Weisheit verkörpern eine in der Welt anwesende Wirklichkeit Gottes. Sie bildet die Schnittmenge zwischen Himmel und Erde, kreiert ein einzigartiges ›Berührungsrefugium‹ zwischen Schöpfer und Geschöpfen.

Für Joachim Kunstmann hat Religion zu zeigen, »aus welcher Quelle die Menschen trinken können«. (Kunstmann, 12) Zuallererst bieten sich Gottes wunderbare Schöpfung und in ihr der Schöpfergeist als unerschöpfliche Kraftquellen an. War es Zufall, dass in Corona-Zeiten die Natur als Ort des Aufatmens entdeckt wurde? Oder: Warum erlebt Pilgern einen Boom, als neue Form einer religionsübergreifenden Spiritualität? Auf den Pilgerwegen der Welt lässt es sich erleben, wie gut es tut, aus der Natur neue Kraft zu schöpfen; gerade angesichts zunehmend erschöpfter Gesellschaften. Da wird Gemeinschaft in fast urchristlicher Weise erlebt; ohne Dogmen und Mitgliedschaftsbeiträge. Da finden sich Freundschaften fürs Leben.

Gott spricht: »Ich will dem Durstigen geben von der Quelle des lebendigen Wassers, umsonst.« (Offb 21,6) In freier Natur zwischen Wuppertal bis Santiago hält Gottes Geist für die Durstigen so allerlei gratis, allein aus Gnade bereit.

Lebenskraft und Geisteskraft, Schöpferkraft und Tatkraft, brennende Herzen und unauslöschliches Brennen korrespondieren miteinander. »Und der Engel des Herrn erschien ihm in einer feurigen Flamme aus dem Dornbusch. Und er sah, dass der Busch im Feuer brannte und doch nicht verzehrt wurde.« (2. Mos 3,2) Alles Sein ist Energie. Echte Begeisterung lässt sich an unseren Augen ablesen: »Die *leuchtenden Augen* eines Menschen können dann als sicht- und tendenziell messbares Indiz dafür gelesen werden, dass der ›Resonanzdraht‹ in beide Richtungen in Bewegung ist: Das Subjekt entwickelt ein intrinsisches, tendenziell handlungsorientierendes und öffnendes Interesse *nach außen*, während es zugleich *von außen* in Schwingung versetzt oder affiziert wird.« (Rosa, 279) Rosas Bild vom *vibrierenden Draht* zwischen Innen und Außen gefällt mir. Es lässt sich als Metapher für unser Verbundensein mit Gottes Geist deuten. »Zwischen Pflanzen und Gärtner, zwischen Büchern und Gelehrtem, zwischen Brettern und Schreiner, Teig und Bäcker, Geige und Geiger bilden sich genuine Antwortbeziehungen in dem für resonante Weltbeziehungen charakteristischen Sinn heraus.« (Rosa, 395) Setzen wir diese Beobachtung fort, ergibt sich ein Resonanzverhältnis als Antwortverhältnis zwischen Schöpfer und Geschöpf. »Religion ist die innere Resonanz auf die Wahrnehmung der großen, unendlichen Welt. Sie ist die Erfahrung eines gesteigerten Bewusstseins, das mit einem Gefühl der Verbundenheit mit dem großen, weiten Leben einhergeht.« (Kunstmann, 28)

Religion ist die Sphäre innerer Resonanzen – es gibt aber auch äußere Resonanzen: In unserem Leben stellt die Erwerbsarbeit eine zentrale Resonanzsphäre dar. Hier entscheidet sich für viele ihr Glück und Unglück. Groß ist der Wunsch, es gut zu machen. »Wenn aufgrund von Wettbewerbs- und Optimierungszwängen der über den Austausch von Informationen und die funktionale Kooperation hinausgehende Kontakt zur Arbeit ... verloren geht, wenn das Gefühl für die Qualität der Arbeit unter dem Druck der Kennziffern verschwindet und keine Zeit für das Genießen von und die Erholung nach Erfolgen bleibt, während Anerkennungssignale durch Vorgesetzte nur noch als *strategisch,* zur Aktivierung noch größerer Anstrengungen wahrgenommen werden, droht für die Betroffenen in der Tat eine zentrale Resonanzachse des modernen Lebens zu versiegen.« (Rosa, 399) Wird Lob zur Strategie, Wertschätzung zur Farce, kann dies den Werktätigen nicht schmecken. Unglaubwürdigkeit nährt die eigene Tatkraft nicht.

Der Mönch und Ökonom Anselm Grün skizziert zu diesem Thema: »Wenn wir aus der Quelle des Heiligen Geistes arbeiten, bekommt unsere Arbeit eine ganz bestimmte Ausstrahlung. Wir haben Lust zu arbeiten. Es blüht um uns herum etwas auf. Und auch andere um uns herum finden Gefallen an dem, was sie tun.« (Grün, 82) So sollte es sein! Luther sah im Beruf eine Berufung, die Möglichkeit eines Gottesdienstes im Alltag der Welt. Ja, Spiritualität ist weit mehr als ein Herumturnen in gottesdienstlichen, abgezirkelten Welten, mehr als tägliche Gebets- und Sitzübungen. Sie will als ganzheitliches, rückgebundenes, einzuübendes Gestellt- und Gestimmtsein im universellen Resonanzraum Gottes in einer hoch fragilen Welt gelebt, gestaltet und erfahren werden.

In einem Gespräch zwischen dem Journalisten und TV-Moderator Michael Krons und dem Soziologieprofessor Dr. Heinz Bude wird Letzterer als Autor des Buches ›Das Gefühl der Welt. Über die Macht von Stimmungen‹ (2016) nach der Bedeutung von Stimmungen für eine Gesellschaft gefragt. Für Heinz Bude stellen Stimmungen den Rahmen dar, in dem Werturteile gefällt werden. Stimmungen sind die ›Tönung der Welt‹. Egal, was wir sagen, wir sagen es in einer bestimmten Stimmung. Stimmungen beobachte ich nicht nur bei anderen. Alles, was ich sage, sage auch ich in einer eigenen Stimmung. Auch die, die sich für Rationalisten halten und bemüht sind, neutral ihre Ansichten zu formulieren, vermitteln ihre Überzeugungen in bestimmten Stimmungen. »Wir können nicht nicht kommunizieren«, hat Paul Watzlawick einmal gesagt. Wir können ebenso nicht ohne Stimmungen kommunizieren. Stimmungen stellen so etwas wie das Gefühl der Welt dar (Michael Krons im Gespräch mit Dr. Heinz Bude). Das größte Glück in fragilen Welten ist ein Leben, in dem es ›stimmt‹, in dem wir in Übereinstimmung sind mit uns, unseren Mitgeschöpfen, unserem Schöpfer. »Daher lässt sich der lateinische Begriff *re-ligio* am besten als Verbundenheit (›Rück-Verbindung‹) deuten.« (Kunstmann, 28) Die Welt spürt an uns, in welchem Geist wir leben, wie wir gestimmt sind, ob Beziehungen stimmen, ob unser Außen und Innen gut in Verbindung sind.

Spiritualität meint ›Leben im Geist‹, aus göttlicher Geistkraft, geistlich leben. Religion ist Rückbindung an unsere spirituellen Ressourcen. Beide Begriffe führen in die Tiefe, an die Wurzeln unseres Seins. Die französische Philosophin und Mystikerin Simone Weil schreibt: »Die Entwurzelung ist bei Weitem die gefährlichste Krankheit der menschlichen Gesellschaft. Wer entwurzelt ist, entwurzelt. Wer verwurzelt ist, entwurzelt nicht. Die Verwurzelung ist vielleicht das wichtigste und meistverkannte Bedürfnis der menschlichen Seele.« Der spirituell entfremdete Mensch ist ein entwurzeltes, von seinen Ressourcen abgeschnittenes Wesen. Konkret: Wer nicht weiß, wie bedeutsam Verwurzelung ist, versteht zum Beispiel den Schmerz derer nicht, die aus ihrer Heimat flüchten mussten.

Wenn Verwurzelung das meistverkannte Bedürfnis der Seele ist, bleiben spirituelle Fragen: Wo gehöre ich hin? Was trägt mich? Worin gründe ich mich, wenn Sturm aufzieht? Woraus schöpfe ich Kraft? Heimat ist da, wo ich liebe und geliebt werde; wo ich so sein darf, wie ich bin. Heimat ist da, wo ich verstanden werde und ich andere verstehe. Zurück zu den Wurzeln war der Ruf der Reformation. Transformationen werden nur gelingen, wenn ernst genommen wird, woher wir kommen, woraus wir Energie schöpfen, was uns in die Wiege gelegt wurde; wenn geklärt wurde, welche Traditionen es wert sind, in die Zukunft ›über-setzt‹ zu werden. Zurück zu den Wurzeln ist der intimste Ruf aller Religionen. Der Mensch als Alleinunterhalter ist kein abendfüllendes Programm. Der Mensch erschöpft sich zu schnell, wenn er glaubt, alles aus sich selbst schöpfen zu müssen. Zeige mir deine Wurzeln, und ich sage dir, wes Geistes Kind du bist.

Weißt du, wo dein Grab sein wird? Der Komiker und Kölsche Karnevalist Marc Metzger – bekannt als ›Da Blötschkopp‹ – singt: »Der letzte Wagen es immer e Kombi.« In unseren Breiten ist das unstrittig. Paul Gerhardt dichtete als 14. Strophe des Klassikers ›Geh aus, mein Herz, und suche Freud‹: »Mach in mir deinem Geiste Raum, dass ich dir werd ein guter Baum, und lass mich Wurzel treiben.« Schöner lässt sich das Anliegen gelebter Spiritualität kaum in Worte fassen. Das größte Glück des Menschen in einer zerrissenen Welt ist ein Leben in Übereinstimmung mit sich selbst, seinen Mitmenschen, seiner Mitwelt und einem Glauben, der von Gottes Geist inspiriert wird. Es ist einem Menschen abzuspüren, welcher Geist ihn beseelt, aus welchen Quellen er schöpft, welche Wurzeln ihm Halt geben, welche Verbindungen und Rückbindungen ihn tragen. Was davon geben wir unseren Kindern weiter? Was packen wir ihnen in ihre Rucksäcke? Welche Spiritualität leben wir ihnen vor, die Geschmack aufs Unendliche macht, auf ein vitales, von Gottes Geist begeistertes Leben? In jeder Religion sind Elternhäuser die Keimzelle für die Weitergabe des Glaubens.

In einem ZEIT-Magazin-Interview fragte die Literaturwissenschaftlerin, Kunstgeschichtlerin und Politikwissenschaftlerin Claire Beermann den Magnum-Fotografen und Weltreisenden Christopher Anderson: »Was möchten Sie ihren beiden Kindern auf Ihren gemeinsamen Reisen vermitteln?« Anderson antwortete ihr: »Ich hoffe, dass meine Kinder auf diesen Reisen einen Sinn für das Entdecken bekommen. Ich möchte, dass sie der Welt gegenüber offen sind. Ich glaube nicht, dass man ihnen das beibringen kann; aber ich versuche, ihnen so viel wie möglich von der Welt zu zeigen. Mir geht es darum, dass meine Kinder sich mit der Welt verbunden fühlen.« (Anderson/Beermann, 27)

Geistreiches Gottesreich – Zukunft

»Der Heilige Geist ist mehr als eine Stimmung oder Aura, die wir gemeinsam haben. Er ist eine andere Welt, in die wir hineingezogen werden und die anders funktioniert und andere Ziele und Motive hat als unsere Welt.« (Tomlin, 138) Liegt im Wissen um diese andere Welt der Grund, dass eine gewisse Weltfremdheit zum Charisma des Christentums gehört? Bei aller Liebe zum Leben und zur Weltgestaltung bleibt als Christenmensch eine natürliche Distanz zu den Angelegenheiten der Welt. Die Bibel formuliert es so: Wir sind *in*, aber nicht *von* dieser Welt. Das Glück der Erde liegt nicht auf dem Rücken der Pferde und erst recht nicht in dieser Welt. Christliche Hoffnung nährt sich von einem Mehrwert. »Es ist die Erfahrung des Geistes, die Christen in jeder Gesellschaft unruhig und heimatlos macht, sie nach dem Reich Gottes trachten lässt (Hebr 13,14), denn es ist eben diese Gotteserfahrung, die sie dazu bringt, einer gottlosen Welt der Gewalttat und des Todes zu widersprechen und zu widerstehen.« (Moltmann, 86) Jürgen Moltmann, der ›Theologe der Hoffnung‹, beschreibt ein kritisch-distanziertes Weltverhältnis, welches Dietrich Bonhoeffer mit der Formulierung *»Widerstand und Ergebung«* auf den Punkt brachte. Solche innere Unruhe, solches Gefühl der Heimatlosigkeit, des Getriebenseins kostet unendlich viel Kraft. Wer kommt nicht gerne zur Ruhe? Wer hätte nicht gerne ein Zuhause? Andererseits erlaubt dieser Abstand zum Getriebe der Welt eine Freiheit und Unabhängigkeit von ihren Konkurrenzkämpfen und olympischen Spielen. Und dieser Abstand eröffnet eine Nähe zu den Welten, die nicht von dieser Welt sind. Die Sprache meiner Glaubensmütter und -väter nennt es ›Gottes Reich‹! Der moderne Mensch mit seinem ausgeprägten Autonomiebedürfnis mag sich in westlichen Gefilden gegenwärtig noch so frei fühlen wie nie. Doch Hand aufs Herz, wirkt er immer mehr, »wie ein in der Wüste verirrter Reisender« (Kunstmann, 29). Auch der größte Freiheitskämpfer wird auf Erden seine letzte Ruhe nie finden. Paulus wusste darum: »Da hatte ich keine Ruhe in meinem Geist.« (2. Kor 2,13)

Bis unser Unterwegssein in Gottes Reich einmündet, pilgern wir durch ein spannungsreiches Auf und Ab an Gefühlen. Nichts ist da sicher. Alles andere wären falsche Versprechen. Aber verheißen ist uns einiges. »Durch *ruach*, und d.h. durch die Gegenwart Gottes bis in die Tiefen des menschlichen Seins, kommt es zum wirklichen Tun der Gebote Gottes ... kommt es zur gelebten und lebendigen Übereinstimmung der Menschen mit Gott zu ihrem Glück und zu seiner Ehre.« (Moltmann, 59) Gottes fleischgewordenes Wort, der geistbegabte Menschensohn, führte aller Welt das Reich Gottes vor Augen. »Es braucht freilich den Heiligen Geist, damit ich die Worte der Bibel so verstehe, dass sie zu einem Licht für mein Leben werden.« (Grün, 121)

Seine Reich-Gottes-Botschaft illustrierte Jesus bevorzugt mit Gleichnissen. Martin Schleske merkt zum Thema ›Gleichnisse‹ in seiner Beschäftigung mit Hans-Peter Dürrs Quantenphysik an: »Auch die Wissenschaft spricht in Gleichnissen ... Die Zukunft ist ein brodelndes Potenzialfeld, ein potenzielles Möglichkeitsfeld. Es ist im Grunde das Gleiche gemeint. Die Quantenphysik hat bis heute nur sehr vorsichtig angefangen, die (seit Aristoteles eingeübten) klassischen Wirklichkeitsvorstellungen zu revidieren.« (Schleske, 226) Gottes Reich gleicht einem gigantischen Energiefeld an Potenzialen. Schon aus dem Hier und Heute lässt sich die notwendige Kraft schöpfen für den nächsten Schritt in die gewiesene Richtung, in der die Verheißung wohnt. Zwischen den Polen »Schon jetzt« und »Noch nicht« entstand das Christentum. Aus diesem spannungsreichen Zustand, mit einem auf Zukunft hin ausgerichteten Glauben, lässt sich der gute Nektar süßer Hoffnung ziehen.

In seiner Predigt »Dennoch bejaht« beschreibt Paul Tillich die aktuelle Zerrissenheit des Menschen: »Die Fremdheit des Lebens zum Leben zeigt sich in der befremdenden Tatsache, dass wir alles wissen und doch noch so leben können – heute und morgen –, als wüssten wir nichts davon. Dabei denke ich an die Feinfühligsten unter uns. In der Menschheit wie in der Natur ist das Leben vom Leben getrennt. Entfremdung beherrscht alles, was lebt. Die Sünde ist übermächtig geworden.« (Tillich, In der Tiefe ist Wahrheit, 148) In einer Welt voller Sünde wächst die Kraft der Zerstörung, ist die Isolation des Individuums übermächtig, werden die Anlässe der Verzweiflung größer als der Glaube an ein gutes Ende. Tausende Gründe sprechen aktuell gegen Gott.

Paul Tillich benennt ein Trotzdem, Gründe der Hoffnung: »Wir erfahren die Gnade, die imstande ist, die tragische Trennung der Geschlechter, der Generationen, der Völker, der Rassen, selbst die Trennung zwischen den Menschen und der Natur zu überwinden. Manchmal erscheint in all dieser Entfremdung die Gnade, die uns wiedervereint mit dem, zu dem wir gehören. Denn Leben gehört zu Leben.« (ebd., 153) So könnte es sein. Aber von nix kommt nichts. Dazu passt das Ende von Ernst Blochs »Prinzip Hoffnung« und sein Bekenntnis zu einer Heimat, die »in die Kindheit scheint und worin noch niemand war«. Bloch setzt auf die Überwindung aller Entfremdung durch Einführung eines romantisch-radikalen Heimatbegriffs. Das Mittel zur Anverwandlung der Welt sah er in einer Weltaneignung durch tätige Menschen: »Der Mensch lebt noch überall in der Vorgeschichte, ja alles und jedes steht noch vor der Erschaffung der Welt, als einer rechten. Die wirkliche Genesis ist nicht am Anfang, sondern am Ende, und sie beginnt erst anzufangen, wenn Gesellschaft und Dasein radikal werden, das heißt: sich an der Wurzel fassen. Die Wurzel der Geschichte aber ist der arbeitende, schaffende, die Gegebenheiten umbildende und überholende Mensch. Hat er sich erfasst und das Seine ohne Entäußerung und Entfremdung in realer Demokratie begründet, so entsteht in der Welt etwas, das allen in die Kindheit scheint und worin noch niemand war: Heimat.« (Bloch, Prinzip Hoffnung, 1628)

Da ist sie wieder: die Wurzel. ›Radikal‹ kommt aus dem Lateinischen, von *radix* = Wurzel. ›Ad fontes‹, zurück zu den Wurzeln, lautete Blochs Weckruf. Reformator*innen müssen radikal sein, um Grundlegendes zu verändern. In der Welt Blochs ist ein Himmel fern und Gottes Geist nur im horizontalen Miteinander weltgestaltender Menschen wirksam. Ohne himmlischen Überbau spricht der Sozialist eine Sehnsucht an, die dem religiös obdachlosen gewordenen Weltnomaden bekannt sein dürfte: Heimat! Der Weg in die letzte Heimat ist bei Bloch ein steiniger, gepflastert aus Widersprüchen und Ängsten. Was bedeutet das für eine Umgestaltung der Welt? Gottes Reich erscheint hier ferner denn je: »Nicht das *Erobern* und *Kontrollieren* von Welt, sondern ihr *Vernehmbarmachen* gilt es in den Fokus des Handelns zu rücken, und der Modus politischen Handelns sollte nicht von Motiven des *Durchsetzens* gegen andere und gegen die Welt, sondern von der Vision und Intention des kollektiven *Gestaltens* des Gemeinwesens bestimmt sein.« (Rosa, 732) Rosas Worte haben das Zeug, den Geist Blochs und der Pfingstgemeinde aufzugreifen, zu versöhnen und in gesellschaftlichen Gefilden neu zu entfachen: im kollektiven Ausgestalten der Lehre des Bergpredigers, im Vernehmbarmachen der Sehnsucht nach Gott, in einer Vision von Gütergemeinschaft, in der niemand Hunger leidet und allen Gerechtigkeit widerfährt, verbunden mit einem Bewusstsein für die

Zeichensprache des Gebets, welches darum weiß, dass nicht alles in den Arbeiterhänden des Menschen liegt.

Nach zwei Jahrtausenden scheint der Traum von Pfingsten ausgeträumt zu sein. Durch die kirchliche Organisationswerdung entfernten wir uns immer weiter von unseren Wurzeln. Massenweise Kirchenaustritte beschämen die Herzen der Verbliebenen. »Das liegt zu einem guten Teil an der Leidenschaftslosigkeit und an den dogmatischen, kirchenamtlichen und sakralen Verkrustungen und Verhärtungen der religiösen Kultur selbst. Um es im Gleichnis zu sagen: Das lebensstiftende und -rettende Wasser der ersten faszinierenden Erfahrung ist behutsam in wertvolle Tonkrüge gefüllt worden, und diese Krüge wurden von Generation zu Generation weitergegeben ... Immer mehr galten die wertvollen *Gefäße* als die eigentlichen Quellen, die die Sehnsucht des suchenden Menschen stillen können. Für deren Aufbewahrung wurden heilige Bezirke und rituelle Ordnungen errichtet. Später etablierten sich umfangreiche wissenschaftliche Untersuchungen der Krüge. Die heiligen Bezirke können immer wieder Menschen inspirieren. Längst aber und ganz unbemerkt ist das heilige Wasser verdunstet. Auch die ursprüngliche Quelle ist in Vergessenheit geraten. Der Betrieb in den heiligen Bezirken läuft so weiter wie bisher: Das Leben aber verändert sich, die Menschen orientieren sich um.« (Kunstmann, 7 f.) Ganz reformatorisch lautet die gewiesene Richtung: Zurück zu den Quellen! Zurück in die Zukunft! Im ›Schon jetzt‹ und ›Noch nicht‹ lasst uns das pfingstliche Feuer weitertragen. Die Rückkehr zu unseren Wurzeln gleicht einer Heimkehr in Gottes zukünftiges Reich. »Dabei geht es weniger um einen Wechsel des Weltbildes, um eine andere Theorie oder ein anderes Konzept des Lebens, als vielmehr um einen Richtungswechsel der motivationalen Energien, die uns zur Welt und zum Leben in Beziehung setzen.« (Rosa, 736) Was als Kirche der

Spätmoderne fehlt, ist »eine spürbare, fühlbare Vision einer anderen Form der Weltbeziehung, ist ein Begriff für ihre namenlos gewordene Sehnsucht«. (ebd., 736 f.) Gottes Geist hält mit dieser namenlosen Sehnsucht Ausschau nach Utopien von einer besseren, versöhnten Welt. Rosas Suche nach einem resonanteren Leben kann Leitstern sein für solches Unterwegssein. »Resonanz lässt sich nicht steigern und nicht akkumulieren, und vor allem ist sie ihrem Wesen nach die Begegnung mit einem Unverfügbaren, das mit eigener Stimme spricht und als Quelle starker Wertung erfahren wird.« (ebd., 619)

Werfen wir einen Blick zurück. Lauschen wir erneut der Rede von der *schechina* (der Einwohnung Gottes), einer Rede, die im Judentum aufkam als mystisches Deutungsangebot für Gottes Gegenwart in der Welt. Diese Rede stammt aus der kultischen Sprache Israels. Ursprünglich meint sie das »Zelten« und »Wohnen« Gottes bei seinem Volk in einer transportablen Lade. Hier findet der Gott Israels »Ruhe«. Später ist er in seinem Heiligtum, im Tempel, gegenwärtig. Mit der Zerstörung Jerusalems samt Tempel und der Deportation der Oberschicht ins babylonische Exil bedurfte es einer anderen Sichtweise. Da reifte dann der Glaube einer Einwohnung Gottes in seinem Volk, seiner Begleitung durch die *schechina*. Ihre Kennzeichen sollen sein, die Freuden und Schmerzen Israels zu teilen, Mitgefühl zu zeigen und, himmlische Leidensgefährtin auf Erden zu sein. Daraus entwickelte sich die Erwartung, dass die im Exil befindliche *schechina* mit ihrem Volk aus der Fremde nach Jerusalem zurückkehre. Wenn Gott sein Volk erlösen und heimführen werde, wird seine mobile *schechina* von ihrer Irrfahrt erlöst und heimkehren ins gelobte Land.

Die Rede vom ›Geist Gottes‹ fand später in dieser Sicht einen passenden Anknüpfungspunkt. Sie ist nicht zu verwechseln mit der Rede von Gottes Allgegenwart. Eher versteht sie sich »als eine spezielle, gewollte und verheißene Anwesenheit Gottes in der Welt. Sie ist Gott selbst, an einem bestimmten Ort zu bestimmter Zeit anwesend.« (Moltmann, 67) Jesus versprach, in seines Vaters Haus gäbe es viele Wohnungen. Im Bild der *schechina* lässt sich sagen: Gottes Schöpfergeist unterhält unzählige Einwohnungsmöglichkeiten in seinen Geschöpfen. Die Zukunft Gottes wird ein Fest sein. Sie dehnt den erfüllten Augenblick in die Unendlichkeit, gewährt Heimatgefühle für Heimatlose, ein Erleben von Ganzheit, ein Gefühl ungeteilter Akzeptanz und vollkommener Schönheit. »*Wenn die Freiheit nahekommt, beginnen die Ketten zu schmerzen.* Gäbe es gar keine Freiheit oder wäre jede Hoffnung auf Befreiung in uns erstorben, dann würden wir uns an die Ketten gewöhnen und sie kraft Gewöhnung nicht mehr spüren.« (ebd., 88)

Je näher Gottes Reich rückt, umso schmerzhafter erscheinen die irdischen Bedingungen. »Bisher verstanden wir Freiheit entweder in Beziehung von Subjekt und Objekt als Herrschaft oder in Beziehung von Subjekt und Subjekt als Gemeinschaft. Jetzt entdecken wir Freiheit in der Beziehung von Subjekt und Subjekt zum gemeinsamen Projekt. Ohne diese Dimension bleibt Freiheit unbegriffen. In der Beziehung zum gemeinsamen Projekt ist Freiheit eine schöpferische Bewegung. Wer die Gegenwart auf die Zukunft hin in Gedanken, Worten und Werken transzendiert, der ist frei. Zukunft ist als Freiraum der kreativen Freiheit zu verstehen.« (ebd., 132)

Gehen wir einen Schritt weiter. Fragen wir, was das geistreiche Gottesreich mit dem Handeln der Kirche zu tun hat. Ich nehme drei Impulse von Graham Tomlin auf. Er steht als anglikanischer Bischof zwischen den Fronten einer charismatisch inspirierten Bewegung und einer verfassten Kirche, die sich ihrer Traditionen, Ordnungen und ihres theologischen Erbes verbunden weiß. Drei Schneisen schlägt er.

»Erstens: Die Kirche *bezeugt* das Reich Gottes. Sie weist in ihrer Verkündigung und ihrem Zeugnis nach vorne auf sein Kommen, auf den großen Tag der Auferstehung.« (Tomlin, 141) Die Kirche hat die Welt daran zu erinnern, dass eine andere Welt möglich ist als »diese zerbrochene, ungerechte und mit Ach und Krach funktionierende jetzige Welt«. (ebd.) Als Salz der Erde, Licht der Welt, Hefe im Sauerteig hat sie einen Auftrag für die Welt. Sie ist nicht dafür da, dass alles wie geschmiert läuft; Sie ist nicht dafür da, der Notstopfen, Reparaturbetrieb, die Notfallseelsorgerin für alle Fälle in gesellschaftlichen Krisen zu sein. Die Seligpreisungen der Bergpredigt Jesu (Mt 5,3-12) weisen in eine andere Richtung.

»Zweitens: Die Kirche weist nicht nur nach vorne auf die neue Schöpfung, sie *verkörpert* sie bereits ein Stück weit und gibt den Menschen einen echten Vorgeschmack von ihr.« (ebd.) Tomlin geht es um ›Orthopraxie‹ statt Orthodoxie. Die Kirche soll jetzt beispielhaft leben, was ihr verheißen ist, soll Vorläuferin des Reiches Gottes sein, Gegenmodell zu einer geistlosen Welt. Im Hier und Heute, nicht an Sankt Nimmerlein hat sie einzulösen, was verheißen ist. Ihr Glaube, Jesu Botschaft vom Reich Gottes, steht jetzt schon mitten auf Erden auf dem Spiel.

Drittens: »Die dritte Art der Beziehung der Kirche zur neuen Schöpfung ist das, was N. T. Wright ›Bauen für das Königreich‹ nennt. Durch die Kraft des Geistes hat das Engagement in der Kirche für die Veränderung der Gesellschaft immer einen eschatologischen Fokus; sie geht deshalb solche sozialen Probleme wie Obdachlosigkeit, kaputte Familien, die Entmenschlichung des Arbeitsplatzes usw. an, weil sie davon überzeugt ist, dass diese Welt für etwas Besseres bestimmt ist.« (ebd., 141 f.) Eine geistreiche Kirche, die sich dem Reich Gottes annähert, lebt von der sozialen Energie eines ›Priestertums aller‹. Wir sind miteinander ›ver-antwort-lich‹, mit unseren Füßen, Händen und Herzen mit

Macht ›*mit-zu-machen*‹, dass Gottes Geist ein menschenfreundliches Gesicht auf Erden erhält. Dafür braucht es Menschen, die leitende Verantwortung übernehmen, sich die Finger schmutzig machen, nicht aus Karrieregründen, sondern aus Liebe zu Gottes Schöpfung. Neben einer unabdingbaren Schwarmintelligenz sind geistreiche Hirt*innen gefragt, die der Reich-Gottes-Botschaft in allen Facetten dienen.

Im Blick auf Gottes Reich bleibt die Frage nach Werten und Haltungen, nach einer möglichen Hausordnung im Himmel und auf Erden, die für die neue Hausgemeinschaft gelten soll. Wer sich an Christus orientiert, kommt an den Seligpreisungen (Mt 5,3-12) nicht vorbei. Manchen ist das zu moralisch. Doch nur Werte machen das Leben wertvoll. »Sie vermitteln uns wahre Würde. Das englische Wort für Werte ›values‹ kommt vom Lateinischen ›valere‹. Valere heißt: gesund sein, sich wohl fühlen, gelten, kräftig sein. Die Werte sind also Quellen, aus denen wir unsere Gesundheit schöpfen, aber auch Quellen, die uns Kraft verleihen, damit wir unser Leben zu bewältigen vermögen.« (Grün, 105) Paulus: »Gott, der da sprach: Licht soll aus der Finsternis hervorleuchten, der hat einen hellen Schein in unsere Herzen gegeben.« (2. Kor 4,6) Stellen wir den hellen Schein unserer Werte nicht unter den Scheffel falscher Bescheidenheit. Treten wir in den Ring der Öffentlichkeit. Setzen wir uns für Gottes Werte ein, jetzt schon, in einer Welt, die den Ausverkauf von Menschenrechten betreibt. Scheuen wir uns nicht in der Arena vermeintlicher Alleskönner Schwäche zu zeigen, uns in Frage zu stellen und an Jesu Seligpreisungen festzuhalten. Sie bieten uns Halt an in haltlosen Zeiten.

Eine Herde braucht Hirten, ein Volk vom Volk gewählte Regierungen. Das Charisma der Leitung setzt Dialogfähigkeit, Geduld, Gelassenheit, einen gesunden Menschenverstand, die Unterscheidung der Geister voraus. Ein charismatisches Leitungsmodell hat sich in der Kirche nicht durchgesetzt; Papst Gregor XVI. (1831-1846) formulierte das so: »Niemandem kann es unbekannt sein, dass die Kirche eine ungleiche Gesellschaft ist, in der Gott die einen zum Herrschen und die anderen zum Dienen bestimmt hat. Diese sind die Laien, jene die Kleriker.« (zit. n. Boff, 216) Daran hat auch das Zweite Vatikanische Konzil (1962-1965) nichts Wesentliches verändert und der ›Synodale Weg‹ der letzten Jahre leider auch nicht. Das Neue Testament wünscht es sich anders. Jesus spricht: »Ihr aber sollt euch nicht Rabbi nennen lassen; denn nur einer ist euer Meister, ihr alle aber seid Brüder und Schwestern« (Mt 23,8). Paulus bestätigt: »Ihr alle seid also durch den Glauben Söhne und Töchter Gottes in Christus Jesus. Denn ihr alle, die ihr auf Christus getauft seid, habt Christus angezogen. Da gibt es nicht mehr Juden und Griechen, Sklaven und Freie, da gibt es nicht Mann und Frau. Denn ihr alle seid einer in Christus Jesus.« (Gal 3,26-28) Solches Verständnis wurzelt in der Ebenbildlichkeit und gleichberechtigten Geschwisterlichkeit der Kinder Gottes. Weil sie eins in Christus sind, sind sie in gleich wertvoller Weise zu einem gemeinsamen Dienst gerufen mit unterschiedlichen Ämtern, Begabungen und Aufgaben.

V.

Aufatmen

Im Laufe der Jahre hat mich der Neurobiologe Gerald Hüther mit seinen Themen und Einsichten überzeugt, wenn er weiter ausführt: »Und immer dann, wenn man sich so richtig für etwas begeistert, wenn es einem unter die Haut geht und man etwas besonders gut hinbekommen hat, wird im Mittelhirn eine Gruppe von Nervenzellen erregt ... Zum Leidwesen aller tapferen Pflichterfüller und ordentlichen Funktionierer passiert das nie im Routinebetrieb des Gehirns, wenn man all das abarbeitet, was anliegt, sondern nur in diesem wunderbaren Zustand der Begeisterung ... Wenn wir also wissen wollen, wieso Menschen so werden, wie sie werden, oder wie sie so geworden sind, wie sie sind, müssen wir herausfinden, was ihnen in der Vergangenheit wichtig war, was ihnen jetzt wichtig ist und ihnen in Zukunft möglicherweise besonders wichtig sein wird. Denn nur für das, was einem Menschen wichtig ist, kann er sich auch begeistern, und nur, wenn sich ein Mensch für etwas begeistert, kommt in seinem Gehirn die Gießkanne mit dem Dünger in Gang, werden all jene Netzwerke ausgebaut und verbessert, die der betreffende Mensch in diesem Zustand der Begeisterung nutzt.« (Hüther, 92 ff.) Erinnern wir uns an *Unvorhersehbarkeit* und *Unkontrollierbarkeit* als erste Charakteristika des Geistes? »Genau dies ist charakteristisch für die ruach: unvorhersehbar und vom Menschen nicht kontrollierbar zu sein.« (Boff, 80) Gottes Energie, gedeutet als Dünger, der aus einer Gießkanne ausgeschüttet wird, zum Leidwesen aller Ordnungswächter, ist ein anschauliches und zugleich widerständisches Bild von einer »Begeisterung«, das mir sympathisch ist.

In der Tradition des Wiener Neurologen, Psychiaters und KZ-Überlebenden Viktor E. Frankl entstand die Logotherapie und Existenzanalyse. Frankl entdeckte die im Geistigen liegenden Heilungspotenziale, sah in der geistigen Dimension den Schlüssel für seine psychotherapeutische Arbeit. Seine Rede von *Selbstdistanzierung* und *Transzendierung* geht von der Fähigkeit des Menschen aus, »einen gewissen Abstand von seinen körperlichen und psychischen Pässlich- und Unpässlichkeiten, Leiden, Begehrlichkeiten, Wünschen, vermeintlich unverzichtbaren Wichtigkeiten oder anderen Gefühlen gewinnen und sich auf anderes als nur auf das eigene Leben ausrichten zu können.« (Peeck, 21 f.) Frankls Sichtweise hebt sich von funktionalen Therapieansätzen ab, denen es um eine schnelle Wiedergewinnung der Alltagstauglichkeit geht. Die Wertschätzung des Geistigen für einen gesunden Menschen lässt einen Geistlichen und Theologen wie mich aufatmen. In der Tradition Frankls formuliert dessen Schüler Peeck: »Weil wir geistbegabte Wesen sind, sind wir mit dem Leben um uns herum viel tiefer verbunden, als es uns bewusst ist.« (ebd., 22). Für Viktor E. Frankl weiß der Geist im Leben »um seine inneren Zusammenhänge und bringt sie dem Bewusstsein in Form von Einfällen, Ideen, Intuitionen zur Kenntnis.« (ebd.) Dieser Geist transzendiert Raum und Zeit, kündigt in Träumen Tendenzen des Kommenden an, gewährt Einblick in Geschehnisse der Vergangenheit, setzt Impulse zur Bewältigung gegenwärtiger Herausforderungen. Er begleitet unsere Sinnsuche, schweißt ein Wertegeländer zusammen, das Gültigkeit beansprucht. »Geist ist immer intentional, das heißt, er ist ausgerichtet auf Sinn und Werte. Dabei begründen Werte Sinn. Immer dann also, wenn ich zu meinen Werten finde, erlebe ich Sinn. Ein Wert ist das für mich, was mich von innen her ausfüllt, was mein Herz erwärmt, wofür ich mich begeistern kann, wofür ich mich verantwortlich fühle, worin mich niemand vertreten kann, was mich unmittelbar angeht.« (ebd., 23) Damit schließt sich der Kreis, kommt zusammen, was zusammengehört: ein Leben in Verbundenheit und Gemeinschaft, das geistreich, sinnvoll, wertvoll und lebenswert ist. Diesem Geist wohnt die Kraft der Verwandlung inne!

Verwandlung – Schmetterlingskraft

Veränderungen sind möglich. Der Kopf ist rund, damit das Denken die Richtung ändern kann. Doch nicht alles ist machbar oder eine Frage von Change-Management. ›Erneuert euren Sinn‹, (griech.) ›metanoeite‹, lautet der Appell zum Sinneswandel bei Paulus. »Stellt euch nicht dieser Welt gleich, sondern ändert euch durch Erneuerung eures Sinnes, auf dass ihr prüfen könnt, was Gottes Wille ist, nämlich das Gute und Wohlgefällige und Vollkommene.« (Röm 12,2) Die Erneuerung unserer Sinne orientiert sich bei Paulus an Werten, die nicht üblicherweise in Change-Management-Kursen gelehrt werden. Ohne grundlegenden Sinneswandel, echten Perspektivwechsel wird Gutes, Wohlgefälliges oder gar Vollkommenes nicht eintreten. Vivian Dittmar geht davon aus, wenn wir Unbewusstes bewusst machen, die Lasten unseres Rucksacks entladen, gelingt ein Perspektivwechsel: »Dann geschieht dieser Wechsel auf eine andere Bewusstseinsebene, wo wir die Ordnung im Chaos, den Sinn im scheinbar Unsinnigen, das Geschenk im Schrecklichen, kurz: das Licht im Dunkel erkennen können. Diese andere Bewusstseinsebene hat etwas Irrationales, gewiss ... Ein transrationaler Blick auf unser Leben und unsere Wirklichkeit ist ein weiser Blick.« (Dittmar, Rucksack, 254)

Die amerikanische Ärztin und Enkelin eines orthodoxen Rabbis, Rachel Remen, formuliert: »Sinn zu finden verlangt nicht unbedingt, dass wir anders leben als bisher – wir müssen nur unser Leben anders sehen ... Sinn kann die Weise, uns selbst und die Welt anzuschauen, völlig verändern. Menschen, die sich selbst zuvor für Opfer gehalten haben, mögen überrascht herausfinden, dass sie eigentlich Helden sind.« (Remen, 36) Je krisenhafter die Vergangenheit war, umso eher kann im Rückblick die Überzeugung reifen, die Dietrich Bonhoeffer 1943 – nach zehn Jahren Nazi-Machtergreifung – einmal so formuliert hat: »Ich glaube, dass Gott aus allem, auch aus dem Bösesten, Gutes entstehen lassen kann und will. Dafür braucht er Menschen, die sich alle Dinge zum Besten dienen lassen.« Dass aus Bösem Gutes, aus Mist Dünger entsteht, dazu braucht es Menschen, die sich verwandeln lassen, sich der Schmetterlingskraft des Geistes anvertrauen, der Kraft, die Verwandlung möglich macht.

Raupe sein - Kindheit

Was spricht dagegen, dass Gottes Schöpferkraft am Wirken ist, wenn aus einer Raupe ein Schmetterling wird? Im Wachstumsgleichnis vom Weizenkorn hat Jesus auf solche Transformationskräfte hingewiesen: »Wenn das Weizenkorn nicht in die Erde fällt und erstirbt, bleibt es allein; wenn es aber erstirbt, bringt es viel Frucht.« (Joh 12,24) Sich erden, zu Boden gehen, sich fallen lassen, sich hingeben, nicht allein sein, sterben, Frucht bringen, so widersprüchlich kann Gottes Schmetterlingskraft sein. »Manchmal liegt der Sinn eines Samenkorns gerade darin, dich in eine völlig neue Richtung zu treiben ... Zu diesem Zeitpunkt ist es hilfreich, das Werk als etwas zu begreifen, das größer ist als du. Ein Gefühl von Ehrfurcht zu kultivieren, zu staunen, was möglich ist, und zu erkennen, dass es nicht von deiner Hand allein geschaffen ist.« (Rubin, 154) Das unterscheidet sich von jedem Management, welches der Meinung ist, wir wären unseres eigenen Glückes Schmied, seien allein verantwortlich für Veränderungen zum Guten, Wohlgefälligen und Vollkommenen hin, ob im Betrieb, in einer Partnerschaft oder in unserer Beziehung zu Gott. In den Weltreligionen herrscht Konsens, dass unser Leben mit einer Ur-Erfahrung von

Rhythmen und Schwingungen beginnt. Im Bauch der Mutter wird der Fötus geprägt von fortwährenden Bewegungen, dem Rhythmus des mütterlichen Herzschlags, einer Vielfalt an Geräuschen und Klängen. Ein Taizé-Lied singt: »Bei Gott bin ich geborgen still wie ein Kind, bei ihm ist Trost und Heil. Ja, hin zu Gott verzehrt sich meine Seele, kehrt in Frieden ein.«

Das Wort ›erbarmen‹ bedeutet im Hebräischen ursprünglich: sich im mütterlichen Schoß bergen, neu geboren werden. Wie das Kind in der Krippe ist jeder Mensch angewiesen auf andere Hände, heilvolle Kräfte, die es erwachsen werden lassen. Jesus sagt: »Wer das Reich Gottes nicht empfängt wie ein Kind, der wird nicht hineinkommen.« (Mk 10,15) Hatten wir keine gute Kindheit, ist das Urvertrauen geschwächt, wurde Misstrauen gesät, dann krankt die Psyche an einem geschwächten Selbstwertgefühl. Unsicherheiten blockieren Gefühle, erschweren emotionale Bindungen. Fühlte sich mein inneres Kind nicht geliebt, dann wächst ein Mangel an Halt, fehlt ein Kompass, der mich zuversichtlich in die Welt ziehen lässt. Das öffnet Tür und Tor für einen Teufelskreislauf, der in der Welt sucht, was sich im Eigenen nicht finden lässt: Geborgenheit, Sicherheit, Ruhe, Frieden. »Wer keine innere Heimat hat, wird sie auch im Außen nicht finden.« (Stahl, 14) Jesus sagt: »Wenn ihr nicht umkehrt und nicht werdet wie die Kinder, so werdet ihr nicht ins Himmelreich kommen.« (Mt 18,3) Umkehr ist nötig, um Veränderungen anzugehen.

»Anfängergeist heißt, von einem reinen, kindlichen Punkt des Nichtwissens auszugehen. Im Augenblick und mit so wenigen festen Überzeugungen wie möglich zu leben. Dinge als das zu sehen, was sie sind. Uns auf das einzustimmen, was im gegenwärtigen Augenblick belebt, statt auf das, was wir für nutzbringend halten ... Im Nichtwissen liegt eine große Kraft.« (Rubin, 128 f.) Das klingt paradox, ist es aber nicht. Das kindliche Vertrauen zu

Gott, das Gefühl tiefer Geborgenheit und grenzenloser Liebe ist der beste Nährboden, um zu wachsen. Die 3-G-Regel für Kinder Gottes lautet: Du bist geliebt, gewollt und wirst gebraucht. Wer in solchem Vertrauen gründet, kann die Prozesse der Pubertät, des Wachsens und Erwachsenwerdens gelassener auf sich zukommen lassen. In unserem Rucksack schleppen wir uralte Ballaststoffe herum, für die wir nichts können. Vieles wurde uns in die Wiege gelegt. Je kleiner und bedürftiger wir waren, umso wehrloser waren wir all dem ausgesetzt. Irgendwann brechen wir auf, brechen wir aus, gehen wir weg von zu Hause, raus aus Beziehungen, kündigen Arbeitsverhältnisse, verlassen Gewohntes. Die Motive sind sehr verschieden. Manche suchen die Veränderung wie der verlorene Sohn. Er war der Ansicht, wahres Leben nur fernab des Vaterhauses zu finden.

Unsere Persönlichkeitsanteile werden in den ersten sechs Lebensjahren entscheidend geprägt. In dieser Zeit bildet das Gehirn seine neuronalen Netze am intensivsten aus. Erfahrungen mit den engsten Bezugspersonen schleifen sich ein, bilden die Pfade des Denkens und Wahrnehmens. Je öfter wir sie beschreiten, sprich: wiederholen, umso mehr werden Autobahnen daraus. Mit den Jahren lernen wir, was wir von unserem Gegenüber zu erwarten haben, bilden sich Selbstwertgefühl, Vertrauen und Misstrauen aus. Kleinkinder haben noch keine Möglichkeit zu beurteilen, wie das Verhalten der anderen zu bewerten ist. Aus ihrer Perspektive – denn darauf sind sie angewiesen – gelten die Eltern erst einmal als unfehlbar. Kleinkinder entwickeln danach erst feine Antennen, ob sie sich in den Augen ihrer Mitwelt gut oder schlecht verhalten. In den ersten beiden Lebensjahren bildet sich ein Urvertrauen welches spürt, ob es bejaht, wertgeschätzt und willkommen ist. Seiner Mitwelt, vor allem seinen Eltern, ist es in diesen Zeiten völlig ausgeliefert. In den ersten Lebensjahren ist das Gehirn am formbarsten, bilden sich Nervenbahnen neu, werden Weichen gestellt, auf denen später die Züge unseres Lebens fahren. Werden kindliche Grundbedürfnisse nicht gestillt, fällt das Erwachsenwerden umso schwerer. Da nistet sich ein tiefer Hunger der zu kurz Gekommenen ein, der kaum noch gestillt werden kann.

Eine Traumreise mit einer Körpertherapeutin in meiner vierzigtägigen psycho-spirituell-somatischen Auszeit hinter norddeutschen Klostermauern setzte mich auf die Spur nachzuforschen, was mir als Kind besonderes Vergnügen bereitet hat. Die Empfehlung wurde gegeben, aktuelle Entscheidungen an dem auszurichten, was mir früher Freude bereitet hat, wo der kleine Sigi ›on fire‹ war – ein interessanter und hilfreicher Impuls. Ich habe früher gerne mit anderen was zusammen gemacht, als Bandenchef nach der Mittagspause die Kids der Hofgemeinschaft zusammengetrommelt, Lager gebaut, Cowboy und Indianer gespielt. Mir kam der gute alte Schiller in den Sinn, der das Spielen als zum Menschsein gehörig verstand. 1795 schrieb Friedrich Schiller in seinem 15. Brief über die ästhetische Erziehung des Menschen: »Der Mensch spielt nur, wo er in voller Bedeutung des Wortes Mensch ist, und er ist nur da ganz Mensch, wo er spielt.« Unser Menschsein bedarf des Spiels, der Spielräume des Geistes, unserer Neugier, der Offenheit, Experimentier- und Lebensfreude, eines angstfreien Lebens zwischen Versuch und Irrtum.

Wie ich die Welt sehe, welches Bild ich von mir auf andere projiziere, ob und wie ich mich angesehen fühle, bestimmt mein Wohlbefinden wesentlich mit. Aber was sehe ich schon? Viktor E. Frankl sah die triebbezogene Sichtweise Freuds als zu verengend an. »Was sieht ein Kanalräumer als solcher ... von der Stadt? Er sieht nichts als Rohre für Gas und Wasser sowie Kabel für elektrischen Strom. Das ist alles, was er von der Stadt sieht, solange er sich in der Welt seiner Kanäle befindet. Kennte er nicht die Universitäten, die Kirchen und Tempel, die Theater und Museen der Stadt – er wüsste nichts von ihrem kulturellen Leben.« (Frankl, zit. n. Lukas, 39) Eine Fixierung auf Kanalsysteme, auf kindliche Prägung und Unbewusstes wäre mir zu wenig. Frankl bohrt deshalb tiefer: »Die Eltern geben bei der Zeugung eines Kindes die Chromosomen her – aber sie hauchen nicht den Geist ein. Die Chromosomen bestimmen einzig und allein das Psychophysikum, aber nicht den Geist; sie bestimmen jeweils den psychophysischen Organismus, aber nicht die geistige Person. Mit einem Wort: Durch die überkommenen, von den Eltern her übernommenen Chromosomen wird der Mensch nur darin bestimmt, was er ›hat‹, aber nicht darin, was er ›ist‹.« (Frankl, zit. n. Lukas, 55). Es kommt also auf den Geist an, der in uns wohnt, der uns als Kind Raupe sein lässt, bis sich etwas grundlegend verwandelt.

Im Kokon - Pubertät

»In der Phase der Verpuppung, als sogenannte Chrysalis, ist die Larve hilflos jedem Außenreiz ausgesetzt. Wind, Sonne, Regen, jegliche Berührung oder Störung kann sie zum Absterben bringen. Bei ihrer Transformation verdaut sich die Raupe selbst, sie wird molekular radikal umgebaut – ein Prozess, der sich Histolyse nennt, die radikalste Form der Veränderung, die sich vorstellen lässt.« (Horx, 10 f.) Was für die Raupe die Histolyse ist, ist für Menschen die Pubertät. Sie ist der radikalste Umbau unserer Persönlichkeit, um sich vom Kind zum Erwachsenen zu wandeln. Die Raupe begibt sich in einen Prozess absoluter Passivität, sieht ungelenk und unförmig aus, wie so ein kleiner Zombie im Kokon. Bei Pubertierenden ist das nicht unähnlich. Da liegen Nerven blank. Sie fühlen sich radikalsten, hormonellen Veränderungen ausgeliefert, die über Körper, Geist und Psyche hinwegrollen. Da geht etwas ab, worauf der junge Mensch keinen Einfluss hat. Es knallen Türen. Eltern schreien Kinder, Kinder die Eltern an. Und die Schule, der Konfirmandenunterricht, die Welt der Erwachsenen werden nicht selten zum Schlachtfeld unkontrollierbarer Gefühlsausbrüche. »Wut ist eine Kraft, die Großes schaffen und ebenso Großes zerstören kann. Wut ist Handlungskraft Nummer eins ... Unmögliches wird möglich gemacht oder Unliebsames aus dem Weg geräumt.« (Dittmar, Gefühle, 32)

Die Lebensphase der Pubertät trägt viel Wutpotenzial in sich. James Dean in »Denn sie wissen nicht, was sie tun« lässt grüßen. Da kann Großes geschehen, Abnabelung gelingen, aber auch einiges gründlich schiefgehen. Im besten Falle lernt der junge Mensch, immer mehr auf eigenen Füßen zu stehen. »Wut ist dann die Kraft, die es mir ermöglicht, für diese bezogene Position einzustehen und sie bei Bedarf auch zu verteidigen. Wut ist damit die Kraft der Klarheit. Ihr Feuer befähigt mich zu handeln. Durch sie gebiete ich jenen Einhalt, die meine Grenzen überschreiten, und durch sie stehe ich für meine Bedürfnisse ein.« (ebd., 34) In der Menschheitsgeschichte waren es oft die Mutigen und Unangepassten, die Veränderungen anstießen. Im pubertären Wechselbad der Gefühle schlägt das Leben von seinen krisenhaften Seiten zu. Krisen lösen Ängste aus, werfen uns auf kindliche Verhaltensmuster zurück. »Eine Krise entsteht, wenn das Alte stirbt und das Neue nicht geboren werden kann.« (Antonio Gramsci) Ihr Sinn liegt darin, Altes loszulassen und neue Wege zu beschreiten.

Es gibt in der Natur keinen radikaleren Veränderungsprozess als die Mutation einer Raupe zum Schmetterling. Eine Erziehungsberaterin erzählte in einer Runde von Konfirmandeneltern, die Pubertät sei das extremste Ereignis im Leben eines Menschen. Da wirken Kräfte wie beim Start eines Jumbojets. Und diese Kräfte verdonnern dich, all das über dich ergehen zu lassen, damit der Umbau geschehen kann. Die Wechseljahre können später ähnliche Wirkungen entfalten, aber das ist eine andere Geschichte. Gerhard Tersteegen, der pietistische Mystiker, wusste um die Passivität in körperlichen und spirituellen Wandlungsprozessen, als er Anfang des 18. Jahrhunderts »Gott ist gegenwärtig« dichtete. In der sechsten Strophe heißt es: »Du durchdringest alles; lass dein schönstes Lichte, Herr, berühren mein Gesichte. Wie die zarten Blumen willig sich entfalten und der Sonne stille halten, lass mich so still und froh deine Strahlen fassen und dich wirken lassen.«

Das Markusevangelium berichtet von einem Vater, der Jesus um die Heilung seines Sohnes bittet. Gefragt war hier der Glaube des Vaters. Er antwortet Jesus: »Ich glaube, hilf meinem Unglauben.« (Mk 9,24) Markus erzählt dann weiter: »Als nun Jesus sah, dass die Menge zusammenlief, bedrohte er den unreinen Geist und sprach zu ihm: Du sprachloser und tauber Geist, ich gebiete dir: Fahre von ihm aus und fahre nicht mehr in ihn hinein! Da schrie er und riss ihn heftig hin und her und fuhr aus. Und er lag da wie tot, sodass alle sagten: Er ist tot. Jesus aber ergriff seine Hand und richtete ihn auf, und er stand auf.« (Mk 9,25-27) Es wird hier von einem Dämon gesprochen, der den Jungen hin und her reißt. Das klingt nach Pubertät, oder?

Erwachsen werden kann auch als ein Prozess der Geisterfahrung verstanden werden. Victor Chu, Arzt und Psychotherapeut, Tai-Chi-Lehrer und Ausbilder in Gestalttherapie, beschreibt die Konfliktlage der Pubertät so: »Hier befindet sich der Heranwachsende in der Zwickmühle. Er fühlt sich hin- und hergerissen zwischen der Treue zu sich selbst und seiner inneren Stimme und der Treue zu den Eltern. Er befindet sich an der Schnittstelle zwischen Progression und Regression, zwischen dem Drauflosstürmen und dem Einlegen des Rückwärtsgangs.« (Chu, 22)

Ich schaue noch mal in die Markuserzählung: Vielen erschien es da so, als sei der Junge tot, wie die bewegungslose Raupe im Kokon. Aber was ist schon, wie es scheint? Jesus ergreift die Hand des Jungen. Ohne Berührung keine Berührbarkeit. Ohne Berührbarkeit keine Veränderung. Einmal mehr richtet Jesus einen Menschen auf, der am Boden liegt – und dann: »Er stand auf.« Da war eine Kraft in dem Jungen geweckt worden, die es vermochte, ihn aufzurichten und wieder Boden unter seinen Füßen spüren zu lassen. Dazu braucht es Mut-Macher, die das Vertrauen in uns wecken, die Verwandlung vorantreiben, den Geist der Auferstehung, die Glut des Osterfeuers entfachen. Selbstverständlich fällt Kindern das Weggehen nicht leicht. Der junge Mensch »hat Angst vor dem Neuen, auch wenn er sich das nicht eingestehen will«. (Chu, 21) Das sind die Geburtswehen der Verwandlung. Doch zu Hause bleiben ist keine Lösung, immer als Raupe Nimmersatt im Hotel Mama sich durchfressen führt nicht zum Guten, Wohlgefälligen und Vollkommenen. Die Schwellenkrisen, die Stürme der Pubertät, die inneren und äußeren Veränderungen und Umbauten machen Hänschen zu Hans, Paulinchen zu Paula. »Wenn man sich aber ein Herz nimmt und über diese innere Angstschwelle springt, hat man wieder ein Stück Welt erobert.« (ebd., 26) Wie gut, dass niemand alleine springen muss, sondern Gottes Kraft in uns wirkt, damit die Raupe zum Schmetterling, das innere Kind zum Erwachsenen wird.

Erwachsen werden – Schmetterling sein

Das ›Erwachsene‹ steht für die rationale, vernunftgeleitete Seite unseres Denkens. Es übernimmt Verantwortung, plant vorausschauend, betreibt Güterabwägung und nimmt das innere Kind an die Hand. Gnade ist es, wenn das verwundete Schattenkind auf die Sonnenseite des Lebens und die Zeit der Passivität ein gutes Ende findet. Hilde Domin dichtet: »Dem Wunder leise wie einem Vogel die Hand hinhalten.« Erwachsen werden ist ein Prozess. Bis die Saat aufgeht, Fruchtbringen möglich wird, lauern Geier und Dornen. Das Leben geht nie glatt, die Liebe nicht, Beziehungen und Berufskarrieren oft auch nicht. Ginge alles glatt, wäre ein glattes Herz die Folge. Der Arzt, Naturphilosoph und Naturmystiker Paracelsus formulierte bereits vor fast 500 Jahren: »Ein glattes Herz taugt nichts. Hinter den Narben eines Herzens liegt unsere Menschlichkeit.«

Fortschritte fangen an, wo ich aufhöre, auf der Stelle zu treten, und mich dem überlasse, was geschieht. »Keiner von uns ist nur das, was sie oder er zu sein scheint. Jede Eichel sehnt sich danach, ihre wahre Natur zum Ausdruck zu bringen, und benutzt jede Gelegenheit, ihr Vermögen, zu einer Eichel zu werden, zu verwirklichen. So gibt es auch in jedem von uns eine natürliche Sehnsucht nach Ganzheit und Weisheit.« (Remen, 90 f.) Zur ganzen Wahrheit gehört, dass ich mir nicht selbst gehöre. Die Sehnsucht nach Ganzheit und Weisheit kann nicht umhin, sich als Geschöpf des Schöpfers, als Mitgeschöpf, beatmet und begeistert durch Gottes Odem zu verstehen. Die Kraft der Verwandlung, die Schmetterlings-Kraft, die uns voranbringt, wie der Wind das Segelboot auf offener See, ist eine Geschehenskraft, die unserem Machbarkeitswahn ihre Grenzen aufzeigt. Es ist eine in uns und von außen auf uns einwirkende Kraft, die Verwandlung ermöglicht, Tote aus Gräbern aufstehen, Bäumen wachsen, Kinder Erwachsene werden lässt. Wie schön, wenn es so weit ist und Schmetterlinge ihre bunten Flügel ausspannen, einfach so losfliegen, taumelnd, elegant, bezaubernd, Wind und Wetter, der Schöpfung Gottes vollkommen ausgeliefert.

Sprachprobleme - Geist und Wort

Martin Luther stellte fest: »Die zehn Gebote sind in aller Menschen Herz geschrieben; den Glauben aber kann keine menschliche Klugheit begreifen und muss allein vom Heiligen Geist gelehrt werden.« Ohne Geist kein Glaube, ohne Geist kein Verstehen des Wortes. Sprach-, Verständigungs- und Übersetzungsprobleme gehören in der religiösen Kommunikation zum Alltag jeder Religion. Jede religiöse Kultur »zieht ein großes Schleppnetz voller symbolischer, mythologischer und rituell verdichteter Ideen hinter sich her«. (Kunstmann, 10) Die bedeutsamste Schule des Geistes wie der Herzensbildung war in Osteuropa am Ende des 19. Jahrhunderts das jüdische Haus, ähnlich wie das evangelische Pfarrhaus (in Deutschland). Selbst das ärmste Haus besaß ein Regal voller Bücher. »Und diese Bücher waren kein Trost bei Enttäuschungen und auch kein gelegentliches Mittel der Erbaulichkeit; sie waren das Zentrum einer lebendigen Kraft, der immer wieder erneuerte Anlauf zu einer beständigen Arbeit des Geistes.« (zit. n. Bourel, 139)

Selig, wer gute Bücher im Haus hat und mit ihnen lebt, d.h. sie auch liest und bedenkt. Weil ekstatische Erlebnisse unverfügbar und unaussprechlich sind, haben die drei Buchreligionen einen Schatz an Schriftlichem im Gepäck zur Weiterarbeit am eigenen Geist. Für Martin Buber war Hebräisch, als »Sprache der Urzeit«, das verlässlichste ›Konservierungsmittel‹ des Geistes. Auf einer Konferenz in Berlin im Dezember 1909 für hebräische Sprache und Kultur äußerte er: »Es ist nicht dies allein, dass sie in dieser Sprache der großen Schöpfungen der Urzeit geschrieben sind, sondern diese Sprache ist selbst der allergrößten Schöpfungen eine; aus ihren Worten, aus ihren Formen und Fügungen redet der Geist jener gewaltigen Zeit zu uns« (zit. n. Bourel, 184).

Gottes Geist, der ohne Worte, in unaussprechlicher Weise den Menschen begeistert, kennt kein schöneres und verlässlicheres Gefäß als die Sprache. Kennst du es, wie es ist, wenn dich ein Wort der Psalmen, eine Liedzeile Paul Gerhardts, poetische Worte von Rainer Maria Rilke, Worte aus dem Tiefenraum des Geistes mitten ins Herz treffen? Trotzdem bleibt es nicht aus, dass es gerade in mystischen Gefilden zu Sprachproblemen kommt, wenn der Versuch unternommen wird, Unaussprechliches, Geistreiches zur Sprache zu bringen. Religiöse Erfahrungen, verdichtet in verschriftlichten und versprachlichten Traditionen und Geschichten, sind die kulturellen Transportmittel, um Vergangenes in die Gegenwart und für zukünftige Generationen zu ›über-setzen‹. Nichts anderes ist Hermeneutik: die Kunst der ›Über-setzung‹ vom Damals ins Heute und Morgen. »Sie haben ihren Wert nicht in sich selbst, sondern sie sind Vermittlungsbrücken, die der religiösen Inspiration dienen sollen.« (Kunstmann, 90)

Kunstmann ergänzt im Sinne der Mystik: »Nicht die Worte sind aber entscheidend, sondern ihre Resonanz in mir selbst.« (ebd., 124) Im Blick auf religiöse Erfahrungen gelangen wir ständig an die Grenzen eigener Weltdeutung. Mit Ludwig Wittgenstein formuliert: »Die Grenzen meiner Sprache bedeuten die Grenzen meiner Welt.« Deshalb lassen sich Fragen nach der Entstehungs- und Wirkungsgeschichte des Geistes nie zufriedenstellend beantworten, bringen uns an unsere Grenzen.

In den ersten christlichen Gemeinden provozierten religiöse Ekstasen eigenwillige Sprachspiele. Dabei entstand die kollektive Form der Zungenrede. Jeder redete völlig losgelöst, bis ein kollektiver Sound des Lallens und Brabbelns sich zu Hymnen und unverständlichen Lautmalereien formierte – ein utopisches Esperanto als neue Kommunikationsform zwischen Himmel und Erde entstand: Gott mit ganzer Seele, ganzem Herzen, aus der

Tiefe eines transbewussten, mystischen Sprachraums loben, ohne Zensur, ohne unseren Verstand als Filter. Da gab es keinen Anspruch auf Verständlichkeit, was unbestreitbar eine phänomenale Sache war. Die Wiederentdeckung der Zungenrede in den aktuellen Strömungen der charismatischen Bewegungen ist ein Phänomen, welches ernstzunehmen ist, obwohl ich es als Jugendlicher als manipulativ und missbräuchlich erlebt habe. Es ist eine Provokation unserer oft einsilbigen, geistlosen Redeweisen in großkirchlichen Kontexten.

Für Paulus war die Zungenrede deutungsbedürftig. Er wollte die Ekstase rückgebunden wissen an die Botschaft des Gekreuzigten und Auferstandenen. »In einem jeden offenbart sich der Geist zum Nutzen aller; dem einen wird durch den Geist gegeben, von der Erkenntnis zu reden, nach demselben Geist; einem anderen Glaube, in demselben Geist; einem anderen die Gabe, gesund zu machen, in dem einen Geist; einem anderen die Kraft, Wunder zu tun; einem anderen prophetische Rede; einem anderen die Gabe, die Geister zu unterscheiden; einem anderen mancherlei Zungenrede; einem andern die Gabe, sie auszulegen. Dies alles aber wirkt derselbe eine Geist und teilt einem jeden das Seine zu, wie er will.« (1. Kor 12,7-11) Paulus gelingt es, die Bandbreite des Geistes nicht zu kastrieren. Er bindet lediglich jede Geistbegabung an den Nutzen für die Gemeinschaft. Neben mystisch-ekstatischen Redeweisen gibt es, Gott sei Dank, die Sprache des Herzens und die Theologie, die mit der Gabe der Auslegung gesegnet ist.

Sinnvoll leben – Mutig sein

Für Martin Luther war der Heilige Geist der »Ganz-gewiss-Macher«, die Kraft, die unserem Leben Sinn und Gewissheit verleiht. Anselm Grün schreibt: »Du kannst alles, was du in deiner Arbeit und in deinem Alltag tust, danach einteilen, ob es Energiespender oder Energieräuber sind.« Es gibt unzählige Menschen, Tätigkeiten, Momente, die Kraft geben oder rauben. Ein alter Häuptling lehrte einen Indianerjungen: »In deinem Herzen leben zwei Wölfe. Einer will immer gewinnen. Dazu ist ihm jedes Mittel recht: Lüge, Gier, Kampf. Der andere Wolf sucht die Liebe, das Verbindende, das Miteinander. Er möchte gemeinsam mit anderen eine schöne Zeit haben.« Der Junge will wissen: »Verrate doch: Welcher Wolf gewinnt?« »Der Wolf, den du fütterst«, antwortete der weise Indianer.

Es ist nicht alles Schicksal. Vieles hat mit mir zu tun, mit dem, wofür ich meinen Wolf ›füttere‹, womit ich meine Zeit verbringe. Gottes Geist ist unverfügbar. An meiner Lebenshaltung kann ich arbeiten. Womit füttere ich sie? »Die Religion beantwortet die Frage nach dem Sinn des Lebens daher mit dem Verweis auf die religiöse Ur-Erfahrung des geschenkten Lebens und seiner umfassenden Verbundenheit mit allem Leben. Sie hält diese Perspektive vor allem durch den Verweis auf die Schönheit des Lebens wach.« (Kunstmann, 127) Es macht Sinn, das Leben als Geschenk, mein Dasein in Resonanz mit mir, meiner Mitwelt und Gottes Geist zu erfahren. Es macht Sinn, offen zu sein für das, was geschieht, was mir geschenkt wird, und mich an der Schönheit des Lebens zu erfreuen. Meister Eckhart predigt: »Gott ist nicht ›draußen‹, und deshalb muss er weder gesucht, noch beschrieben werden. Wenn Gott überhaupt gedacht wird, dann muss er *überall,* also auch und vor allem in mir selbst sein.« (zit. n. Kunstmann, 113)

Viele Fragen beantworten sich von selbst. »Was ist eigentlich sinnvoll? ... Alles, was mit den *Sinnen* als stimmig erfahren wird ... Die technische Logik des Faktischen und des Kalküls untergraben diese Erfahrung. Technik rationalisiert. Und jede Rationalisierung arbeitet der Sinnlosigkeit in die Hände ... Solange das Leben seinen Gang geht und im Fluss ist, wird es als sinnvoll erfahren. Dann stellt sich die Frage nach dem Sinn gar nicht. Wo sie gestellt wird, ist der Sinn bereits mehr oder weniger verloren gegangen. Die Erfahrung der Sinnlosigkeit aber ist der Ernstfall der Existenz.« (Kunstmann, 128) Der Ernstfall ist eingetreten. Die heutige Weltlage ist bedrängend. Im Binnenraum des Religiösen bleibt keine Zeit mehr, sich an einer Entgegensetzung von Ästhetik und Ethik, Schönheit und Moral, Innen und Außen, Sakral und Profan abzuarbeiten. Die entscheidende Frage lautet: Welche Trotzdem-Kraft lässt mich aufstehen, dem Unsinn der Welt Sinnvolles entgegensetzen? »Wird der Geist der Auferstehung erfahren, dann atmet ein Mensch auf und steht auf, lebt mit erhobenem Haupt und schreitet mit aufrechtem Gang, und es ergreift ihn eine unbeschreibliche Freude«. (Moltmann, 167)

Ist an mir ablesbar, wovon Paulus schreibt: »Das Reich Gottes ist Freude in dem Heiligen Geist.« (Röm 14,17)? Der Geist, der über dem Wasser schwebte, geistert nicht sinn- und ziellos umher. Er sucht bis heute Menschen, die sich von ihm entflammen lassen. Wer sich in das Kraftfeld des Geistes begibt, darf die Tore der Freiheit durchschreiten. Denn: »Wo der Geist des Herrn ist, da ist Freiheit.« (2. Kor 3,17) Wo solch geistreiche Freiheit herrscht, ist die Lebensfreude nicht weit. Auf Griechisch heißt Freude ›chara‹. Von ›chara‹ leitet sich ›charisma‹ ab. Die Geistesgaben, die unser Leben begaben, sind ihrem Wesen nach ›Freudengaben‹. Sie tun gut; schaden dem Leben nicht, wollen allen und allem zum Guten dienen. Sie machen unser Dasein einzigartig. Jeder Mensch ist eine einmalige Mischung aus Charismen.

»Mut ist Selbstbejahung ›trotz‹, nämlich trotz all dessen, was dazu beiträgt, das Selbst an der Bejahung seiner selbst zu hindern ... Mut wird gewöhnlich beschrieben als die Macht des Geistes, Furcht zu überwinden.« (Tillich, Mut zum Sein, 37 f.) Paul Tillich benennt, was die Hauptwirkung der Geistkraft im Resonanzraum des Menschen ist: Mut ist Selbstbejahung – trotz-dem! Es ist die Kraft, die mich auf eigenen Füßen stehen, mein Bett nehmen, mich aufrecht in die Welt ziehen lässt. »Für mich selber war eine Zeitlang das Wort Jesu, das er zum Gelähmten gesprochen hat, eine wichtige Quelle: ›Steh auf, nimm dein Bett und geh!‹ ... Das Wort, das Jesus zu dem Gelähmten sprach, befreite mich vom Druck, immer alles optimal zu machen. Meine Impulse kamen nicht mehr nur aus dem Kopf und aus dem Verlangen, alles richtig und gut zu machen, sondern aus einer größeren Tiefe. Dieses Wort brachte mich in Berührung mit dieser inneren Quelle.« (Grün, 120)

Gottes Quellen sind unerschöpflich. Hiob legte einen langen Weg zurück, bis diese Einsicht in ihm reifte. »Wer hat ihm die Erde anvertraut? Und wer hat den ganzen Erdkreis hingestellt? Wenn er nur an sich dächte, seinen Geist und Odem an sich zöge, so würde alles Fleisch miteinander vergehen und der Mensch würde wieder zu Staub werden.« (Hiob 34,13) In allem, was Gott tat, hatte der Schöpfer des Lebens stets ein ›Sein in Beziehungen‹ vor Augen. Mit seiner *ruach* schuf Gott ewige Resonanzbeziehungen. Sein Schöpfergeist durchdringt Makro- und Mikrokosmen, das Weltall und jede Zelle. Die direkte physische Form des In-Beziehung-Tretens ist der Blickkontakt. Begeisterten Menschen siehst du ihre Begeisterung an. Ihren Augen ist abzulesen, welches Feuer in ihnen brennt. Das Wort Blick bedeutete ursprünglich »Strahl«. Im

Mittelalter herrschte die Vorstellung, dass über die Strahlen des Blicks ein Blutaustausch stattfinden könne, der die Lebensgeister zwischen Betrachter und Betrachteten zirkulieren ließe. Ein schöner Gedanke, die Wirkung von Spiegelneuronen und Mitgefühl als eine Art spirituellen Blutaustausch zu verstehen.

Spricht Jesus von den Vögeln unter dem Himmel, von der Schönheit der Lilien auf dem Felde, dann macht er uns darauf aufmerksam, wie viel Liebe und Kraft der Schöpfer seiner Schöpfung eingehaucht hat. Die Botschaft Jesu öffnet unserer Blindheit die Augen, legt uns ans Herz, was bei Gott zählt und Sinn macht. »Was ich dem Nutzkalkül unterstelle, wird an seiner Tauglichkeit gemessen. Damit verliert es seinen unbedingten Wert, wird unter bestimmte Maßstäbe gebeugt und wird vor allem ersetzbar. Was dagegen seinen Wert in sich selbst hat, das hat dadurch auch Wert und Würde.« (Kunstmann, 130) Dazu braucht es einen anderen Blick auf die Dinge, die scharf gestellte Brille des Spirits der befreiten Kinder Gottes. »In der Religion ist dieser Blick sozusagen zu Hause. Jede Religion ist eine *Deutungskultur,* d.h. sie schult einen bestimmten Blick auf das Leben und die Welt«. (ebd., 130 f.) »Was wir lieben, ist für uns immer das Bedeutsamste. Lebendigkeit und Liebe bedingen sich gegenseitig, denn sie sind beide Ausdruck der Leidenschaft. Die Logik der Liebe ist: Alles soll der Lebendigkeit dienen. Wer sie erfährt, stellt die Sinnfrage nicht.« (ebd., 131)

Spielräume – Luft nach oben

Stimmt es, was Luther gesagt hat? »Auf den Wegen Gottes nicht voranzugehen, heißt zurückzugehen«? Es gibt nur wenige Lebensräume, die unserem funktionalen Denken entzogen sind. Im Bildungs- und Gesundheitsbereich, in der Art und Weise, wie wir uns als Kirche verwalten, hat das Kalkül der Nützlichkeit Einzug gehalten. Die Rede von Qualität meint die Erfüllung von Standards; fragt nicht nach dem, was gut und sachgemäß ist. Die wenigen Lebensbereiche, die eher um ihrer selbst willen da sind, sind umso kostbarer: Zeit haben, sich in Gemeinschaft wohlfühlen, ein Essen in guter Gesellschaft genießen, die Schönheit eines Konzerterlebnisses teilen, sich stille Momente gönnen, Berührungen, Zärtlichkeiten ... Wann erfahren wir das noch? »Nichts zu brauchen, nichts zu wollen und nichts ›nötig zu haben‹ ist weit eher der Ausdruck von Zufriedenheit und von Souveränität als die Verfolgung von ehrgeizigen Zielen.« (Kunstmann, 139) Meister Eckhart meint: »Wer das Leben fragt, warum es lebt, bekommt als Antwort immer nur: weil ich lebe.« (zit. n. ebd.) Leben wir, weil wir von Gottes *ruach* beatmete Geschöpfe sind? Oder werden wir gelebt?

Nach einer Beerdigung sprach mich einmal überraschend die junge Bestatterin an, als ich vor einem Plakat stand, das für eine Veranstaltung über den Jakobsweg warb. Sie erzählte, wie sie vor Kurzem auch mal weg war, um den Camino von Porto nach Santiago zu gehen. Die letzten zehn Jahre habe sie das Gefühl gehabt, »nur gelebt zu werden«. Mittlerweile bin ich selber zweimal von Porto nach Santiago gepilgert, habe einige Menschen auf dem Weg getroffen, die ebenfalls ›nicht mehr gelebt werden wollten‹, ihre Weichen neu gestellt haben.

Wir oft sage ich: »Da ist noch viel Luft nach oben«? Was meine ich damit? Es ist noch nicht alles ausgeschöpft. Es ist noch nicht erreicht, was möglich wäre, wozu ich bestimmt bin, wo das Leben stimmig ist bei allen Dissonanzen, die zum Leben gehören. »Sich Luft verschaffen« ist ebenfalls ein geflügeltes Wort. Was heißt es? Der Religionspädagoge Joachim Kunstmann hat da einen Tipp: »Schönheit, Begeisterung und Beziehung sind ein Gradmesser für die Lebendigkeit und ein Ausdruck von Sinnhaftigkeit. Damit sind sie auch ein guter Gradmesser für die eigene Lebensqualität und für entsprechende Entscheidungen.« (ebd., 167) Er appelliert: »Mindestens ebenso gut ist es, seine Begeisterungen zu pflegen. Das moderne Leben ist nüchtern genug. Je mehr wir *in Berührung gehen*, uns verwickeln und begeistern lassen, desto näher sind wir der Erfahrung des fraglosen Sinns.« (ebd., 166) Und wie gelingt es, sich verwickeln zu lassen? »Nur einatmen und ausatmen, freilich im Bewusstsein und der tiefen Erfahrung, dass das Leben ist, du in diesem Augenblick das ganze Leben in dir aufnimmst. [...] Le chaim, ruach – dein Leben, dein Geist, dein Atem, dein Feuer – alles ist da in diesem Augenblick ... Du lebst. Dieses Wunder zu erfahren, sich dessen immer bewusst zu werden – das ist tausendmal mehr wert als der schönste Preis, die höchste Anerkennung, der dickste Geldbeutel.« (Müller, 79)

»Was nützt es, die ganze Welt zu gewinnen und doch Schaden zu nehmen an deiner Seele?« (Mt 16,26) Der Theologe und Psychotherapeut Wunibald Müller beschreibt, wie sich ein Leben ohne Angst im Freiluftraum des Geistes anfühlt. Hier geht es um die wahre Freiheit, nicht um Reisefreiheit oder Porsche fahren ohne Tempolimit. Ich lebe, wenn ich ein- und ausatme, Gottes Geist in mir wirkt. »Je mehr Vitalstärke ein Sein hat, umso mehr ist es imstande, sich trotz der Gefahren, die durch Furcht und Angst angekündigt werden, zu bejahen ... Der rechte Mut muss daher ... verstanden werden als der Ausdruck einer vollkommenen Vitalität. Der Mut zum Sein ist eine Funktion der Vitalität. Schwindende Vitalität hat schwindenden Mut zur Folge. Die Vitalität stärken heißt den Mut zum Sein stärken. Neurotischen Individuen und neurotischen Zeiten fehlt es an Vitalität.« (Tillich, Mut zum Sein, 83) Es ist ein Gebot der Stunde, unsere Vitalität gegen die Mächte des Todes in Stellung zu bringen. Schwindende Widerstandskräfte spielen den Angstmachern der Welt in die Hände. »Vitalität ist die Macht, sich zu transzendieren, ohne sich zu verlieren.« (Tillich, ebd. 85) Gottes Vitalität befreit von der Sorge, wir könnten gegen die Todesmächte verlieren. Im Einflussbereich von Gottes Trotz-dem-Kraft sind wir nicht Erfüllungsgehilf*innen einer sinn- und ziellos dahintreibenden Welt. Als befreite Kinder Gottes dürfen wir uns frei machen von den Fesseln unserer Zwänge, vom Mitläufertum in todbringenden Wirtschaftssystemen. Wir sind Befreite von der Binnenansicht, es könnte sich in einem Hamsterrad um eine Karriereleiter handeln. Gottes Vitalität lädt uns ein zu einem Leben in Würde, Schönheit und Freude. Was wir aus göttlichem Angehauchtsein machen, liegt in unserer Verantwortung. »Adam, wo bist du?« Wir haben Antwort zu geben, ›Ver-ANTWORT-ung‹ zu übernehmen. »Mit der Erneuerung durch den Heiligen Geist (Tit 3,5) wurde ein Prozess in Gang gesetzt, der vor aller Zeit begonnen hat und im ewigen Leben vollendet wird.« (Moltmann, 169)

Nehmen wir die Rede vom in Gang gesetzten Prozess ernst. Betrachten wir das Gleichnis von der vierfachen Saat, wo einiges danebenging (vgl. Lk 8,4-15). Am Ende ging Gottes verschwenderische Rechnung auf, brachte die Saat auf gutem Boden vielfach Frucht. Wir dürfen uns Zeit lassen. ›Alles darf klein beginnen.‹ Nicht alles muss sofort gelingen. Rom ist auch nicht an einem Tag erbaut worden. Gottes Auftrag ist keine Eintagsfliege. Besser langsam wachsen, in den ausgetretenen Schuhen großer Geister Nachfolge üben, als ständig das Rad neu erfinden zu wollen. Lieber einen Abstecher in die Schatzkammern der Tradition machen, als voreilig von Transformation schwärmen und ständig voreilig alte Zöpfe abschneiden wollen. Vor allem aus den Fehlern der Vergangenheit lernen und nicht zu leichtsinnig, zukunftsbesoffen nach vorne stürmen. Geben wir Gottes Geist mehr Luft und Spielraum. Grämen wir uns nicht, wenn der Ruf in die Nachfolge nicht nur Erfolge feiert, andere scheinbar schneller, erfolgreicher, schöner oder besser sind. Gottes Wege werden nicht mit dem Maßstab der Effektivität vermessen. Wir sind keine Vasallen von Kosten-Nutzen-Rechnungen, von Input-Output-Prozessen.

»Die individuelle wie kollektive Burn-out-Pandemie hat ihren Ursprung gerade darin, dass sich unsere privaten und politischen Aktivitäten in wachsendem Maße wie Tätigkeiten anfühlen, bei denen wir immer mehr Energie verbrauchen, aufwenden, investieren müssen und immer weniger zurückerhalten. Wir müssen immer mehr leisten, um etwas leisten zu können. Dies ist das Gefühl oder die Erfahrung, die Menschen in den Populismus treibt. Sie berechnen, was nach allen Investitionen als Gewinn für sie übrig bleibt: Input, Output.« (Rosa, in: DIE ZEIT, Nr. 3, 11. Januar 2024, 47) Der Sinn des Lebens bleibt unberechenbar und ist nicht käuflich. Jedes Leben ist kostbar, einzigartig und einmalig – ein Gemischtwarenladen aus Brüchen, Abbrüchen, Verlusten und Niederlagen, Gelungenem und Schönem. »Auch, wenn man sich selbst verloren geht, geht man dem treuen Gott doch nicht verloren. Auch wenn man sich selbst aufgibt, gibt Gott einen nicht auf … Glaubensgewissheit ist die Gewissheit der Treue Gottes, was auch geschehen mag. Diese Gewissheit der Bewahrung gehört zur Erfahrung des Heiligen Geistes«. (Moltmann, 170 f.)

Hildegard von Bingen (1098-1179) schreibt in ihrer Autobiografie: »Im Jahre 1141 der Menschwerdung Jesu Christi, des Gottessohnes, als ich zweiundvierzig Jahre und sieben Monate alt war, kam ein feuriges Licht mit Blitzesleuchten vom offenen Himmel hernieder. Es durchströmte mein Gehirn und durchglühte mir Herz und Brust gleich einer Flamme, die jedoch nicht brannte, sondern wärmte, wie die Sonne den Gegenstand erwärmt, auf den sie ihre Strahlen legt. Nun erschloss sich mir plötzlich der Sinn der Schriften, des Psalters, des Evangeliums und der übrigen katholischen Bücher des Alten und Neuen Testaments.« (zit. n. Boff, 166) Ein feuriger Geistesblitz brachte Hildegard Erleuchtung. Gottes Geist wärmte sie wie die Sonne. »Denn unermesslich ist die Süßigkeit des Heiligen Geistes. Seine Gnade umkreist alle Geschöpfe. Keine Verderbnis zernichtet in ihr die unversehrte Fülle der Gerechtigkeit. Wie ein Glutstrom fließt sie dahin. Alle Bächlein der Heiligkeit entsendet sie in der lichten Klarheit ihrer Kraft.« (zit. n. ebd., 167) Gottes Geist ist sanft wie eine ›Stimme verschwebenden Schweigens‹ (Martin Buber) bei Elia und energetisches Dynamit wie bei Hildegard. Die empfundene Wärme und Energie generiert spirituelle Erleuchtung. Alles ist möglich dem, der sich auf Gottes Gießkanne einlässt.

Einwohnung Gottes – Resonanzräume

Es kommt vor, dass Gottes Geist seine Zelte in uns aufschlägt, der Himmel seine Leiter an unser Dasein anlehnt, Engel als Brückenbauer*innen zwischen Oben und Unten, Innen und Außen auf- und abgehen. Die *schechina* haben wir als poetisches Bild für Gottes Gegenwart in der Welt kennengelernt. Es ist ein bewegliches und wandlungsfähiges Bild. Gott ist keine Burg, kein König, der unbewegt im Wolkenkuckucksheim thront, keiner, der goldene Tempel oder gotische Dome braucht. »Da ist nichts Grobes, nichts Monolithisches, sondern etwas Zerbrechliches, etwas, das sich nicht bauen, sondern nur aufschlagen lässt. Der liebende Glaube gleicht viel eher einem Zelt, das man aufschlägt, als einem Tempel, den man unumstößlich erbauen kann. All dem, was ›religiös‹ werden und damit Gottes habhaft werden will, muss die Stiftshütte eine Provokation der Demut sein.« (Schleske, 215) Gott nahm im Gekreuzigten, im verwundbaren Mann aus Nazareth Wohnung auf Erden: verwundbar, nicht fernab, nicht unnahbar; berührbar, weil er uns berühren will mit seinem Geist.

Im Resonanzverhältnis zwischen Gott und Mensch haben beide Seiten Stimm- und Einwohnungsrecht. Da kann die Wirkung eines Schwingungsimpulses um ein Vielfaches größer ausfallen – wie es bei der Stimmgabel geschieht, wenn sie ans Klavier gehalten wird, Resonanzkatastrophen nicht ausgeschlossen. Manche Brücke wurde durch den Gleichschritt marschierender Soldaten zum Einsturz gebracht. Der Gleichklang von Posaunen soll die Mauern von Jericho geschliffen haben. Der KZ-Überlebende und Musiker Hans Jakob ›Coco‹ Schuhmann bekennt: »Wer Swing im Blut hat, marschiert nicht im Gleichschritt.« Gottes Geist sorgt für *Swing im Blut*. Gottes Swing versetzt uns in Schwingung. Leuchtende Augen, vibrierende Drähte werden sichtbar, bringen uns in Verbindung, lassen uns aufeinander einschwingen. Mehr auf Erfahrungsschätze als auf Lehrsätze kommt es an, wenn Gottes Geist wirkt. »Ich sah: Unser Sinn ist liebende Einheit. Wir bilden miteinander einen lebendigen geistigen Organismus, in dem jeder – wie die Organe eines Körpers – seine Gabe, Aufgabe und Bedeutung für das Ganze hat. Leben ist Verbundenheit. Wir sind eingewoben und verbunden in einem ständigen Wechselspiel zwischen Himmel und Erde. Der Himmel ist das geistige Universum, das mit dem materiellen Universum unablässig in Beziehung steht, er ist der unsichtbare Anteil der Wirklichkeit, er umgibt uns. Der Himmel ist nicht jenseitig, sondern gleichzeitig: nicht fern, sondern nah. Er ist aller Welten Gegenwart.« (Schleske, 237 f.)

Bei einer Rede im Areopag bekannte Paulus im Zentrum antiker Gelehrsamkeit: »Gott, der die Welt gemacht hat und alles, was darin ist, er, der Herr des Himmels und der Erde, wohnt nicht im Tempel, die mit Händen gemacht sind. Auch lässt er sich nicht von Menschenhänden dienen, wie einer, der etwas nötig hätte, da er doch selber jedermann Leben und Odem und alles gibt ... er ist nicht ferne von einem jeden unter uns. Denn in ihm leben, weben und sind wir; wie auch einige Dichter bei euch gesagt haben: Wir sind seines Geschlechts.« (Apg 17,24-28) Paulus klingt erstaunlich modern. Mit seiner Botschaft hat er die antike Welt in Resonanz versetzt: Lasst uns Gott fühlen und finden! Er ist nicht fern von uns! In ihm leben, weben und sind wir. Wir sind in des Geistes Wolle gewickelte Sufis, Mystiker, Gotteskinder! Unser Leben braucht Bücher, Worte des ewigen Lebens, die ins Herz treffen. Wir sind der Ansprache bedürftig, können nur als Angesprochene Antwort geben. »Der Himmel bricht nicht ein; er klopft an, wie es im Buch der Offenbarung heißt: ›Siehe, ich stehe vor der

Tür und klopfe an. Wenn jemand meine Stimme hören wird und die Tür auftun, zu dem werde ich eingehen und das Abendmahl mit ihm halten.‹« (Schleske, 324 f.) Die Tür, von der hier die Rede ist, hat nur innen eine Klinke, d.h.: Es liegt an mir, sie zu öffnen. Auch wenn alles Gnade ist, nicht alles fliegt mir zu. Ich habe mich zu entscheiden, zu springen, die Wette einzugehen, einen Glauben ohne Netz und doppelten Boden zu wagen. Was ist zu tun? »Für viele genügt es, sich einfach still vor Gott hinzusetzen und sich ihm hinzuhalten. Dadurch kommen sie zur Ruhe. Und sie spüren, dass sie in der Stille innerlich regenerieren und erfrischt und gestärkt werden.« (Grün, 124) Vielleicht ist es das: Nichtstun, Tee trinken, Abwarten, still sein, zur Ruhe kommen, sehen, was geschieht. Das könnte der erste Schritt sein. »Gegen Ende seines Lebens begann der große Schweizer Theologe Karl Barth, der den Großteil seines beachtlichen Theologenlebens in die Erforschung Christi als des Zentrums des Glaubens gesteckt hatte, von einer Theologie zu träumen, die auf den Heiligen Geist zentriert wäre – einer Theologie, die er, wie einst Mose das verheißene Land, nur aus der Ferne schauen durfte.« (Tomlin, 17)

Freigeister – Biegen und Brechen

Wir haben gelernt: Es braucht eine Balance zwischen Aktivität und Passivität, Altem und Neuem, Arbeiten und Beten, Widerstand und Ergebung. Gut zu wissen, auf welche Ressourcen wir zurückgreifen können. »Je vertrauter etwas ist, umso weniger Energie verwendet unser Gehirn darauf.« (Eagleman/Brandt, 25) Vertrautheit ist gut, schont die Energiereserven. Wissen wir mittlerweile, auf welche Ressourcen wir zurückgreifen können, um unsere Reise energiesparend fortzusetzen? Nur wer seine Wurzeln kennt, wird neue Früchte ernten können. Darum geht es ja, um Neues, Innovatives, Kreatives. Nur, wie geht das? »Das Gehirn ist daran interessiert, immer neue Fakten in sein Modell von der Welt aufzunehmen. Und deshalb sucht es das Neue. Denn wenn das Gehirn etwas lernen kann, dann ist es hellwach.« (ebd., 27)

Hellwach, geistesgegenwärtig sein, Lust haben, Neues in meine bisherige Welt einzubauen – all das sind Ausdrucksformen eines weltgestaltenden Geistes. »Wir wollen Überraschungen. Nur so entkommen wir dem Autopiloten ... Überraschung befriedigt.« (ebd., 28) Wie langweilig wäre ein Leben ohne ›Überraschungseier‹? Das hält unsern Geist wach. Dem Neuen, allem Anfang, wohnt der berühmte Zauber inne. Deshalb wird mit diesem Attribut »neu« ständig Werbung gemacht, ein Versprechen ausgesprochen, worauf die Kundschaft fliegen soll. Überraschungen haben das Zeug, unserem Geist eine Frischzellenkur zu verpassen. »Die Vermeidung der Wiederholung ist der Ursprung unserer menschlichen Kultur.« (ebd., 28) Um uns aber nicht im Neuen zu verlieren, bedarf es der wurzeltiefen Rückbindung (»re-ligio«) an Bekanntes, an In-die-Wiege-Gelegtes. Anstehende Transformationen, Umformungen und Überführungen von Altem in Neues brauchen Bezüge zum Vorfindlichen und Vorhergehenden. »Wir wollen Bekanntes nutzen und Unbekanntes erforschen.« (ebd., 28) Unser Gehirn ist klug: Es schüttet das Kind nicht mit dem Bade aus, strebt nicht geschichtsvergessen einfach naiv nach vorne: »Gehirne suchen ein Gleichgewicht zwischen Vertrautem und Neuem.« (ebd., 29) Dies könnte die Glücksformel für Re- und Transformationen sein. Gemachte Erfahrungen, Lehren aus der Geschichte nicht entsorgen – besser: was davon taugt, als Dünger für Neues nutzen. So kann noch aus dem größten Mist Humus werden; entsteht Neues aus Altem. Das meint der Begriff »Skeuomorphe«. »Das gewaltige Wachstum der menschlichen Hirnrinde machte Unmengen von Gehirnzellen unabhängig von frühen chemischen Signalen, weshalb hier flexiblere Verbindungen entstehen können.« (ebd., 33) Unser Gehirn verfügt über grenzenlose Spielräume für Neues. »Diese große Zahl nicht festgelegter Gehirnzellen verleiht uns Menschen eine geistige Flexibilität, die andere Tiere nicht haben. Sie ermöglicht Verhaltensweisen, die nicht nach Kommando erfolgen, sondern nach Abwägung.« (ebd.)

»Schaffe in mir, Gott, ein reines Herz und gib mir einen neuen, beständigen Geist.« (Ps 51,12) Um beides geht es: um einen neuen und beständigen Geist, damit freischwebende Freigeister Bodenhaftung haben und nicht als Luftnummern für zu leicht befunden werden. Das führt zu einem energiereichen Spannungsfeld aus eingefahrenen Gewohnheiten und notwendigem Veränderungsbedarf. Im Altbekannten zu bleiben überfordert den eigenen Energiehaushalt nicht; reicht aber zukünftig nicht aus. Deshalb setzt das Aufbrechen aus automatisierten Verhaltensweisen neue Kraftquellen frei, wenn die Freude am Neuen sich Bahn bricht. Arthur Koestler meint: »Kreativität ist Überwindung der Gewohnheit durch Originalität.« (ebd., 34) Jesu Predigt vom Reich Gottes war ein Entwurf von Zukunftsszenarien mit Verheißungscharakter unter Bezugnahme auf vertraute Verheißungen. Das Alte stellte Jesus in einen neuen Bezugsrahmen. Er ›framte‹ es neu, wie es neudeutsch heißt. Jesus war ein Kreativer, offen für Neues, wissend, woher er kam, wohin er ging, worin er wurzelte.

Die Kreativitätsforschung bescheinigt unserem Gehirn: »Eine der wichtigsten Aufgaben des Gehirns: Entwurf von Zukunftsszenarien.« (ebd., 34) Paulus ähnlich: »Nun aber sind wir vom Gesetz frei geworden und dem gestorben, was uns gefangen hielt, sodass wir dienen im neuen Wesen des Geistes und nicht im alten Wesen des Buchstabens.« (Röm 7,6) Wer nach vorne blickt ins Mögliche, Ungewisse, Offene, Noch-nicht-Entschiedene, kann ins Schwanken geraten zwischen Optimismus und Pessimismus, Hoffnung und Hoffnungslosigkeit. Was die Zukunft bringt, ist nie sicher. »Hoffnung ist eine Form der kreativen Spekulation: Wir stellen uns die Welt so vor, wie wir sie gerne hätten, und nicht so, wie sie ist. Ohne es zu bemerken, leben wir einen großen Teil unseres Lebens im Konjunktiv.« (ebd., 35) Dieser säkular-spekulativen Hoffnung steht eine religiöse zur Seite. Im Blick auf Christus formuliert Paulus sie so: »Durch ihn haben wir auch den Zugang im Glauben zu dieser Gnade, in der wir stehen, und rühmen uns der Hoffnung auf die Herrlichkeit, die Gott geben wird.« (Röm 5,2) Es gehört zu den Gaben des Geistes, dass in ihnen auch das Potenzial steckt, Brücken zu bauen, neue Verbindungen herzustellen, kreativ zu sein, Hoffnung zu haben.

»Aber es gibt noch etwas anderes, das unserer Kreativität Flügel verleiht und das nicht in unserem Kopf zu finden ist: die Gehirne anderer Menschen.« (ebd., 36) Die ›Gemeinschaft der Gehirne‹, das ›Priestertum aller‹, die ›soziale Energie‹ der anderen bilden das alles entscheidende Kraftzentrum für die Zukunft gemeinsamer Welt- und Selbstgestaltung. »Das einsame Genie, das unverstanden in der Wüste lebt, ist eine Märchenfigur. Denn

Kreativität ist immer ein sozialer Akt.« (ebd., 36) Himmlische und irdische Geistesblitze bilden ein komplexes Geflecht aus wechselseitigen *Impulsen*. Mit »unserer außergewöhnlichen Sozialneigung tauschen wir unentwegt Gedanken aus, weshalb wir uns gegenseitig mit neuen Ideen befruchten.« (ebd., 55) Dazu bedarf es einer gelingenden, offenen Kommunikation. Der ›Geist der Kommunikation‹ ist ein ›Geist der Communio‹, eine gemeinschafts- und ideenstiftende Kraft. Was für technische Entwicklungen gilt, kann für geistesgeschichtliche, theologische Neuerungen auch gelten. »Was dabei aus dem Blick gerät, ist, dass die energetische ›Arbeit‹ und damit ihr subjektiver Wert ganz wesentlich im Geschehen selbst und damit jenseits von Input und Output liegt – man könnte für dieses bewegte Geschehen das holprige Wort ›Throughput‹ verwenden.« (Rosa, in: DIE ZEIT, Nr. 3/2024, 47) Das kreative Gemeinschaftsgeschehen als »Throughput-Geschehen« jenseits der erschöpfenden Input-Output-Logik zu bezeichnen, finde ich genial. So ist das. Da geschieht etwas. Da geht etwas durch uns hindurch. Da zählt der Moment, der Kairos, die Sache, die neue Idee, die geboren wird in gemeinsamen, kreativen Prozessen.

Der Kunsthistoriker Jon Gertner ergänzt: »In Wirklichkeit haben große technische Sprünge selten einen eindeutigen Anfangspunkt. Zu Beginn formieren sich lediglich die Kräfte, die einer Erfindung vorausgehen, oft kaum wahrnehmbar; eine Gruppe von Menschen oder Ideen finden zueinander, um dann im Laufe der nächsten Monate, Jahre oder Jahrzehnte an Klarheit, Schwung und Unterstützung zu gewinnen.« (zit. n. ebd., 41 f.) Für die Zeit der Reformation lässt sich das sagen. Für die weltweiten Umkehrrufe zur Bewahrung unserer Schöpfung hoffentlich am guten Ende auch. Steve Jobs, US-amerikanischer Unternehmer und Pionier der Computerindustrie, formulierte: »Kreativität heißt einfach, Dinge miteinander zu verbinden.« (zit. n. ebd., 42 f.) Wenn der Geist Gottes überall weht und wirkt, alles mit allem verbindet, dann darf sein Wirken in technischen, digitalen, unzähligen anderen kreativen Feldern vermutet werden? Aber Achtung: Hier braucht es ebenfalls eine Prüfung bzw. eine Unterscheidung der Geister, ihrer Motive und Ziele. Blankoschecks auszustellen in kapitalistisch getriebenen, unguten, krisenhaften und kriegerischen Zeiten wäre Wahnsinn. Zudem will gut Ding Weile haben. Mit einem Geistesblitz allein ist es meist nicht getan. Es braucht Zeit, bis Geistesblitze auf den Boden der Realität ankommen. Nicht jedes Weizenkorn bringt viel Frucht. Auf dem Weg der Kreativität bleibt viel auf der Strecke.

»Schöpfer greifen immer Vererbtes auf und verändern es. Sie nehmen die Welt in ihr Gehirn auf und modellieren verschiedene Zukunftsszenarien daraus.« (ebd., 49)

Kreative Menschen stehen bildlich gesprochen im Gewitter. Sie warten, vom Blitz getroffen zu werden. Sie verkriechen sich nicht in einem Unterstand, sondern setzen sich in aller Offenheit dem Gewitter der Kreativität aus. Dadurch entstehen schöpferische Prozesse aus vorhandenen Erinnerungen und Eindrücken. Kein Blitz trifft uns im luftleeren Raum, in geschichtslosen Zusammenhängen. Es blitzt höchst selten aus heiterem Himmel. Das Unerwartete hat oft eine Vorgeschichte. Keine Biographie fängt als weißes Blatt Papier an. Bevor wir den ersten Schrei tun, hat das Leben schon seine ersten Spuren eingraviert, einen Genpool für mich gefunden, soziale Prägungen und kulturelle Traditionsgeschichte im Gepäck. »Neue Ideen werden nicht von einem Blitzschlag entzündet, sondern entstehen aus dem Zusammenspiel von Abermilliarden winziger Funken im Dunkel des Gehirns.« (ebd., 50)

Jede Neuigkeit hat eine Vorgeschichte, steht in Verbindung mit anderem. »Das Wunder der menschlichen Kreativität ist nicht, dass uns Ideen aus heiterem Himmel in den Kopf kommen, sondern dass wir so viel Hirnschmalz darauf verwenden, sie zu entwickeln.« (ebd., 55) Oder, wie heißt es: Von nichts kommt nichts.

Der Schlüsselsatz schlechthin bei David Eagleman, Neurowissenschaftler, und Anthony Brandt, Komponist, lautet: »Es gibt nur drei grundlegende kognitive Strategien der Kreativität: Biegen, Brechen, Verbinden.« (ebd., 52) »›Biegen‹ ist die Veränderung eines bestehenden Vorbilds ... Weil unser Gehirn unentwegt die Wirklichkeit manipuliert, nimmt unsere Kultur immer mehr Varianten von überlieferten Themen auf.« (ebd., 77) Biegen ist der Versuch, vorhandene Spielräume auszuloten, an Grenzen des Möglichen zu gehen, im alten System Veränderungen herbeizuführen, um Neues zu gestalten. Dabei wird das Vorhandene nicht grundsätzlich in Frage gestellt. Es findet eine Optimierung des Bestandes statt, von einem Geist der Sanftmut, des Respekts vor dem Bisherigen getrieben. Kreativität ist hier die Kraft der Veränderung durch Verbesserung.

Anders sieht die ›Strategie des Brechens‹ aus. Sie riecht nach Aufbruch, Reformation, Erneuerung, Revolution. »›Brechen‹ bedeutet, ein Ganzes ... zu zerlegen und aus den Bruchstücken etwas Neues zu schaffen.« (ebd., 78) Ganz im Geiste der Bibel, wenn es heißt: »Der Herr wird Neues schaffen.« (Jes 43,19; Jer 31,22) »Du machst neu die Gestalt der Erde.« (Ps 104,30) »Die auf den Herrn harren, bekommen neue Kraft.« (Jes 40,31) Paulus treibt das Thema auf die Spitze, wenn er überzeugt ist, dass wir in Christus eine »neue Kreatur« sind (vgl. Gal 6,15) und der »alte Adam« mit Christus gestorben ist (vgl. Röm 5). Der Bruch besagt: Es macht keinen Sinn mehr, sich zu verbiegen. Es hilft nicht, neuen Wein in alte Schläuche zu füllen (vgl. Mt 9,17). Diese Strategie der Kreativität ist konfrontativ und riskant. In ihr liegt die größere Chance zu grundlegenden Veränderungen.

Die diplomatischere Strategie, die auf das Verbinden von Altem mit Neuem, dem Zerbrochenen mit neuen Zusammenhängen setzt, geht davon aus: »Beim *Verbinden* kombiniert das Gehirn zwei oder mehr Dinge auf kreative Weise miteinander.« (ebd., 93) »Der menschliche Geist ... ist ein gewaltiges Dickicht aus Erinnerungen und Empfindungen, in dem sich Ideen ungehindert paaren können.« (ebd., 104) Hier ist der Geist am Werk, der geübt ist, alles mit allem irgendwie in Verbindung zu halten und Neues entstehen zu lassen, durch neue Verbindungen. Das Leben wird zu einem Legospiel aus schier unbegrenzten, neuen Verbindungen. Nicht beziehungslos, sondern in Beziehung zu unterschiedlichsten Kulturen lassen sich ebenfalls neue, interkulturelle Verbindungen anstreben zwischen Religionen, Kulturen und Konfessionen. Das wird die Zukunft sein, Menschen guten Geistes und guten Willens in Verbindung zu bringen.

In allem kommt es, wie ich es in der »Themenzentrierten Interaktion« von Ruth Cohn gelernt habe, auf ›Takt und Timing‹ an: »Der schöpferische Akt ist nur ein Teil der Geschichte. Der andere ist die Gemeinschaft, für die diese Kreation bestimmt ist. Es reicht noch nicht, Neues in die Welt zu bringen. Es muss auch ankommen. Und das hängt von der Kultur ab, in der die Zeitgenossen leben. Schöpfer und Publikum sind durch kulturelle Zwänge gebunden.« (ebd., 106) Und: »Nicht nur auf den Ort kommt es an, sondern auch auf den Zeitpunkt.« (ebd., 109). Egal, ob Biegen, Brechen oder Verbinden entscheidend ist: »Wie etwas Neues aufgenommen wird, hängt davon ab, was ihm vorangeht und wie weit es sich davon entfernt ... Wir suchen die goldene Mitte zwischen dem Vertrauten und dem Neuen.« (ebd., 113) Kreative Geister haben zu klären: »Sollen sie etwas Vertrautes schaffen oder wollen sie sich auf Neuland vorwagen? ... Doch wer in Trippelschritten geht, läuft Gefahr, vom Publikum überholt zu werden.« (ebd., 114)

Diese Gefahr ist weniger die Sorge des Heiligen Geistes, als vielmehr die von Unternehmen, die Angst haben, ihre Kundschaft zu verlieren, wenn sie nicht innovativ genug sind.

»Was uns als Art ausmacht, ist nicht eine bestimmte ästhetische Vorliebe, sondern die verschlungenen und verzweigten Wege der Kreativität selbst.« (ebd., 125) Theologisch formuliert klingt das so: Die Wege des Herrn sind unergründlich. Alles hat seine Zeit. »Jede Zeit hat andere Bedürfnisse, jede Gemeinschaft entwickelt sich weiter. Wir lassen ständig Altes los und machen Raum für Neues. Selbst die Meisterwerke einer Kultur verschwinden irgendwann in der Versenkung ... Wenn angesichts des menschlichen Hungers nach Neuem etwas fünf- oder sechshundert Jahre lang überlebt hat, dann hat es etwas erreicht, was nur sehr Wenigen vergönnt ist.« (ebd., 126) Das ließe sich für einen vitalen Protestantismus behaupten, stünde er nicht in Gefahr, dass wir ihn als hübsche Ikone mit altem Stolz wie eine Monstranz vor uns hertragen, statt seine Charismen neu einzulösen.

Kreativität und Tradition könnten Geschwister sein, die fröhlich sich die Bälle zuspielen: »Die Kultur muss uns die Bauklötzchen liefern. So wie ein Meisterkoch auf dem Markt die besten Zutaten sucht, um ein neues Rezept zu kreieren, suchen wir in unserem kulturellen Erbe nach dem Besten, um etwas Neues zu schaffen.« (ebd., 132) Das wäre die Aufgabe einer relevanten, geistreichen Theologie. Es ist an der Zeit, in interreligiösen Dialogen Neues und Altes, Bestes und Bewährtes, Befremdliches und Fremdes, miteinander zu verbinden. Wer gibt den Startschuss zu einer kollektiven Kreativität der Religionen? Biegen, Brechen oder Verbinden – alles ist erlaubt, was notwendig ist, um tödlichen Dynamiken eine österliche Richtung zu geben. Gottes Geist sucht keine griesgrämigen Asketen. Er liebt es, sich spielerisch, kämpferisch, ideenreich und lustvoll auf den Weg zu machen ins gelobte

Land, ans rettende Ufer. Veränderungen haben ihren Preis. Nicht alle und alles kann mitgenommen werden. Manches wird auf der Strecke bleiben. Mancher Ballast wird abzuwerfen sein, um mit leichterem Gepäck das Ziel zu erreichen.

Martin Luther, der mit Kaiser und Papst brach, ließ sich in seiner Welt voller Teufel nicht bange werden. »Wir lassen uns leicht von den Giganten der Vergangenheit einschüchtern, doch sie sind nichts als das Sprungbrett in die Gegenwart. Das Gehirn verändert nicht nur das Unvollkommene, sondern auch das Vollkommene.« (ebd., 143) Luther ist gesprungen, hat sich riskiert, neue Wege beschritten. »Es ist ein Eckpfeiler des kreativen Prozesses, so viele Optionen wie möglich zu schaffen.« (ebd., 146) Ein Charakteristikum kreativer Geister ist das Ermöglichen von Alternativen und Spielräumen. Gute Führungskräfte sind ›Ermöglicher‹! »Das Dickicht von Verbindungen in unserem Gehirn erlaubt es uns, Gewohnheiten zu durchbrechen. Wenn das Gehirn Optionen generiert, verlässt es den Weg des geringsten Widerstands und reicht weiter hinein in seine Netzwerke. Statt vorgegebene Programme abzuspulen, biegt, bricht und kombiniert es seine Vorräte von Erfahrungen und stellt sich verschiedene Möglichkeiten vor.« (ebd., 146 f.)

Gottes Schöpfergeist handelt über den Tellerrand des Altbekannten hinaus. Er klebt an keinem Kirchturm, starrt nicht egoistisch aufs eigene Revier und dessen Tortenstücke. Er kreiert gerne Neues im Geiste einer ›creatio continua‹, einer Fortsetzungsgeschichte seiner Schöpfung. Kein Dickicht ist ihm zu dicht, kein Beton zu hart, keine Situation zu verfahren, als dass Gottes Geistkraft nicht einen Ausweg finden könnte. Die Natur macht es uns vor, wie verschwenderisch es zugehen kann im Reich der Evolution. Da sind wir wieder bei Jesu Gleichnis von der vierfachen Saat. Da ging unglaublich viel daneben, bis die Frucht aufging, hundertfach. Wir dürfen dieses Gleichnis als Folie für kreative Geister lesen (vgl. Mk 4,3-8a). Geizen wir nicht mit unseren Ideen. Säen wir aus, was geht! Es bedarf unzähliger Anläufe, bis Türen sich öffnen, Wege sich zeigen, Ziele erreicht werden. Nicht aufgeben! Am Ball bleiben! Weitermachen! Allen Hindernissen zum Trotz!

»Die menschliche Kultur steht auf einem Friedhof von Ideen, die von der Öffentlichkeit abgelehnt wurden und in der Versenkung verschwanden.« (ebd., 173) Das ist so. Nur, unterschätzen wir die Kraft der Auferstehung von totgesagten Ideen nicht! Tote leben länger als man denkt. Vieles bedarf eines langen Atems und einer Beharrlichkeit, wie sie die bittende Witwe im Gleichnis Jesu an den Tag legt (Lk 18,1-8). »Das Gehirn ist ein Dickicht von neuronalen Verbindungen; doch es ist effizient und neigt dazu, als Erstes die vertrauten Antworten zu geben; es sind daher nicht die originellsten Ideen, die uns als Erste in den Kopf kommen.« (ebd., 177) Also: Geduld bewahren! Mühsam ernährt sich das Eichhörnchen. Können wir bei aller Unverfügbarkeit Beiträge leisten, um Einflugschneisen zu ebnen, kreativen Einfällen Landemöglichkeiten zu verschaffen? »Wie so viele andere menschliche Tätigkeiten wird Kreativität durch Übung trainiert.« (ebd., 177) Was für die Spiritualität gilt, gilt auch hier: Übung macht den Meister, die Meisterin!

»Unser kreatives Denken ist überwiegend unbewusst, doch wir können unser Werkzeug schärfen, indem wir uns in Situationen begeben, die Einfallsreichtum und kreatives Denken erfordern.« (ebd., 178) Wer Ohren hat zu hören und Augen zu sehen, weiß: Viel muss sich ändern, in vielen Bereichen, auf Biegen und Brechen! Pure Fortschrittsgläubigkeit, neoliberale Vorgehensweisen, eine falsch verstandene Freiheit, mantraartiges Anstimmen vom Hohelied auf technische Lösungen helfen nur begrenzt weiter, vor allem nie monokulturell. »Das Gehirn ist formbar: Seine Schaltkreise sind nicht in Stein gemeißelt, sondern verändern sich ständig. Diese Plastizität bleibt auch mit zunehmendem Alter erhalten, mit jeder Überraschung entstehen neue Verbindungen. Der Umbau der Schaltkreise ist ein kontinuierlicher Prozess, wir befinden uns ein Leben lang in Entwicklungen. Und Kreativität hält uns flexibel. Wenn wir unsere Umwelt umgestalten, gestalten wir auch uns selbst um.« (ebd., 178) Was für eine Verheißung? Let's go!

Was könnten wir für eine ›Pädagogik der Begeisterung‹ lernen? Wir könnten in Kindergärten, Schulen und Universtäten mehr Gießkannen bereitstellen. »Die Kreativität lässt sich besonders gut anregen, wenn man Schülern eine Aufgabe aus dem wirklichen Leben gibt.« (ebd., 216) Nehmen im Land der Dichter*innen und Denker*innen, der Erfinder*innen und Exportweltmeister*innen, die Anmeldungen von Patenten ab, weil wir zu träge, ängstlich, dogmatisch geworden sind? »Die Aussicht auf einen Preis erhält Einsatz und Begeisterung wach.« (ebd., 221) Es gibt Innovations-, Start-Up-, Forscher- und Erfinderpreise. Das klingt nach alter Schule, setzt am Motivationsapparat des Menschen an. Dieser kommt jedoch besonders da in die Gänge, wo intrinsische Kräfte am Werk sind. Extrinsische Zuckerbrote als Bonuspakete im Motivationsrucksack sind nett, jedoch nie spielentscheidend. »Je mehr Kinder ihren Unterricht mitgestalten, umso mehr begreifen sie sich als Gestalter ihrer eigenen Welt.« (ebd., 221)

Es geht, um Partizipation, Selbstwirksamkeit und ›Mit-Macht‹. Mehr Mitgestaltungsmöglichkeiten des Einzelnen sorgen für mehr Energie im System. Das setzt Ideenflüsse frei. »Wenn wir einen großen Teil der Bevölkerung ausgrenzen, verschwenden wir ein gewaltiges kreatives Kapital ... Je mehr Setzlinge wir pflanzen und pflegen, umso größer die Ernte der menschlichen Kreativität.« (ebd., 224) Als überalterte Gesellschaft und aussterbende Volkskirche verhalten wir uns im Land der Faxgeräte immer noch wie Dinosaurier oder BlackBerry: »Was war der Fehler von BlackBerry? Das Unternehmen hatte sich zu lange an ›die richtige Lösung‹ geklammert und die Geschwindigkeit unterschätzt, mit der Telefone zu Multimediageräten werden würden.« (ebd., 115)

Gnade – Inneres Feuer

Konrad Lehmann, deutscher Neurowissenschaftler und Biologe, schreibt in seinem Buch ›Das schöpferische Gehirn‹: »Kreativität, so scheint es, speist sich aus einem inneren Feuer.« Lehmanns Kernthese lautet: »›Kreativ‹ im wissenschaftlichen Sinne ist erst einmal ein Erzeugnis, erst dann dessen Erzeuger.« (Lehmann, 4 f.) Er sieht in kreativen Persönlichkeiten eher extrovertierte, zuversichtliche, durchsetzungsfähige Geister am Werk, die offen für neue Erfahrungen sind. Neben ihrer Intelligenz befeuern Offenheit und Neugier ihre Kreativität. Je intelligenter ein Mensch ist, umso offener ist er. Kreative Typen brechen gerne Regeln, denken gegen den Strich, sehen die Welt anders, lieben eigensinnige Lösungen. Kreativität erfordert die Neigung und den Mut, sich gegen Mehrheiten, den Mainstream zu stellen. Kreative Geister neigen dazu, sich der Ideen anzunehmen, die andere nicht beachten. Sie können hartnäckig sein, ihre Überzeugungen so lange propagieren, bis diese mit der Zeit akzeptiert sind. Da es keinen erkennbaren Grund für ihre vermeintliche Renitenz gibt, werden sie meist ausgegrenzt, gelegentlich für verrückt erklärt. Davon könnte ich auch ein Liedchen singen. Jeder ist grundsätzlich kreativ. Frei nach Joseph Beuys: »Jeder Mensch ist ein Künstler!« Der springende Punkt ist: Kreativität setzt einen Gestaltungswillen voraus! Kreativen Menschen macht es Freude, in vielen Bereichen etwas zu gestalten. »Was große Künstler und Wissenschaftler verbindet, sind nicht so sehr Intelligenz oder Neugier, sondern einfach: Sie haben sehr viel geschaffen … Sie waren rastlos tätig, ständig fleißig, ungeheuer produktiv: hingebungsvolle Workaholics.« (ebd., 81)

»Seid fleißig, zu halten die Einigkeit im Geist.« (Eph 4,3) Wir, die wir über Gottes Geist nicht verfügen, sollen fleißig sein. Ohne

Fleiß keinen Preis! Begeisterung setzt die Bereitschaft voraus, sich auf die Marathonstrecke eigener Anstrengungen zu begeben. Als Formel gilt: Genie = Intelligenz + Fleiß. Die Intelligenz sorgt dafür, dass Erschaffenes gut wird. Den Antrieb zum Schaffen liefert sie nicht. Der Antrieb zum Kreativsein kommt aus anderen Quellen: von innen. Intrinsisch Motivierte empfinden das, was sie aus eigenem Antrieb schaffen, lohnend und sinnvoll ist. Die Belohnung steckt in der Tätigkeit selbst. Es macht schlicht Freude, dieses Machen, und wird als gut und schön erlebt. Extrinsische Motivation dagegen findet ihre Belohnung außerhalb der Tätigkeit, d.h. wenn wir etwas weniger um der Sache selbst willen tun, als vielmehr um etwas dafür zu bekommen: eine Bezahlung, Beförderung, Anerkennung. Für kreative Menschen spielt eine solche äußere Motivation eine eher geringe Rolle, vielmehr dies: »Neugier ist stets intrinsisch motiviertes Handeln ... Verlockend ist die Suche selbst, der Reiz des Neuen, der Zauber der Entdeckung. Es ist befriedigend – oft gar erfüllend – seiner Neugier nachgehen zu können.« (ebd., 94) Eine starke intrinsische Motivation erlaubt es, sich hin und wieder auf dünnes Eis zu wagen. Es sind nicht selten riskante Wege, die zu neuen Einsichten und kreativen Lösungen führen.

Der präfrontale Cortex des menschlichen Gehirns spielt eine wichtige Rolle für unsere kognitive Leistungen, Persönlichkeitsbildung und Motivation. Der Mensch vertraut bei komplexen Entscheidungen nicht selten auf sein sogenanntes Bauchgefühl: »Er greift auf die emotionalen Signale des Körpers zurück, die unbewusst bereits auf anstehende Entscheidungen geantwortet haben.« (ebd., 98) Kreative Prozesse sind komplexe Vorgänge, die spannend und verwirrend zugleich sind. Diese Spannung sorgt für ein Reservoir an benötigten Energien. Noch einmal: »Kreativität, so scheint es, speist sich aus einem inneren Feuer.« (ebd., 101) Neuere Forschungen sehen im ›Bauchgefühl‹ eine Art ›drittes

Gehirn‹, das Einfluss auf unsere Kreativität, unser ›inneres Feuer‹ ausübt. Die Aussicht auf Belohnung, die Chance auf Erfolg, der Eindruck, dass sich Mühen lohnen, verbunden mit einem Glücksgefühl, welches Dopamin ausschüttet, sind gewissermaßen größere und kleinere Briketts, die die Glut am Brennen halten. Wer ganz in seinem Element, von seiner Sache ergriffen, mit Fleiß ausgestattet ist, fühlt sich durch unbegrenzte Kräfte beflügelt, gerät in Flow-Zustände. Da gehen wir in unseren Aufgaben ganz auf, fühlen wir uns weder über- noch unterfordert, vergessen wir alles um uns herum, verlieren wir das Zeitgefühl. Das kann für die Mitwelt nervig sein, als Ignoranz, Arroganz, Egoismus oder Selbstbezogenheit missverstanden werden.

Wer's selbst erlebt, weiß aber: Wenn's fließt, dann fließt's. Da sind Ablenkungen, Ruhestörungen, Freudezerstörer unerwünscht. »Wir erschaffen Neues am besten dann, wenn uns der Schaffensprozess Freude macht: Dann sind wir im Flow.« (ebd., 108) Der Erfinder des Begriffes »Flow«, der ungarische Psychologe Mihaly Csikszentmihalyi, hat Bedingungen formuliert, unter denen solcher Flow eintritt (vgl. in: ebd., 106 f.):

- Die Tätigkeit hat ein klares Ziel.
- Es gibt eine unmittelbare Rückmeldung.
- Die Fähigkeiten sind den Anforderungen angemessen.
- Das Denken ist ganz beim Handeln; im Flow ist man nicht abgelenkt.
- Es gibt keine Versagensangst.
- Es herrscht Selbstvergessenheit.
- Die Zeit bzw. das Zeitgefühl ist im Fluss.
- Die Tätigkeit wird intrinsisch motiviert.

Konrad Lehmann (vgl. in: ebd., 111 ff.), geht davon aus, dass die Lern- und Verhaltensleistungen sich in zwei neuronalen Systemen beschreiben lassen. Das *explizite* System vermittelt uns Kenntnisse und Überlegungen, die uns bewusst sind und sich in Sprache, Vernunft und Selbstreflexion ausdrücken. Dieses System ist nicht so leistungsstark, kann höchstens mit vier Bereichen gleichzeitig hantieren. Wird es kompliziert, übernimmt das *implizite* System. »Flow, dieser Zustand vorübergehender Bewusstlosigkeit, entsteht, wenn die Rechenanforderung an das implizite System so groß ist und dabei so viel Energie anfordert, dass für das explizite System schlicht keine Kapazitäten übrig bleiben. Es geht dann in den Stand-by und stört nicht länger. Flow ... wäre ... eine Abschaltung derjenigen Gehirnregionen, die unser ›Bewusstsein‹ tragen.« (ebd., 111) Das heißt: »Flow ... ist also der Zustand, in dem wir Ideen am besten umsetzen. Es ist nicht der Zustand, in dem wir Ideen bekommen.« (ebd., 115) ›Flow‹ ist ein anderes Wort für ›Kraft‹, die fließt, wenn ich begeistert bin, die mir den Rückenwind schenkt, wenn es um die Umsetzung einer Idee auf der Langstrecke geht. Inspiration ist der Moment, in dem mir eine Idee zufällt. Solche Differenzierung ermöglicht eine zumindest prozessuale Unterscheidung von Inspiration und Begeisterung. Oder wie Rick Rubin es wunderbar formuliert: »Eine Inspiration taucht unversehens auf. Als ›Unbeleckte Empfängnis‹. Als göttlicher Lichtstrahl. In einem Atemzug erstrahlt eine Idee, die sonst mühsam entfaltet werden müsste.« (Rubin, 135)

Alles, was uns begeistert, kreativ sein lässt, ist eine Frage von Energien, somit eine Rückfrage an unsere Quellen, aus denen wir Kraft schöpfen. Wer keinen Zugang zu seinen Quellen hat, nicht aus frischem Wasser schöpft, ist irgendwann erschöpft. Da brennt kein Feuer mehr, ist nichts im Fluss, kein Flow spürbar, schließen sich die Weltporen, verhärtet die Seele, wird der Geist einfallslos. Es bedarf großer Achtsamkeit, wie wir mit unseren Kräften haushalten, Batterien aufladen, Pausen machen, Auszeiten nehmen, bevor wir leer sind. Wer in den roten Bereich kommt, kaum noch Reserven hat, läuft Gefahr, dass der berühmte Tropfen genügt, das Fass überläuft, der Stecker gezogen wird, buchstäblich nichts mehr geht. Sind wir in toxisches Fahrwasser geraten, gilt es, rechtzeitig die Flucht anzutreten, Abstand zu nehmen, oder in den Angriff überzugehen, um die Landebahn für Gottes Geist frei zu machen. »Wenn die Ideen eines Menschen reichlich fließen, dann tun sie dieses musikalisch ebenso wie sprachlich. Die Gehirngebiete, aus denen der Strom der Inspiration entspringt, sind möglicherweise immer dieselben.« (Lehmann, 127) Bei Jazzern und Rappern wurde festgestellt, dass sie das bewusste Denken ausschalten, um beim Improvisieren in Flow zu geraten. Gleiches geschieht in der Spiritualität, wenn die Seele sich fallen lässt in unbewusste Bereiche, der Strom der Inspiration durch Gebet, Meditation, Singen und Musizieren in Fluss gerät.

»›Offenheit für Neues‹ ist der charakterliche Motor der Kreativität.« (ebd., 117) Kreative Geister sind keine engstirnigen Stammtischbrüder, keine Türsteher vor geschlossenen Gesellschaften. Vielmehr sind sie Sympathisanten der Vernetzung, des Multikulturellen und Interreligiösen. Gutmensch ist für sie kein Schimpfwort, eher ein Kompliment. »Höhere geistige Prozesse werden stets von verteilten Netzwerken getragen, in welchen sich mehrere Hirnrindenfelder mit ihren jeweiligen Spezialfähigkeiten zusammenschalten.« (ebd., 128 f.) Diese Vernetzung und unbewusste Arbeitsteilung geht tiefer, als es uns bewusst ist: »Kreativität besteht aus zwei getrennten Prozessen. Das neuronale Netz ... liefert eine chaotische Masse möglicher Assoziationen, Entwürfe, Tonfolgen. Aber die fliegenden Gedankenfetzen ... sind überwiegend unbrauchbar und wertlos. Bevor sie bewusst und mitteilbar werden, greift als zweiter Prozess die ordnende und auswählende Macht des Stirnhirns ein. Erst durch sein Wirken entstehen angemessene Beiträge zu einem Problem.« (ebd., 142)

Wir erinnern uns: Eine kreative Leistung ist eine, die »neuartig und angemessen« ist. Spannend ist, dass sich das Urteil über die Angemessenheit eines neuen Gedankens bzw. einer neuen Erfindung erst noch erweisen muss. In einem langwierigen Prozess entscheidet sich, was auf der Ideen-Müllkippe landet und was blühende Landschaften ermöglicht. Kreativitätsforschung empfiehlt: *Think outside the box*, d.h. verlass gewohnte Denkwege, durchbrich vorgegebene Strukturen, bürste Aufgaben gegen den Strich. So kommen kreative Einsichten zustande. »Stereotypen« und »Schemata« helfen, den Alltag zu bewältigen. Sie sind jedoch hinderlich, neuartige Herausforderungen anzugehen. Unsere Denkgewohnheiten laufen automatisiert ab. Passt etwas nicht ins alte Denken, ist es schwierig, unsere eingefahrenen Bahnen zu verlassen. Wir können z.B. damit anfangen, kulturelle Regeln zu brechen. »Eine fremde Kultur zu erleben mit den vielen kleinen und großen Regelunterschieden zur eigenen, die Herausforderung, sich auf andere Deutungen und Gepflogenheiten des Umgangs einzulassen – schon das ist anscheinend imstande, starre Denkgewohnheiten aufzubrechen.« (ebd., 164 f.) Deshalb heißt es: »Reisen bildet.« Wer viel verreist (möglichst klimagerecht!), nicht nur mit Cocktail am Pool liegt, hat gute Chancen, seine Neugier und Offenheit zu schulen; auf der Schulbank für kreative Geister Neues zu lernen.

Nichts ist anregender, als die Perspektive zu wechseln, meine Welt mit anderen Augen zu sehen. »Jegliche künstlerische Produktion beruht auf der Bereitschaft, etwas zu sehen, was gar nicht da ist.« (ebd., 167) Der erfolgreiche Musikproduzent Rick Rubin formuliert das so: »Jedes Leitprinzip oder kreative Kriterium, das sich in der Künstlerin selbst, im Genre oder in der Kultur findet, kann eine Regel darstellen. Regeln sind naturgemäß Begrenzungen ... Kunst bedeutet Konfrontation ... Es ist eine gesunde Übung, mit so wenig allgemein anerkannten Regeln, Ansatzpunkten und Begrenzungen wie möglich an die Arbeit zu gehen.« (Rubin, 105 ff.) Wer sich auf See begibt, den Hafen verlässt, sich von Begrenzungen freimacht, wird das Wasser unterm Kiel spüren, Luft in die Segel bekommen, um neue Ufer zu erreichen. Kunst hat etwas ›Konfrontatives‹, da können Welten und Kulturen auf bislang Ungesehenes, Unbedachtes, da kann Altes auf Neues prallen. Das ist ein kreativ-konfrontativer Ansatz, der Harmoniesüchtige und Kompromissbedürftige irritiert, der erklärt, warum viele kreative Geister sich eher im Kampf- als im Kontemplationsmodus bewegen und mehr als andere auf Schmetterlings- und Trotz-dem-Kräfte angewiesen sind.

»Bei Kunst geht es darum, innovativ zu sein und sich selbst auszudrücken, anderen die eigene einzigartige Sichtweise und Neues mitzuteilen sowie sich selbst zu zeigen.« (ebd., 106) Lehmanns Blick auf die Kunst und ihre Kunstschaffenden darf ausgeweitet werden: Kreative, begeisterungsfähige Geister mögen eher exzentrische Charakterzüge an sich haben. Dennoch kann ihre kreative, ideenreiche, innovative Existenz einhergehen mit menschenscheuen, introvertierten Seiten. Nicht selten führt der Weg über die Innensicht, den Rückzug, das Alleinsein zu neuen *Ein-sichten*. Zugegeben, im Regelfall war es nicht das einsame Genie, welches in der Menschheitsgeschichte das Rad neu erfand. Trotzdem ist es der Kreativität nicht abträglich, die Außenwahrnehmung herunterzudimmen, sich von der Außen- in die Innenwelt zurückzuziehen, die Scheinwerfer der Öffentlichkeit auszuschalten, das beunruhigende Bedürfnis nach Anerkennung für eine Weile in die zweite Reihe zu verbannen. Alles unter der Voraussetzung, dass wir zuvor beim

Durchschreiten der Welt die notwendigen Informationen eingesammelt haben. Solcher Rückzug ermöglicht es, in den einmal angeeigneten Netzwerken des Wissens Abkürzungen, Neues, Ungewohntes zu entdecken. Kein Wunder, dass in der Corona-Zeit, im Lockdown, der Zeit so mancher Rückzüge unglaublich viele Musikalben und künstlerische Werke entstanden sind.

»Die Tätigkeit unserer Vorstellungsgabe ist also … so etwas wie die brodelnde Ursuppe, aus der plötzlich eine lebendige Einsicht entspringt.« (Lehmann, 173) Neurologie und Theologie reichen sich hier die Hand. Das klingt nach: »Am Anfang schuf Gott Himmel und Erde. Und die Erde war wüst und leer, und Finsternis lag auf der Tiefe; und der Geist Gottes schwebte über dem Wasser.« (1. Mose 1,1-2) Aus einer ›Ursuppe‹ entstand die Welt. Warum soll es mit kreativen ›Ein-sichten‹ anders sein? Die Entstehung von Neuem ist ein ›schwebendes Verfahren‹ unter bestimmten Voraussetzungen. Ohne den ›Ein-spruch‹, ›Ein-fall‹, ohne ein schöpferisches Wort, das in die Vorstellungsgabe des Menschen einfällt, kommt nichts Schöpferisches in die Welt. Das können auch schwere Geburten sein. Nota bene: Bei der Geburtsvorbereitung mit meiner Frau lernte ich, wie hilfreich Bewegungen sind, um äußerlich einzuüben, was innerlich notwendig ist: beweglich sein!

Gehen oder Laufen, Pilgern oder Meditieren helfen dem Gehirn, Einsichtsfähigkeit und Tagträume zu fördern: »Studien haben gezeigt, dass bereits der Anblick von Pflanzen die Qualität von Einfällen verbessert.« (ebd., 174) Es »genügt der Anblick eines grünen Rechtecks, um im divergenten Kreativitätstest … die Originalität von Antworten zu steigern.« (ebd.) Die Peripatetiker im alten Griechenland – so wurde die Philosophenschule des Aristoteles genannt (griech.: peripatos, Wandelgang) – führten ihre philosophischen Gespräche im Gehen. ›By the way‹

wurden schon viele neue Gedanken geboren. Anspruchslose, äußere, einfache Aufgaben können es erleichtern, aus unserem oft ruhelosen Gedankenkarussell auszusteigen. Konkreter: Gehen wir spazieren, nehmen wir ein Bad oder suchen wir Entspannung und genießen dabei den Müßiggang, dann fällt es leichter, den Blick nach innen zu richten. Thomas von Aquin empfahl das Baden als Entspannung. Andere haben für sich die Kaffeepause entdeckt als Ort für kreative Prozesse.

Statt mit der Gegenwart ist unser Bewusstsein wie Unterbewusstsein eher mit der Vergangenheit oder Zukunft beschäftigt. Da schlummern erstaunliche Möglichkeiten, um im Erinnern an Vergangenes oder dem Antizipieren von Zukünftigem Ideen für Neues zu schöpfen. Auch der Schlaf, ebenso Tag- wie Nachtträume, können Quellen für neue Einsichten sein. Manche guten Gedanken fallen da wie vom Himmel in unsere Lebenswelt ein. »Es ist umsonst, dass ihr früh aufsteht und hernach lange sitzet und esset euer Brot mit Sorgen; denn seinen Freunden gibt er es im Schlaf.« (Ps 127,2) Es gibt Erfinder*innen, die haben ihre Erfindung tatsächlich erst geträumt und dann in die Tat umgesetzt. Andererseits gilt: Ein ausgeschlafener Geist, der hellwach ist, ergreift den Kairos eher und kann sich die Dinge besser merken. Und wer nach dem Lernen einschläft, behält das Gelernte besser.

Und auch dies gilt es zu beachten: Ein ausgeschlafener Geist, der erquickt und hellwach ist, ergreift den Kairos besser. Wer ausgeschlafen ist, merkt sich Dinge besser. Und wer nach dem Lernen gut einschläft, behält Gelerntes besser. »Je besser sich Leute an ihre Träume erinnern können, desto größere Offenheit für Neues zeigen sie.« (ebd., 203) Hinter diesen ›Weisheiten‹ steckt die Erkenntnis, dass es Gehirnareale gibt, »die aktiv werden, wenn der Mensch nichts tut ... Es gibt eine begrenzte Menge von Regionen, die immer dann ins Schweigen verfallen, wenn Aufmerksamkeit gefordert ist. Egal wofür ... Diese Gebiete sind immer dann aktiv, wenn gerade keine Aufmerksamkeit gefordert ist.« (Lehmann, 191 f.)

Nachklang

Ich hatte erwähnt, dass das Werk von Rick Rubin mich nach drei Jahren Schaffenspause inspiriert hatte, dieses Buch fertigzustellen. Ich schließe mich auch im Blick auf mein Werk seinen Empfehlungen an, die er für die Beschäftigung mit seinem Buch formuliert hat: »Nichts in diesem Buch wird gemeinhin als wahr erachtet. Es ist eine Reflexion über das, was ich beobachtet habe – eher Gedanken als Fakten. Manche Ideen mögen bei dir anklingen, andere nicht. Einige mögen ein inneres Wissen anstoßen, das du ganz vergessen hattest. Nutze, was hilfreich für dich ist. Den Rest lass weg. Jeder dieser Momente ist eine Einladung zu weiterem Nachforschen: dazu, tiefer zu schauen ... Die Möglichkeiten zu eröffnen für eine neue Art zu sein.« (Rubin, 11) Um nichts anderes geht es auch mir: Möglichkeiten eröffnen, tiefer sehen, offen sein für neue Gedanken, andere Perspektiven, manchen Hoffnungsschimmer. Lass weg, was du nicht teilst, was du anders empfindest, anders siehst. Wenn du magst, mach mit dem weiter, was dich inspiriert, begeistert, dein Herz berührt hat.

Eine Ergänzung von Anthony Brandt liegt mir noch am Herzen: »Der schöpferische Akt ist nur ein Teil der Geschichte. Der andere ist die Gemeinschaft, für die diese Kreation bestimmt ist. Es reicht noch nicht, Neues in die Welt zu bringen. Es muss auch ankommen. Und das hängt von der Kultur ab in der die Zeitgenossen leben.« (Eagleman/Brandt, 106) Wir leben in Zeiten unerträglicher Kulturkämpfe. Die Kriege, der Terror, die Krisen fragen uns mehr denn je an. Wessen Geistes Kinder sind wir? Die Welt braucht Trotz-dem-Kräfte, widerständige Geister, die den apokalyptischen Reitern, den ›Nach-uns-die-Sintflut-Ignoranten‹ in die Speichen greifen. *»Es reicht noch nicht, Neues in die Welt zu bringen. Es muss auch ankommen.«* Wie kann es gelingen, dass Gutes, Wohlgefälliges, Vollkommenes ankommt?

Noch beseelt mich die Zuversicht, dass unter der Staubschicht pandemischer Erschöpfung Neues aufblüht, manche Schmerzen Geburtswehen des Neuen sind. Viele beeindruckende Menschen, Ideen, Neuerungen, Reformations- und Transformationskräfte durfte ich kennenlernen, die mir Mut machen, weiterzugehen, trotz allem.

Es ist ›ver-rückt‹, die Welt über fast zehn Jahre durch die ›Brille der Begeisterung‹ betrachtet zu haben. Unglaublich, was einem da alles ›zu-fällt‹. Dem Himmel sei Dank! Der Lebenskunstphilosoph Wilhelm Schmid ist der Meinung: »Sensibilität und Gespür machen das Selbst aufmerksam auf das, was ihm fehlt, oder umgekehrt, was ihm guttun würde. Sie halten es davon ab, sich in eine Situation zu begeben, in der das Leben ›eng wird‹, und halten es dazu an, immer aufs Neue danach zu fragen: Welche Möglichkeiten des Lebens gibt es, wo kann ich sie finden und, falls sie nicht zu finden sind, welche lassen sich erfinden?« (Schmid, 52) Möge es gelingen, wenn es ›eng wird‹, Gottes Geist zu finden.

»Komm. Ins Offene!«, so dichtete Friedrich Hölderlin. Wenn ich eines gelernt habe in den Jahren, dann dies: dass ›Offenheit‹ der Schlüssel für nahezu alles ist. Und: »Unsere Wahrnehmung der Welt hängt von unseren Überzeugungen ab« (Eagleman/Brandt, 123). Deshalb schließe ich diese Unternehmung mit Worten, die ich am 31.10.2018 zur Gründung des »Forum Reformation e.V.« in der Lutherstadt Wittenberg verfasste habe:

Wovon wir überzeugt sind

Wir glauben an die Kraft der Erneuerung
durch Gottes Geist,
der in jeder Religion, Konfession und Kultur weht,
wo und wie er will.
Wir glauben an die Kraft der Gemeinschaft,
die sich ihrer Geschichte erinnert,
aus Fehlern lernt und aus ihren Glaubensquellen
Zuversicht schöpft.
Wir glauben an die friedensstiftende Kraft der
Religionen,
die allem Fundamentalismus wehrt,
und sich an der Vielfalt der Kulturen erfreut.
Wir glauben an die Mitmenschlichkeit,
die Würde jedes Menschen und das Mitgefühl,
weil wir Gottes geliebte Kinder sind.
Uns ruft der Klimawandel zur Umkehr
und ein Meer aus Lügen zur Vernunft.
Unsere Herzen lassen uns glauben,
dass die Liebe stärker ist als der Tod
und wir mit keinem Geld der Welt
ein sinnvolles Leben erwerben können.
Uns ängstigen keine bösen Mächte mehr,
weil wir auf Gottes Güte vertrauen,
von nun an bis in alle Ewigkeit.

Literaturverzeichnis

Adorno, Theodor W.: Erziehung nach Auschwitz, in: ders., Gesammelte Schriften, Bd. 2, hg. von Rolf Tielmann, Frankfurt am Main, 2003.

Anderson, Christopher/Beermann, Claire: Die Reisen des Mister Anderson, in: ZEIT-Magazin, 26. April 2018, Nr. 18, 20-50.

Aretz, Bernd: Martin Buber. Eine erste Begegnung, München 2015.

Assmann, Jan: Exodus. Die Revolution der Alten Welt, 3. durchges. Aufl., München 2015.

Bacon, Jehuda/Lütz, Manfred: »Solange wir leben, müssen wir uns entscheiden.« Leben nach Auschwitz, 2. Aufl., Gütersloh 2016.

Bloch, Ernst: Das Prinzip Hoffnung, Frankfurt a. M. 1985. In fünf Teilen. Kapitel 38-55.

Boff, Leonardo: Der Heilige Geist. Feuer Gottes – Lebensquell – Vater der Armen, Freiburg i. Br. 2014.

Bourel, Dominique: Martin Buber: Was es heißt, ein Mensch zu sein. Biografie. Gütersloh 2017.

Buber, Martin: Werke. 3. Band: Schriften zum Chassidismus, München 1963.

Buber, Martin: Der Weg des Menschen nach der chassidischen Lehre, 10. Aufl., Stuttgart 1993.

Chu, Victor: Die Kunst erwachsen zu sein. Wie wir uns von den Fesseln der Kindheit lösen, 4. Aufl., München 2010.

Cox, Harvey: Verführung des Geistes, Stuttgart 1974.

Dittmar, Vivian: Gefühle & Emotionen - Eine Gebrauchsanweisung: Wie emotionale Intelligenz entsteht. edition est, 2014.

Dittmar, Vivian: Der emotionale Rucksack. Wir wir mit ungesunden Gefühlen aufräumen. München 2018.

Domin, Hilde: Abel steh auf. Aus: dies., Sämtliche Gedichte. © S. Fischer Verlag GmbH, Frankfurt am Main 2009.

Eckert, Siegfried: 2017. Reformation statt Reförmchen, Gütersloh 2014.

Eaglman, David/Brandt Anthony: Kreativität. Wie unser Denken die Welt immer wieder neu erschafft, München 2018.

Feldmann, Christian: Frère Roger, Taizé. Gelebtes Vertrauen, Freiburg i. Br. 2005.

Geier, Manfred: Wittgenstein und Heidegger. Die letzten Philosophen, Reinbek b. Hamburg 2017.

Grün, Anselm: Quellen innerer Kraft. Erschöpfung vermeiden – positive Energien nutzen, Freiburg i. Br. 2005.

Gründel, Johannes: Kairos. II. Theologisch-ethisch, in: Lexikon für Theologie und Kirche, Band 5, Freiburg i. Br. 2009, 1130 f.

Harke, Sylvia: »Hochsensibel. Was tun? Der innere Kompass zu Wohlbefinden und Glück. Mit grundlegenden Infos und zahlreichen Übungen, 6. Aufl., München 2016.

Horx, Matthias: Das Buch des Wandels. Wie Menschen Zukunft gestalten, 2. Aufl. 2011, München.

Hüther, Gerald: Was wir sind, was wir sein könnten. Ein neurobiologischer Mutmacher, 10. Auflage Frankfurt a. M. 2013.

Kafka, Franz an Oskar Pollak, Prag 27. Januar 1904, online z.B. hier: https://kaffeehaussitzer.de/franz-kafka-der-brief-mit-der-axt/.

vgl. Krons, Michael im Gespräch mit Dr. Heinz Bude, Phoenix-Mediathek, 8.12.2017; https://www.youtube.com/watch?v=ZmJo3kM-nfA; abgerufen am 14.04.2024.

Kunstmann, Joachim: Leben eben! Religion für Sinnsucher – eine Anleitung, Gütersloh 2013.

Lauster, Jörg: Gott und das Glück. Das Schicksal des guten Lebens im Christentum, Gütersloh 2004.

Lehmann, Konrad: Das schöpferische Gehirn. Auf der Suche nach der Kreativität – eine Fahndung in sieben Tagen, Berlin 2018.

Linder, Christian: Heinrich Böll: Das Schwirren des heranfliegenden Pfeils – eine Biografie, Berlin 2009.

Lukas, Elisabeth: Frankl und Gott. Erkenntnisse und Bekenntnisse eines Psychiaters, 2. Aufl., München 2020.

Luther, Henning: Religion im Alltag. Bausteine zu einer Praktischen Theologie des Subjekts, Stuttgart 1992.

Luther, Martin: Von dem Papsttum zu Rom wider den hochberühmten zu Leipzig, in: Gerhard Ebeling/Karin Bornkamm (Hrsg.), Ausgewählte Schriften, Frankfurt 1982, Band III, 19; WA 6; 293,1-8.

Mey, Reinhard: Freundliche Gesichter, Stück: Welch ein Geschenk ist ein Lied, Intercord 1981.

Modersohn, Antje/Werner, Wolfgang (Hg.): Paula Modersohn-Becker / Otto Modersohn: Der Briefwechsel, 2. Aufl., Berlin 2017.

Modick, Klaus: Konzert ohne Dichter. Roman, 10. Aufl., Köln 2015.

Moltmann, Jürgen: Der Geist des Lebens. Eine ganzheitliche Pneumatologie, München 1991.

Müller, Wunibald: Erfahrung des Ewigen. Was meinem Leben Tiefe gibt, München 2006.

Nietzsche, Friedrich: Morgenröte – Idyllen aus Messina – Die fröhliche Wissenschaft. Krit. Studienausgabe, hg. v. G. Colli u. M. Montinari, München1999.

Peeck, Stephan: Was uns gesund macht. Die heilende Kraft von Liebe und Glauben, Hamburg 2008.

Remen, Rachel Naomi: Aus Liebe zum Leben. Geschichten, die der Seele gut tun, 9. Aufl., Krugzell 2021.

Rietz, Christina: Schau mir nicht in die Augen, Christ & Welt, 14. Juli 2016, S. 30.

Rilke, Rainer Maria: Worpswede. Monographie einer Landschaft und ihrer Maler, 12. Aufl., Frankfurt a. M. 2015.

Ronen, Yael: Das war meine Rettung. »In Israel konsumiert man Antidepressiva wie Süßigkeiten.« Interview: Ijoma Mangold, Zeit Magazin, Nr. 41, 8.10.2015.

Rosa, Hartmut: Resonanz. Eine Soziologie der Weltbeziehung, suhrkamp tb, 7. Auflage, Frankfurt a. M. 2019.

Rubin, Rick: kreativ. Die Kunst zu sein. München 2023.

Schleiermacher, Friedrich: Über die Religion. Rede an die Gebildeten unter ihren Verächtern, Hofenberg Sonderausgabe, Berlin 2016.

Schleske, Martin: Herztöne. Lauschen auf den Klang des Lebens, Wetzlar 2016.

Schmid, Wilhelm: Mit sich selbst befreundet sein. Von der Lebenskunst im Umgang mit sich selbst, 9. Aufl., Frankfurt a. M. 2016.

Schroeter-Wittke, Harald: Kirche en Passant. Wieviel Gottesdienst braucht das Land? in: Dt. Pfrbl. 4/2016, 223.

Sölle, Dorothee: Mystik und Widerstand. »Du stilles Geschrei«, TB, München 1999.

Stahl, Stefanie: Das Kind in dir muss Heimat finden. Der Schlüssel zur Lösung (fast) aller Probleme, München 2015.

Steffensky, Fulbert: Feier des Lebens. Spiritualität im Alltag, 2. Aufl., Freiburg i. Br. 2012.

Steffensky, Fulbert: Heimathöhle Religion. Ein Gastrecht für widersprüchliche Gedanken, Stuttgart 2015.

Tillich, Paul: Der Mut zum Sein, Hamburg 1965.

Tillich, Paul: In der Tiefe ist Wahrheit – religiöses Reden, 3. Aufl., Stuttgart 1952.

Tomlin, Graham: Der Geist der Fülle. Die Dreieinigkeit, die Kirche und die Zukunft der Welt, Münster, 2017.

Weber, Max: Die protestantische Ethik I – eine Aufsatzsammlung, hg. v. Johannes Winkelmann, Gütersloh 1991, 188 f.

Welker, Michael: Gottes Geist. Theologie des Heiligen Geistes, 2. Aufl., Neukirchen-Vluyn 1993.

Williamson, Marianne: A Return To Love: Reflections on the Principles of A Course in Miracles, Harper Collins, 1992.

Penguin Random House Verlagsgruppe FSC® N001967

Umschlagmotiv: © Carola Vahldiek – Adobe Stock.com
Druck und Bindung: GGP Media GmbH, Pößneck
Printed in Germany
ISBN 978-3-579-07042-1
www.gtvh.de